纪连海评

左宗棠

纪连海 ——

著

中国出版集团　全国百佳图书
中国民主法制出版社　出版单位

图书在版编目（CIP）数据

纪连海评左宗棠 / 纪连海著. —北京：中国民主法制出版社，2025.5. —ISBN 978-7-5162-3912-4

Ⅰ. K827＝52

中国国家版本馆CIP数据核字第20258E8C42号

图书出品人：刘海涛

出 版 统 筹：石　松

责 任 编 辑：张　婷

书　　名／纪连海评左宗棠

作　　者／纪连海　著

出版·发行／中国民主法制出版社

地址／北京市丰台区右安门外玉林里7号（100069）

电话／（010）63055259（总编室）　63058068　63057714（营销中心）

传真／（010）63055259

http://www.npcpub.com

E-mail: mzfz@npcpub.com

经销／新华书店

开本／32开　880毫米×1230毫米

印张／10.625　字数／399千字

版本／2025年6月第1版　　2025年10月第3次印刷

印刷／三河市宏图印务有限公司

书号／ISBN 978-7-5162-3912-4

定价／58.00元

引言

　　每当有人问，如果能够穿越，你会选择穿越到哪个时代、会选择穿越成为何人的时候，我都会认真地回答：就穿越的时代来说，我会选择北宋仁宗赵祯（1010—1063年在世，1022—1063年在位）的那个时代。宋仁宗赵祯知人善用，在其统治时期，北宋经济繁荣，第一次兴学运动出现，科举制度不断改革，宋学勃兴，科学技术也得到了很大的发展。《宋史》赞曰："《传》曰：'为人君，止于仁。'帝诚无愧焉。"史家将其统治时期概括为"仁宗盛治"。至于穿越成为何人，我会选择被称为"封建社会的最后一次回光返照"的大清王朝"同光中兴四大名臣"之一的左宗棠（1812—1885年）。

　　所谓"中兴"，是一个历史名词，通常用来描述一个国家或朝代在经历一段时间的衰退后，经过励精图治，重新走向振兴，重现繁荣富强的景象。如西周的"宣王中兴"、西汉的"昭宣中兴"、东汉的"光武中兴"、唐朝的"元和中兴"等，都是国家在经历动荡后，通过明君的治理，实现了复兴。

　　所谓"同光中兴"，是指清朝晚期同治、光绪年间（1862—1908年）的一个中兴阶段。这一时期适逢1860年清政府与英法媾和及1864年太平天国被消灭，政治上出现了一段和谐时期，并开启了向西方学习的洋务运动。

当然，"同光中兴"不是严格意义上的"中兴"。虽然"同光中兴"在一定程度上缓解了清廷内忧外患的局面，展现了其复兴努力，但这一时期的改革并不彻底，清王朝的总体下行趋势并未根本改变。洋务运动虽然取得了一些实质性成果，但总体上仍是对传统的修复而非根本性的变革。

虽然"同光中兴"并未让大清王朝得以真正"中兴"，但每当我来到作为中华民族象征的明代万里长城西端的起点嘉峪关向西眺望之时，都在想：居然可以不用护照，就继续向西前行，欣赏超过了中国领土面积六分之一的新疆166万多平方千米领土的无限风光。这可多亏了那个三次科考落第的举子——湖南湘阴人左宗棠。100多年前，如果不是他的坚持，哪有这不用护照就可任意行走的166万多平方千米的领土；100多年前，如果不是他手下数万名湖湘儿女的牺牲，哪有这166万多平方千米领土的无限风光？

曾经有人说，"国家不可一日无湖南，而湖南不可一日无左宗棠"；也有人说，"大将筹边尚未还，湖湘子弟满天山。新栽杨柳三千里，引得春风度玉关"。

在我看来，任何称赞的话语，左宗棠都是担当得起的。任何用来称赞左宗棠的话语，都是远远不够的。

问题在于：到底是什么人把左宗棠这个三次科考落第的举子挖掘出来了呢？左宗棠的身上又有哪些那个时代的众多仁人志士所不具备的杰出之处呢？左宗棠的成功到底是一种历史的必然，还是由众多偶然因素促成的呢？

目录

第一讲

苦难童年

001

第二讲

读书生涯

017

第三讲

屡试不中

043

第四讲

落户陶家

059

第五讲

湘上农人

077

第六讲

出山入幕

097

第七讲

一波三折

113

第八讲

办理船政（上）

131

第九讲

办理船政（中）

151

第十讲

办理船政（下）

167

第十一讲

进剿捻军

183

第十二讲

进军陕甘（上）

199

第十三讲

进军陕甘（下）

213

第十四讲

收复新疆（一）

227

第十五讲

收复新疆（二）

241

第十六讲

收复新疆（三）

257

第十七讲

收复新疆（四）

271

第十八讲

开发西北

287

第十九讲

入京辅政

301

第二十讲

名将之死

315

纪连海评
左宗棠

——
4

第一讲

苦难童年

说起左宗棠，湖南的朋友们都会说，这是我们湖南人的骄傲。问题在于：作为一个湖南人，您真的了解左宗棠吗？更多非湖南籍的朋友可能对左宗棠一知半解，他做过什么事呢？镇压太平天国、办洋务、收复新疆？还有什么呢？哦，左宗棠鸡！

左宗棠鸡，我也吃过！不但你我都吃过，人家美国人更是吃过了。

很多人都知道，"左宗棠鸡"是全美国大小餐馆必备的一道名菜。将去皮的大块鸡腿肉蘸薄面糊油炸后，再放糖醋酱与辣椒进行翻炒，上桌时垫以绿花椰菜，红红绿绿的煞是好看，一口咬下去，甜甜辣辣的酱汁配上酥脆的鸡肉，美味极了。换句话说，全美国最熟悉、每天总有几千甚至上万人要说一次的中国名字，既不是国际影星章子怡，也不是篮球巨星姚明，而是左宗棠。

可话说到这里，问题就来了：为什么这样一道湖南名菜，在北美大陆之外几乎不见踪影？左宗棠又怎么会跟鸡扯上关系呢？这真是"小孩没娘，说来话长"，我们的话，要从左宗棠的童年说起。

一、家世渊源

话说乾隆帝（1711—1799年在世，1735—1796年在位）在执政中期以后，逐渐好大喜功，他六下江南，并仿制江南园林广修园林，劳民伤财，政治日渐腐败。乾隆帝晚年宠信和珅（1750—1799年），导致和珅专权，贪赃枉法，严重破坏了吏治。乾隆中叶以后，土地的高度集中和残酷的封建剥削，将广大农民逼向绝境。与啼饥号寒、无以为生的广大农民形成鲜明对照的是封建统治者穷奢极欲、醉生梦死的腐朽生活。封建统治的腐败没落，预示着皇朝日渐衰落的命运，也激化了国内的阶级矛盾、民族矛盾。

乾隆末期以后，农民起义的烈火迅速燃遍了大江南北。台湾天地会领袖林爽文（1756—1788年）于1786年发动起义。1795年春，湘黔苗民起义爆发，至1796年底才被平定。1796年春，声势浩大的白莲教起义爆发，历时数载，直到1804年才被镇压下去，是清代中期规模最大的一次农民运动。

1796年春，乾隆帝禅位于第十五子颙琰，即嘉庆帝（1760—1820年在世，1796—1820年在位）。嘉庆帝于1799年亲政后，面对乾隆末年危机四伏的政局，打出"咸与维新"的旗号，整饬内政，整肃纲纪。诛杀权臣和珅，罢黜、囚禁和珅亲信死党。诏求直言，广开言路，祛邪扶正，褒奖起复乾隆朝以言获罪的官员。诏罢贡献，黜奢崇俭。要求地方官员对民隐民情"纤悉无隐"，据实陈报，力戒欺隐、粉饰、怠惰之风。但其对内政的有限整顿，未能从根本上扭转清朝政局的颓败。终嘉庆一朝，贪污问题不仅没有解决，反倒更加严重。

左宗棠就出生在大清王朝由盛转衰的这个时代。

1812年11月10日（农历十月初七）的凌晨，在湖南省湘阴县东乡左家塅（今湘阴县界头铺镇新光村）一个贫寒的知识分子家里，年近八旬的老祖母杨老夫人似梦非梦，看见一位神人从天空降落在自家的院子，自称为"牵牛星"，她一下子惊醒了，随即便听到婴儿的啼哭，原来是媳妇余氏生下了一个男孩。这个在"牵牛降世"神话中诞生的婴儿，就是后来成为清朝封疆大吏的左宗棠。

这样的故事，我们听过太多了。要问故事的真假？难说！即使是虚构的，我们也能理解。名人嘛，一出生就得不平凡——总要有点名人的征兆不是？实在没有的话，就随便编一个吧。

湖南是春秋战国时期楚国的所在地，具有悠久的历史和深厚的文化传统，曾产生过像屈原这样伟大的爱国主义诗人。湖南西部山穷水恶，民风强悍。左宗棠的家乡湘阴一带，靠近洞庭水系，河网密布，土地富庶，物产丰饶，且靠近湖南巡抚衙门之地——长沙。因此，他的家乡既沿袭了楚文化的传统，又受到沿长江内传的西学之影响，尊师重教，学风盛行，为人杰地灵之所，人才荟萃之地。

湘阴左氏的始祖叫左志远，南宋时从江西迁到湖南，世居湘阴东乡左家段。左志远的儿子左汤盘考取过宋朝嘉定年间（1208—1224年）的进士，做过采访使，掌管检查刑狱和监察州县官吏。明朝万历年间（1573—1620年），左氏家族又出了个显赫的人物——左天眷。他做过唐县知县，后升做辽东监军道，因工作成绩突出，被提拔做辽东经略熊廷弼（1569—1625年）的军事参谋长。左天眷的堂弟左任庵也是个出色的读书人，赶上明末农民起义的领袖张献忠（1606—1647年）杀进长沙府，倔强清高的左任庵被威逼出山做官，他严词拒绝后，被张献忠当场杀害。此后的湘阴左氏沉默于乡间，再无闻人。后代以读书耕田为本，也没人出山做过官。

左宗棠的曾祖父左逢圣是邑庠生，靠教书为业。

古代学校称"庠"，故学生称"庠生"。清朝时在县学考取的叫"邑庠生"，在府学考取的叫"郡庠生"，统称为"秀才"。

左逢圣一生有两大特点，一是孝顺；二是慈善。族谱上记载，左逢圣在外教书时，碰上爷爷病重，饮食起居完全不能自理，他便将爷爷弄脏的衣服用盆子端到河边洗，边洗边想起爷爷，不禁痛哭流涕。左逢圣虽然没挣到多少钱，小日子过得紧巴巴的，但他心慈人善，在本县人口流动频繁的高华岭设立一处茶室，自己买茶烧水，免费供往来行人解渴。1752年，湘阴发生大水灾，民众颗粒无收，左逢圣找到有钱的富户，合伙在湘阴袁家铺开了一个粥厂，免费救济灾民。为了办成这桩义举，他不惜将唯一的上好衣服卖给了典当行。

左宗棠的祖父左人锦是国子监生，一生以授徒为业。

明清两代入国子监学习的，通称国子监生。国子监生大体有四类：生员入监读书的称"贡监"，官僚子弟入监的称"荫监"，举人入监的称"举监"，捐资入监的称"例监"。监生直接做官的机会不多，但可以直接参加乡试，通过科举做官。

左宗棠出生时，左人锦已年近八旬，在家带养孙儿。虽然家境不宽，但左人锦继承了乃父之风，曾仿照社仓法，在县城修建"族仓"，以应对灾荒年月。

在左宗棠的记忆里，祖父是一个对自己要求十分严格的人，平时在家里闲居也一脸严肃，为了帮助邻里乡亲和睦，救济村里那些贫困到难以自养的人，总是不遗余力。"先生律躬之严，闲家之肃，敦睦家族推济邻里之义，余于是而又知其世德相济，积累深厚。"

左宗棠的父亲左观澜（1778—1830年）是县学廪生。

廪生，明府、州、县学生员最初每月都给廪膳，补助生活。名额有定数，明初府学四十人，州学三十人，县学二十人，每人月给廪米六斗。清代沿其制，经岁、科两试一等前列者，方能取得廪名义。名额因州、县大小而异，每年发廪饩银四两。廪生须为应考的童生具结保证无身家不清及冒名顶替等弊。

生员也叫秀才，是经过省级的正式考试进入县学的。那个时代，只有成为秀才，才有可能进入学校参加日后的科举考试。左观澜曾就读于长沙岳麓书院。

岳麓书院是今天湖南大学前身，位于长沙市湘江畔岳麓山下，是我国古代四大书院之一，始建于北宋初期。973年，潭州（今湖南省长沙市）太守朱洞、通判孙逢吉鉴于长沙岳麓山抱黄洞下的寺庵林立和幽静环境，接受了刘鳌的建议，在原有智璿等僧人兴办的学校基础上创建了岳麓书院。初创的书院分"讲堂五间，斋舍五十二间"，其中，"讲堂"是老师讲学的场所，"斋堂"则是学生平时读书学习兼住宿的场所。岳麓书院的这种中开讲堂、东西序列斋舍的格局一直流传至今。

朱洞，被后世供奉为六君子之一。同样被供奉在岳麓书院六君子堂的，还有朱洞的后继者——李允则（953—

1028年）。

李允则没有经过残酷的科举，荫补入仕，却坚信文教乃为政之本，相信知识的力量。朱洞离任后，岳麓书院很快冷落下来，"诸生逃散""弦歌绝音"。

999年，李允则任潭州太守，他一方面继续扩建书院的规模，增设了藏书楼、"礼殿"（又称"孔子堂"），并"塑先师十哲之像，画七十二贤"，另一方面积极取得了朝廷对岳麓兴学的支持，以促进书院的更大发展。1001年，北宋朝廷首次赐书于岳麓书院。当时书院学生正式定额六十余人。1012年，经学家周式担任山长主持岳麓书院后，书院得到迅速发展，学生定额逾百人。周式本人还得到宋真宗（968—1022年在世，997—1022年在位）的召见和鼓励。

到南宋乾道年间（1165—1173年），著名理学家张栻（1133—1180年）主持岳麓书院时期，岳麓书院达到鼎盛，成为全国闻名的传习理学的基地。1180年，朱熹（1130—1200年）对岳麓书院的办学和传播理学，也表现出极大的热忱。朱熹还将《白鹿洞书院教条》颁于岳麓书院。

从元、明至清初，由于战乱，岳麓书院曾两度遭到焚毁，后来虽然得以重建和恢复，已不复旧观。清初，书院被禁。后康熙帝（1654—1722年在世，1661—1722年在位）为表彰理学，放宽书院政策，并以十三经、二十一史、经书讲义等遣送至岳麓山；1744年，乾隆帝又御书"道南正脉"匾额送至岳麓山，岳麓书院得以复兴。清代的岳麓书院，集聚了一代常识博洽、德高望重的大师，培养出诸如王夫之、陶澍、魏源、胡林翼、曾国藩、郭嵩焘、杨昌济等著名的湖湘学者。当然，左宗棠也是岳麓书院的学生。

二、童年经历

左宗棠出生时，左家有祖辈遗田数十亩，岁收谷四十余石，但靠此来维持一个三代十口之家的生活也不算宽裕。此时，左宗棠的祖父母均已年迈力衰，三个姐姐、两个哥哥的年纪都小，全家人的生活要靠父亲终年在外设馆授徒维持，"非修脯无从得食"。如风调雨顺，一家人的生活还能维持，但遇上灾荒年，就难以度岁，粮食不足，只能是"屑糠为饼食之，仅乃得活"。左宗棠的妈妈余夫人经常用糠屑做饼给家人充饥。左宗棠出生后母亲奶水不足，又雇不起奶妈，只能吸吮米汁来喂养。米汁难饱婴儿肚，营养跟不上，左宗棠就日夜啼哭，时间一长，肚皮和肚脐都突出来了。长大后，他仍然是腹大脐浅。

后来，左宗棠在写给儿子的信中常常回忆述及，多有感慨。

吾家积代寒素，先世苦况百纸不能详。尔母归我时，我已举于乡，境遇较前稍异，然吾与尔母言及先世艰窘之状，未尝不位下沾襟也。吾二十九初度时在小淹馆中曾作诗八首，中一首述及吾父母贫苦之状，有四句云："研田终岁营儿铺，糠屑经时当夕飧。乾坤忧痛何时毕？恐属儿孙咬菜根。"至今每一讽咏及之，犹悲怆不能自已。

吾家本寒素，尔父生而吮米汁，日夜啼声不绝，脐

为突出，至今腹大而脐不深。吾母尝言育我之艰、嚼米
为汁之苦，至今每一念及，犹闻其声也。

话说到这里，我们已经非常清楚了，左宗棠小时候的家
庭条件是非常糟糕的，而正是贫穷的经历促成了左宗棠的
早熟。正应了那两句古话，一句叫作"家贫出孝子"，另外
一句叫作"穷人的孩子早当家"。

因此，有人说，成名后的左宗棠在生活上有两个很大的
特点：一是特别能吃苦耐劳，二是特别节俭质朴。用现在的
话说，就是左宗棠没有忘本，人家知道自己是穷人的孩子。

这家都穷成这样了，左宗棠的父母还能供他去读书吗？
家里再穷，也得供孩子读书，对吧？这在平常人家都是非
常简单的道理，在左家就更是如此了——人家还是世代书
香门第呢！

可这话说得容易，做起来难啊。你得有钱，才读得起书，
对吧？左家都穷到如此地步了，还能供左宗棠去读书吗？

当然能了。读书对左家来说，是最容易不过的事情了。
因为左宗棠的爷爷和父亲都是教书先生啊。

左宗棠有三个姐姐、两个哥哥，他作为年龄最小的男
孩，当然会备受祖父左人锦的宠爱。左宗棠三岁时就跟随
祖父在家中的"梧塘书塾"读书学习了——看来受启蒙比较
早啊。换句话说，祖父左人锦是左宗棠的启蒙教师。这一
时期的左宗棠非常聪明，祖父教给他的诗句，他都能很快
地记住。

当然，对于左宗棠来说，记住祖父教的诗句只是一件非

常简单的事情，能够按照祖父教的诗句去做事，才能真正体现出自己的水平。

一次，祖父带他上屋后的小山玩耍，采摘了一大把毛栗子。祖父叫他把毛栗子带回家，分赠给兄弟姐妹。左宗棠将毛栗子均分成五份，送给三位姐姐和两位哥哥，自己一个也没要。祖父见他从小知道礼让，能像汉代孔融那样四岁让梨，十分高兴，马上夸奖他说："此子幼时分物能均，又知让而忘其私，异日必能昌大吾门。"

1816年，左宗棠的父亲左观澜携全家迁居省城长沙贡院东左氏祠，以开馆授徒维持全家的生计。左宗械（1799—1823年）、左宗植（1804—1872年）、左宗棠兄弟三人随父读书，"不名他师"。

左观澜对儿子们抱有厚望。他自己虽是个秀才，多年未中举人，却望子成龙，希望他们以后能步入科举的殿堂。于是，他"教人循循善诱，于课子尤严，数年之间入学食饩，一时从游者甚众"。

这个时期左宗棠是如何读书的呢？我们先了解一个"二桃杀三士"的历史故事。

"二桃杀三士"是一个源于《晏子春秋》的成语典故，比喻用计谋借刀杀人。故事发生在春秋末期的齐国，这里的"三士"指的是春秋末期齐景公（？—前490年在世，前547年—前490年在位）手下的三位勇士：田开疆、古冶子和公孙捷。田开疆曾率师征服徐国，有拓疆开边强齐之功；古冶子有斩鼋救主之功；公孙捷有打虎救主之功。他们三人挟功恃勇，不仅简慢公卿，而且在齐景公面前也全无礼统，甚至内结党羽，逐渐成为国家安定的隐患，齐相晏婴（？—前500年）便想设计除掉他们。

一天，在鲁齐两国结盟之后，由齐景公宴请鲁昭公（前561年—前510年在世，前542年—前510年在位）。酒至半酣，晏婴奏请开园取金桃为两国结盟祝贺。齐景公准奏后，晏婴引园吏亲自监摘。摘得六个金桃，"其大如碗，其赤如炭，香气扑鼻"。依礼，齐鲁的两位国君、两位国相各享一个。盘中还剩两个，晏婴奏请赏给臣下功深劳重的人，以表彰其贤能。齐景公让诸臣自我荐功，由晏婴评功赐桃。

公孙捷和古冶子因救主之功而自荐。晏婴肯定了二人的功劳，并立刻将两个桃子分别赐给他们。随后田开疆以开疆拓边有功而自荐。晏婴评定田开疆的功劳最大，但桃子已赐完，只能等来年再行奖赏。齐景公说他自荐得迟，已没有桃子来表彰其大功。田开疆自以为这是一种耻辱，功大反而不能得到桃子，于是挥剑自杀。公孙捷和古冶子因功小食桃而感到耻辱，相继自杀身亡。

晏婴巧妙地利用矛盾，不费吹灰之力，不露一点声色，只用两个桃子就兵不血刃地除掉了三个居功自傲的谋逆之臣，又不得罪齐景公，让人不由得钦佩他的高超计谋和智慧。同时，三员武将以匹夫之勇，恃才傲物，相互争功，最终自尝苦果，让人唏嘘。"二桃杀三士"这个成语典故告诉人们骄狂必惹来众多非议，最终自取祸败的道理。

千百年以来，虽然有很多人为此而佩服晏婴的智谋之高深，但是也有人为三位勇士叫屈，诸葛亮平生最爱吟的一首诗《梁甫吟》便是依此而作。

步出齐城门，遥望荡阴里。

里中有三坟，累累正相似。

问是谁家墓，田疆古冶子。

力能排南山，又能绝地纪。

一朝被谗言，二桃杀三士。

谁能为此谋？国相齐晏子。

据说《梁甫吟》是诸葛亮所作，也有人认为不是诸葛亮所作，但诸葛亮平生最爱吟这首诗是无疑的，由诗中的"一朝被谗言，二桃杀三士"一句，可见诸葛亮对这三位勇士之死是极为感慨的。

无独有偶，身怀大志的左宗棠和朋友之间的书信往来，在书信末尾的署名都是"今亮"或"老亮"，也与诸葛亮对"二桃杀三士"的评价有关。"今亮"的意思是今天的诸葛亮，"老亮"则是左宗棠后期的自称。这样一个左宗棠，如果不是真有才能，那一定是自负得没边了，所以当时很多人都认为左宗棠很狂妄。

前面说过，左宗棠三岁时便随其兄听课。他每次听其父"讲授生徒"及其兄"诵读之书，辄默识不忘，偶属对，颖悟异人"。

一次，父亲教左宗棠的两个哥哥读《三国志·蜀书·李严传》，至"昔之勇士亡于二桃，今之廉士生于二李"一句，父亲就问左宗棠的两个哥哥："二桃的典故出自何处？"哥哥们还没来得及回答，坐在一边旁听的左宗棠即刻答道："古诗《梁甫吟》有'一朝被谗言，二桃杀三士'。"父亲感到非常奇怪。原来，两位哥哥平时朗诵诗文时，左宗棠就在一旁静听默记，早已熟于心中。父亲非常高兴，马上笑着对左宗棠的母亲说："将来老三肯定有封侯的希望。"这一预言，后来果然实现了。

您看，左宗棠这话接得多快啊！左宗棠的父亲预测得多准啊！

接得快，证明左宗棠聪明；预测得准，证明左观澜没有看错人。

"二李"指的是李恢（？—231年）和李严（？—234年），他们都是蜀汉的重要人物，以廉洁著称，与因桃子争斗的三勇士事件形成鲜明对比。

不过，话说到这里，我们也知道了年纪尚幼的左宗棠已经背负了全家的希望：你将来长大了，一定要为左家争光，一定要封侯啊！

封侯，说起来容易，做起来就难了。这得读多少书、掌握多少知识、建多大的功业啊！

左宗棠五岁时开始读"四书"中的《论语》和《孟子》，兼读南宋理学家朱熹的《大注》（即《四书章句集注》）。他八岁时开始学习制艺（即八股文），其父"每命题，必令先体会《大注》，一字不许放过"，目的是让左宗棠对科举考试的必读、必考书《四书章句集注》，从小便能够烂熟于心。左宗棠还间读史书，留意书法，"自童儿时，即知慕古人大节，稍长，工为壮语，视天下事若无不可为"。

这样，左宗棠在童年时代便得到先辈的循循善诱和严格训导，培养了浓厚的读书兴趣。正如他后来在长沙城南书

第一讲 苦难童年

院的老师贺熙龄所说："左子季高从余游，询其学之所自，则一禀于尊甫先生之教。其教于家者，必本于身，肃然翼然，尊卑上下，罔敢稍越。余于是而知季高学业之成就，其父教然也。"

三、连遭不幸

看来，左宗棠的学习成绩还是很不错的，那么他的身体状况如何呢？根据《左宗棠轶事》的记载，左宗棠小时候的身体不是特别好。

一次，左宗棠患病甚剧，恰好遇到一个异僧。异僧给左宗棠看病之后说："病必无妨，此手定山河者也，尚有许多事业未就，安得遽死乎！"没过几天，左宗棠的病果然好了。左宗棠的家人感到奇怪，就问这个异僧是怎么回事。异僧详细地预言了左宗棠日后的发迹情况，当时左宗棠家里的人都不大相信，可日后都应验了。只是这个异僧曾经言及某年左宗棠应卒于战阵，后来左宗棠奉命征哈密，出发时，忆及僧言，乃令携带棺椁而行——结果没有应验。

更奇怪的事情还在后面。1826年，刚满十四岁的左宗棠就在湘阴参加了童子考试。童子考试，是当时的读书人攀登科举考试阶梯的开始，分为县试、府试和院试三级。在院试考试中名列第一、二、三等的前十名者，才能取得乡试资格，方可进入高层次的考试，即中举考试。

左宗棠参加考试那天，位于湘阴县城内孔庙的大成殿前面，搭起了高高的考棚，里面摆放了几十张考桌，考棚内一片寂静。左宗棠的屁股一落考凳，略略沉思片刻，就颇有把握地挥动起毛笔。别的应试人还在嗣笔头时，左宗棠就交了头卷，跨出考棚。只见接过左宗棠考卷的考官们互相传阅，有的捋须点头，有的频频赞叹。果不其然，考榜下来后，左宗棠名列榜首。

第二年，左宗棠十五岁，又应长沙府试。相邻的一老一少两位生员成了考官们关注的焦点。只见那少年脸上的稚气还未完全褪掉，却踌躇满志，埋头疾书。相邻的那位年长的考生，须发斑白，颇显老态。主考官为长沙知府张锡谦，他戴着老花镜，看见少年行文如行云流水，颇感惊奇，不由得探头从后面看了看少年的文笔，心中暗暗称赞不已。考毕，张锡谦四处打听，方知那少年是湘阴的左宗棠，建议将他取作府试的头名。可其他考官说，邻闱的那位考生已经考了十几届了，年近花甲，该适当照顾照顾。这样，左宗棠得了第二名。随后，张锡谦亲自召见了左宗棠，"加奖勉焉"。左宗棠顺利地通过了为取得生员（秀才）资格而设的童子试和府试这两项预备性考试。

然而，就在左宗棠奋发读书、踌躇满志地准备参加院试，开始走向科举道路之时，家中却遭遇一连串的不幸：先是左宗棠的祖父母相继逝世，之后，自小便背负着长子的重担、终日苦读、与星辰相伴的左宗棠的长兄左宗棫染病而去。紧接着，左宗棠的母亲因为伤心过度，贫病交加，于1827年左宗棠应长沙府试高中第二名之后不久便去世。最后，左宗棠年过半百的父亲左观澜接连丧父、丧母、丧子、丧妻，又为了请医生、办丧事，多日劳累，再加上沉重的债务，两年多后也一病不起，与世长辞。一生寒素的左观澜死后，留给左宗棠的只是数十亩薄田和数百两银子的债务。

这时，左宗棠的三个姐姐都已经出嫁，一个十口之家，只剩下他和仲兄左宗植两人相依为命。而早已中了秀才的左宗植为了谋生，长年不在家，十几岁的左宗棠"早岁孤贫"，独立地进入社会。

在这里，我们要注意一个词语——"丁忧"。"丁忧"是古代的一种丧礼制度，最早指遭逢父母或祖父母之丧，也指品官因父母丧而弃官离职的制度。西汉时规定在朝廷供职人员遭逢父母或祖父母之丧要"丁忧"离职三年，至东汉时，丁忧制度已盛行。此后历代均有规定，且品官丁忧，若匿而不报，一经查出，将受到惩处。但朝廷根据需要，不许在职官员丁忧守制，称夺情，或有的守制未满，而应朝廷之召出来应职者，称起复。明清时期丁忧三年终制，重新出来任职为起复。另外，明清时期还规定企图参加考试的莘莘学子遇到父母或祖父母之丧也要"丁忧"三年——也就是三年之内不能参加考试。

这就是左宗棠的青少年时代。世代书香却一贫如洗，奋发读书却连遭不幸，想去参加科举考试但要等六年之后。

第二讲

读书生涯

话说湘阴左氏，好好的一个十口之家，转眼之间就只剩下左宗棠和仲兄左宗植两个人相依为命了。十几岁的左宗棠，被迫独立地步入社会。艰难的生活会把左宗棠压倒吗？这些经历会对左宗棠产生哪些重大影响呢？

一、经世致用

艰苦的生活并没有将左宗棠压倒，反而锻炼了他倔强的性格，培养了他吃苦耐劳的精神。他从未因为贫困的处境有过任何烦恼和忧伤，更没有向别人说过一个"穷"字，而是专心致志地学习。此时的他已在研讨治国安邦的"经世致用"之学了。

所谓"经世致用"，是指学问必须有益于国事。"经世致用"一词由明清之际的思想家王夫之、黄宗羲、顾炎武等提出。他们认为学习、征引古人的文章和行事，应以治事、救世为急务，反对当时的伪理学家不切实际的空虚之学。

"经世致用"的历史至少可以追溯到孔子。孔子创立儒家学派，其目的就是改变春秋末年社会动乱、礼崩乐坏的局面，恢复理想中的社会秩序。而作为一种思想体系，儒家思想不像其他哲学思想那样，用思辨性很强的理论去解释诸如世界的本原、今生与来世的关系等问题，而是很实在地教人们做人、行事，教统治者治国。也就是说，儒家思想从其产生之时，就具有强烈的"经世"传统，这对中国传统社会的知识分子产生了重大影响。他们吸收了这种"经世"精神，并将其作为自己重要的责任，自觉地担负起关心时政、关注国事、针砭时弊甚至救国于危难的使命。

随着儒家思想不断被统治者利用、宣传，其中的实学之风也随之传播开来。到了宋代，理学的集大成者朱熹提出了"存天理，灭人欲"的社会伦理准则，其目的就是改变世风，以挽救国家。但后世的理学家却把"修身"置于最重要的地位并加以强调，违背了朱熹"经世"的本意，失去了对现实的指导意义，很难做到学以致用。因而自明中叶以后，理学走向末路。

理学没落后，以陆九渊（1139—1193年）、王阳明（1472—1529年）为代表的"心学派"崛起。他们认为宇宙的本原是"心"，尤其强调发挥主体人的能动作用，这恰恰弥补了理学后期脱离现实、不关怀世事的弊端。然而，"心学"的后人也逐渐抛弃了"经世"精神，只致力于"心学"本身，无法解决现实社会的问题，不久，"心学"开始衰败。

虽然程朱理学和陆王心学都没能避免衰落的结果，但其在发展过程中对知识分子的影响，却是不容忽视的。宋明以来，儒学的理想与儒者的"天下国家"之责任一以贯之地传承于这六百年之间，并以主流文化的感染力影响了越来越多的知识分子，与这个过程相伴的，是知识分子的士气日益高涨。于是，在明清之际，这一实学思潮达到顶点，士大夫中的优秀分子和新兴的士民代表反对空谈，主张关心时政。其中，以黄宗羲（1610—1695年）、顾炎武（1613—1682年）、王夫之（1619—1692年）为最杰出的代表。

随着清朝的建立，早已失去生机的理学又被统治者拾起，但其关怀世运的一面却已不在，剩下的只是泛泛空谈。

另外，由于清政府在思想上实行高压政策，尤其是盛极一时的"文字狱"，沉重打击了知识分子参政、议政的勇气，造成了一批批学者无奈地走上闭门治学之路，整日与考据为伴，不再关心议论政事。至此，在中国传统知识分子中一直延续的"经世致用"思想走到了尽头。

随着康乾盛世的结束，清朝统治者不得不面对淤积已久的严重的社会危机。众多的矛盾舛错交结而又此起彼伏。面对封建末世深刻的社会危机，一批政治家、思想家和进步学者再一次提倡"经世致用"，主张实行改革。

而此时的左宗棠，既企望能走科举登第之途，但又没有把全部心思用在应科举、读"四书"、做"八股"上面，而是对"经世致用"之学颇加留意。左宗棠为什么会有如此想法呢？应该说，这和他的先辈世代书香却屡次考试未能中举有很大关系。

1828年，左宗棠在丁母忧期间，"益致力于学"。正如他自己后来所说的："人生读书得力只有数年。十六岁以前知识未开，二十五六以后人事渐杂，此数年中放过，则无成矣，勉之！"

1829年，十七岁的左宗棠在书铺买到一部顾祖禹（1631—1692年）的《读史方舆纪要》，不久后又读了顾炎武（1613—1682年）的《天下郡国利病书》和齐召南（1703—1768年）的《水道提纲》。

《读史方舆纪要》，原名《二十一史方舆纪要》，全书共一百三十卷。首为历代州域形势九卷，记述历代王朝的盛衰兴亡和地理大势；次为明代两京十三布政使司一百一十四卷，分叙其名山、大川、重险，所属府、州、县及境内部分都司卫所的疆域、沿革、古迹、山川、关津、镇堡等，并记载其地发生的历史事件，考订其变迁，剖析其战守利害；再为川渎异同六卷，专叙禹贡山川的经流源委及漕河、海道；末为分野一卷。另附《舆图要览》四卷，内容有两京十三布政使司、九边、黄河、海运、漕运及朝鲜、安南、海夷、沙漠等图。全书参考二十一史、历代总志及部分地方志书达百余种，集明代以前历史地理学之大成，在当时即被誉为"数千百年所绝无仅有之书"。

《天下郡国利病书》，是记载中国明代各地区社会政治经济状况的历史地理著作，全书共一百二十卷。该书先叙舆地山川总论，次叙南北直隶、十三布政使司。重点辑录了兵防、赋税、水利三方面内容。作者十分重视研究各地兵要地理，深感兵防之重要，对全国各地的形势、险要、卫所、城堡、关寨、岛礁、烽堠、民兵、巡司、马政、草场、兵力配备、粮草供应、屯田以及有关农民起义和其他社会动乱等方面资料，无不详细摘录，是研究明代社会政治经济的重要史籍。

《水道提纲》，全书共二十八卷，系统地记录了当时全国范围内的江河湖泊，以及入海口与沿海岛屿，为了解研究清朝鼎盛时期全国水道情况提供了无可替代的历史文献。《水道提纲》记载的全国水道系统全面而均衡，纠正了《水经注》记载水道详于西北而略于东南的弊端。齐召南记载水道不仅梳理其原委，而且注意记载百川所归之海洋。《水道提纲》不仅是一部专门记载水道之书，也是记载当时国土管辖范围之书；不仅记载各省州县水道，还记载外藩、属国水道，像克什米尔高原的拉达克、列城、葱岭等，均有系统的记载，即使称之为清朝管辖疆域之宝贵记录与可靠证据也很恰当，具有多方面的意义与价值。

对于上述书籍，左宗棠"潜心玩索，喜其所载山川险要，战守机宜，了如指掌"。认真阅读之余，他还做了详细的笔记，对于"经世致用"的，"于可见之施行者，另编存录之"。这些书籍使他增长了见识，对他后来带兵打仗、施政理财、治理国家起了很大的作用。与此同时，他对家中所藏的《皇朝经世文编》更是爱不释手，加注评语，"丹黄殆遍"，详加考论。

《皇朝经世文编》成书于1826年，次年刊行。全书共一百二十卷，文章二千二百三十六篇，分为学术、治体、吏政、户政、礼政、兵政、刑政、工政八类，类下又分子目。入选作品反映了清代前期和中期部分学者和官吏的"经世致用"思想及改革图治的愿望，

左宗棠对"经世致用"之学的追求，引起了许多沉醉于八股时文的学人士子的非议和嘲讽。左宗棠后来对其儿子追述这一情形时说："士人但知有举业，见吾好此等书，莫不窃笑，以为无所用之。"当然，对于这些学人士子的非议和嘲讽，左宗棠是毫不理会的，仍然坚持自己的选择。

1830年冬，左宗棠拜见了因丁母忧回到长沙的江苏布政使贺长龄（1785—1848年）。贺长龄是什么人呢，左宗棠为什么非得拜见他不可？

二、拜会贺长龄

被左宗棠视为"学术之纯正，心地之光明"的"嘉、道两朝名臣"贺长龄，祖籍浙江会稽，寄籍（长期离开本籍，居住外地并取得该地的籍贯）湖南善化（今湖南省长沙市），字耦耕，号西涯，晚号耐庵。1808年考中进士，1821年任南昌知府，1822年升山东兖沂曹济道，1824年任山东按察使。

在清代，漕运与河工、盐法并称为"三大政"，康熙帝更是将漕运与河务、三藩同列为三大事，"束宫中柱上"，作为"治国要务"。清朝之所以如此重视漕运，是因为漕运保障了京师的物资供应，为京师的稳定提供了坚实的物资保障。

两千多年的漕运，最大的事件莫过于京杭大运河的贯通，南粮北运的格局由此形成。历史上，南粮北运，曾漕运和海运并举，但明末开始，海运废弃，漕运成了唯一选择。到了清朝，朝廷更是依赖漕运。漕运因此也成了贪腐的重要滋生地。

贺长龄任南昌知府的1821年，有漕省份米价每石约一两白银，从征收、漕运到京通交仓，米价每石高达白银十余两，可见漕运过程中贪官污吏盘剥勒索之严重，漕运系统形成的贪腐势力已经严重影响了京师的稳定。

1824年冬，洪泽湖东岸大堤决口，淮河水位下降，河道淤浅，给漕运带来了极大困难。为解决漕粮北运，朝廷内外要求改河运为海运的呼声再次高涨。道光帝（1782—

1850年在世，1820—1850年在位）有意趁此机会废漕运而兴海运，但漕运养肥的贪腐势力不甘就此撒手。关键时刻，道光帝决定起用陶澍（1779—1839年）、贺长龄等提倡"经世致用"之学的务实派官员。

1824年，贺长龄调任江南任江苏按察使，1825年升为江苏布政使。这种调任轨迹和升职速度，显然有考察和重用的意图。而贺长龄也不负考察，在山东任上，他"重实经世"，认识到当地水利建设与运河、漕运关系密切，并注意到漕粮河运存在的壅塞问题。为此，贺长龄开沟洫、兴水利，百姓收获倍增。

贺长龄到任之后，与江苏巡抚陶澍集中精力积极策划和筹办漕粮海运。由于贺长龄等人努力实干，1826年春，第一批漕粮海运取得成功，一时震惊朝野。曾任两江总督、时任漕运总督的琦善念及贺长龄"亲驰海澨集贾买舶者千艘，播皇仁而普协商情，免税缗者万计，筹费则悉从撙节……遴员则必取廉勤"而上奏请奖，道光帝朱批："藩司贺长龄布置精详，著交部议叙。"

从道光帝起用贺长龄到贺长龄代理山东巡抚，七年时间连升十级。贺长龄的仕途进步，因母亲病故而中断。1830年，贺长龄四十五岁，正当壮年，如果不是因为丁忧，他的仕途应该另有一番格局。丁忧加养病，贺长龄歇了五年，他的仕途之所以并未"凉凉"，除了此前在山东和江苏任上多有建树外，还有个重要的原因——主持编纂了《皇朝经世文编》。这让他虽然暂离了官场，但影响仍在。

话说到这里，我们就知道左宗棠为什么要拜会贺长龄了。虽然他们的年龄差距很大，但心是相通的——都属于主张"经世致用"的务实派。

左宗棠早闻贺长龄的大名，对贺长龄的学问、功业和为人十分钦慕，便前往请教。贺长龄见左宗棠人品不凡，知他志向远大，也非常赞赏，"以国士见待"。

其实，此时的左宗棠不过是一名年仅十八周岁连生员资格还未取得的青年人，而贺长龄则早已是进士出身、官至江苏布政使的地方要员。左宗棠受到如此器重，说明他在经世学问的探索上已有足以为贺长龄所赏识的见解。贺长龄面对眼前这个"颇好读书，苦贫乏无买书资"的青年人，答应出借家中所藏图书。

左宗棠"每向取书册，贺长龄必亲自梯楼取书，数数登降，不以为烦"，还书时，贺长龄又"必问其所得，互相考订，孜孜断断，无稍倦厌"，贺长龄的"诱掖末学，与人为善之诚"深深地打动了左宗棠。贺长龄勉励左宗棠说："天下方有乏才之叹，幸无苟且小就，自限其成。"

这几句话如果说给您听，您心里也会热气腾腾的吧？历史上不是每一个官员都能做到贺长龄这样——反其道而行之的有的是——诸如李鸿章（1823—1901年）对康有为（1858—1927年）和孙中山（1866—1925年）的冷嘲热讽。最终，康有为在戊戌变法时废掉了自己讨厌的八股取士制度，孙中山则索性发动辛亥革命，把大清朝给推翻了——这就是命运的转机！

如果左宗棠拜会贺长龄时，贺长龄说："你是谁啊？哪儿来的？滚出去！"那左宗棠对大清朝会有什么样的看法？

但这种现象没有发生，而发生的恰恰是贺长龄对左宗棠的鼓励。

在贺长龄的热情关怀下，左宗棠的学识大有长进。可以说，与贺长龄的这次见面对日后的左宗棠产生了非常重大的影响。对于左宗棠来说，贺长龄是他人生中一个非常重要的人物。当然，他一生中遇到的贵人真是太多了，正是他们，成就了日后的左宗棠。

三、学艺贺熙龄

1831年，左宗棠入长沙城南书院学习。

很多人都知道中国历史上赫赫有名的岳麓书院始建于北宋，而在长沙城南，还有一所始建于南宋的书院，同样是盛极一时，它就是城南书院。

城南书院原是南宋大儒张栻的父亲张浚（1097—1164年）在潭州的居所。1161年，一代名相张浚以观文殿大学士知潭州，携子张栻在妙高峰筑造了书院，并亲书院额"城南书院"。

城南书院共有屋宇三十一所，基地园土二十六处，并辟有监院、讲堂和六斋（居业斋、进德斋、主敬斋、存诚斋、正谊斋、明道斋）。

当时的城南书院，名为书院，实为私家园林。张浚父子精心营造了"城南十景"：丽泽堂、书楼、养蒙轩、月榭、卷云亭集楼台堂榭之胜，南阜、琮琤谷、纳湖、听雨舫、采菱舟融自然山水之秀。还有东渚、咏归桥、船斋、兰涧、山斋、石濑、柳堤、濯清亭、西屿、梅堤十大胜迹,美不胜收,让人目不暇接。

湖湘学派代表人物张栻早年师从于湖湘学派泰斗胡宏(1105/1106—1155/1162年),以学识超群而深受器重。他以倡导师说为己任,提出"造就人才,以传道而济斯民"的办学方针,坚持经世致用、实事求是的为学之道,采用个别钻研、相互问答、集中讲解相结合的教学方法,以研习儒家经籍为主,间或议论时政,对湖南学术思想的发展具有深远影响。"实事求是"牌匾在很长时间里一直挂于城南、岳麓书院堂檐,内化为湖湘文化乃至中华文化的学术品格。

张栻在城南书院居家论道、著书立说、会友讲学前后共九个春秋。他的主要门人都曾在此求学,反映张栻理学思想的主要著作,如《洙泗言仁录》《南轩易说》《论语解》《孟子说》都在此完成。

受湖南安抚使刘珙(1122—1178年)之聘,张栻又主管岳麓书院教事即任山长,城南、岳麓两书院"各藉先贤之声得以俱永"。1167年,朱熹与张栻论学于城南、岳麓、石鼓书院,偕游南岳,史称"朱张会讲",而一同在城南研习理学、唱和题诗就有月余。由于张栻的影响,再加上与朱熹聚讲题咏,城南书院几乎跟岳麓书院不相伯仲,百余年"明贤讲学,风教蔚然,得人颇盛",堪称"昔贤过化之地",成为湖湘学派的一个重镇。

城南书院在元明两朝曾有中断,元代废为高峰寺。1563年,推官翟台在高峰寺下重建了五间学堂,1578年复废。1714年，易象乾等重建城南书院。1733年，城南书院与岳麓书院并列为省城书院。1745年，巡抚杨锡绂迁城南书院至天心阁下。1822年，巡抚左辅重迁于妙高峰旧址，实行全省范围招生，名额和岳麓书院相同。道光帝御赐"丽泽风长"额。城南书院人文日盛，成为湖湘学子心向往之的理想学府。著名山长有贺长龄、贺熙龄、何绍基、郭嵩焘、王先谦等，皆为一代名师，造就人才甚众，曾国藩、左宗棠、胡林翼、罗泽南、王闿运、黄兴、陈天华、程潜等曾在此修藏或就读。

1903年，清政府批准设立湖南师范馆。同年11月，巡抚赵尔巽改城南书院为湖南全省师范学堂，师范馆并入其中。1912年，改为湖南公立第一师范学校；1914年，易名为湖南省立第一师范学校（以下简称湖南一师）。在创办早期，湖南一师曾以"湖南亚高学府"驰名，不但是湖南推行新式教育的中流砥柱，而且培养了大批革命与教育人才。

起于风云激荡的湖南一师，发扬了城南书院培养"传道济民"经世人才的教育传统，砥砺了湖湘文化中开放进取、敢于创新的图强意识，契合了当时中国救亡图存的发展趋向。特别是五四运动前后，一大批走在时代前列的"一师人"逐步接触、接受和传播马克思主义学说，这些进步青年包括毛泽东、蔡和森、何叔衡、任弼时、李维汉、谢觉哉、李达等。而且，湖南早期革命运动的核心组织——新民学会的成员主要出自湖南一师。新民学会对于促进马克思主义在湘传播起了重要作用，为湖南的建党建团做了思想上组织上的准备。这使湖南一师成为神圣的"红色摇篮"，是中国共产主义运动和新民主主义革命的策源地之一。

1913年春，毛泽东以第一名的成绩考入湖南省立第四师范学校。次年春，该学校合并于湖南一师，他被编在第八班，直到1918年夏毕业。毕业后不久，毛泽东为组织湖南青年赴法勤工俭学来到了北京，接触了马克思主义。1919年底至翌年夏，毛泽东第二次上北京，并去了上海等地，与李大钊、陈独秀有了很深的交往，读到不少马克思主义经典著作，坚定了马克思主义信仰。因而，毛泽东在1920年夏至1922年冬回湖南一师任附属小学主事和师范部国文教员期间，便开始把马克思主义基本原理同中国具体实际相结合，以极大的热情投身革命实践。他组织马克思主义研究会、俄罗斯研究会，建立湖南共产主义小组，应邀参加党的一大，成为党的缔造者之一。返湘后，他相继创办了湖南自修大学，建立中共湖南支部和湘区委员会，不久后辞去了学校的工作，成为职业革命家。

毛泽东在湖南一师学习工作长达八年之久，度过了"问苍茫大地，谁主沉浮"的激情年华，立下了"改造中国与世界"的宏伟愿望，实现了由青年学生、教员到职业革命家的转变，由新民主主义者到马克思主义者的转变。

从古代在此演绎了堪称中国学术盛事的"朱张会讲"，到一个世纪前毛泽东等"一师人"成立新民学会的"建党先声"，均彰显了经世致用、实事求是的学术传统及心忧天下、敢为人先的道义担当。这样的价值取向和人文基因，既是湖湘文化乃至中华文化缘何生生不息的有力注脚，又是实现中华民族伟大复兴必不可少的精神给养。2000年3

月，湖南一师升格为普通高等师范专科学校。

左宗棠进入长沙城南书院时，主持书院的是贺长龄的弟弟贺熙龄（1788—1846年）。可见，左宗棠能进入这所学府读书，还是凭借了贺长龄的照顾。

贺熙龄，字光甫，号庶龙，1814年进士，选庶吉士，授编修。迁河南道御史，提督湖北学政。在提督湖北学政任内，他"辨义利，正人心，谕多士，以立志穷经为有体有用之学"，对清代的乾嘉学派重在考据、崇尚空疏的学风加以批评，大力提倡经世致用。他指出："读书所以经世，而学不知要，瑰玮聪明之质，率多隳败于词章训诂，襞绩破碎之中，故明体达用之学，世少概见。"贺熙龄在讲学中，对诸生"诱以义理经世之学，不专重制艺帖括"。培养的学生多为既崇奉宋儒义理之学，又能穷经而致用的有用人才。复补山东道监察御史。在御史任内，请缉滨湖盗贼，查禁私垸，端士习，惩诬告，严究讼师胥役作奸；陈盐务河工积弊，条上苗疆九事等，皆奉旨可行。后以目疾乞归。前后主讲长沙城南书院八载，并倡立湘水校经堂。晚年，贺熙龄筑室东城，布衣蔬食，名其居曰"菜根香"。

左宗棠追随贺熙龄"十年从学"，深受贺熙龄思想的影响。他说："从贺侍御师游，寻绎汉宋儒先遗书，讲求实行。"贺熙龄对左宗棠也尤为器重，曾说："左子季高，少从余游，观其卓然能自立，叩其学则确然有所得，察其进退言论，则循循然有规矩，而不敢有所放轶也。余已心异之。"

左宗棠在城南书院和湘水校经堂学习期间的生活是很艰苦的。自从父亲左观澜因病去世之后，左宗棠就失去了生活的依靠，"日食不给"，只能"赖书院膏火之资以佐食"。但贫困的生活并没有难倒左宗棠，他在艰苦的环境中奋力学习，并争取到优异的成绩。对此，左宗棠曾感慨地说："自十余岁孤露食贫以来，至今从未尝向人说一穷字，不值为此区区挠吾素节。"

贺氏兄弟身为一代名流、显宦，如此爱重左宗棠这个当时十分贫穷却勤于学习的学子，使左宗棠感动不已，没齿不忘。贺氏兄弟也一直关注着这位有前途的得意弟子，他们始终保持着密切的往来。一年后，贺长龄丁忧期满，仍回江苏原任。六年后，升任为贵州巡抚的贺长龄曾几次致信左宗棠，邀请左宗棠去贵州任事。当时，左宗棠已答应教陶澍的孤子，这才没有应邀前往。

左宗棠在城南书院还与同窗好友罗泽南等人以学行相砥砺。

罗泽南（1808—1856年），字仲岳，号罗山，湖南湘乡善庆（今湖南省娄底市双峰县）人。与左宗棠颇为相似，罗泽南从小聪明敏慧，四岁始识字，六岁入私塾，过目成诵。罗泽南的祖父罗拱诗很钟爱罗泽南，对罗泽南常抱振兴门庭之厚望。这时祖父年近七旬，家业零落，四壁萧然，一家人经常吃了上顿没下顿。1818年，罗泽南学作对联，所作颇有奇气。其所居之地有一个药房，旁边是染房，他为之撰联"生活万家人命，染成五色文章"，听见的人没有不赞叹的，此联既写实，又抒怀，不同凡响，因而脍炙人口。

1825年，罗泽南的母亲去世。此后的十年里，他先后失去了包括兄嫂、祖父和三个儿子在内的九位亲人。妻子因为接连丧子，悲伤过度，两只眼睛全都失明，耳朵也重听，疾病缠身。罗泽南自己也多有疾病，腰背酸痛不休，由于家贫，又不能买药给自己治病。罗泽南并没有因为这些悲惨的遭遇而一蹶不振。他坚持一面教书谋生，一面夜以继日地苦读。尽管很多人劝他"为工为商"，但他始终勉强支持家庭，不为世俗所动，还常常以"何妨年少历艰辛"自励。

1826年，罗泽南应童子试不第，回到家中教授讲学，开始了长达二十八年的设馆教书生涯。其教授内容与方法别具一格，不仅应举业，而且授之以礼、乐、射、御、书、数"六艺"和经世致用之学，既习文，又习武，因此学子云集。罗泽南先后培养了王鑫、李续宾、李续宜、李杏春、蒋益澧、刘腾鸿、杨昌濬、康景晖、朱铁桥、罗信南、谢邦翰、曾国荃、曾国葆等高足。后来这些学生大多成为湘军名将，成为中国历史上"书生领兵"的一大景观。

1840年，罗泽南以长沙府第一名中秀才，以冠军入湘乡县学。罗泽南虽然仕途坎坷，但其学问和品德是世所共仰的，故在1851年，湘乡县令朱孙诒举他为孝廉方正以应朝廷之选，时论以其名实相符，当之无愧。

罗泽南是湘军将领中哲学著作最多、哲学思想比较系统的一位，世称名将，实为学人。湘军最初称湘勇，湘勇又因罗泽南在湘乡县倡办团练，号"湘乡勇"而得名。罗泽南朝执兵戈，暮讲道学，料事如神，先后被授知县、同知、知府、道台、按察使、布政使，谥号"忠节"。

《清史稿·罗泽南传》评价罗泽南："湖南募勇出境剿贼，

自江忠源始。曾国藩立湘军，则罗泽南实左右之。朴诚勇敢之风，皆二人所提倡也。忠源受知于文宗，已大用而遽殒。泽南定力争上游之策，功未竟而身歼，天下惜之。忠源言兵事一疏，泽南筹援鄂一书，为大局成败所关，并列之以存龟鉴。此大将风规，不第为楚材之弁冕已。"而在普通人的心目中，戎马生涯之际、有着深厚理学思想底蕴的罗泽南是这样一个人，"军行所至。士民欢跃，或输敌情，或诉所欲，馈肉饷饭，如家人父子。得道多助，屡破大敌，而善以寡击众。乡人化之，荷戈从军，蔚成风气。时为之语曰：'无湘乡，不成军。'藉藉人口。而不知无泽南，无湘军。惟泽南以宋儒之理学治兵，以兵卫民，皎然不欺其志。此湘军所以为天下雄，而国之人归颂焉"。"无湘不成军"便由此而来，而"无泽南，无湘军"更是对罗泽南一生辉煌的最好褒奖。

四、艰难中举路

为了生计，左宗棠在城南书院只待了一年，不得不另寻生路。1832年，左宗棠还到湘水校经堂学习经学，七次取得第一名的成绩。

需要注意的是，鸦片战争前，全国书院都是以八股时文为主要教学内容，以适应科举考试的需要。岳麓书院也在很大程度上成了科举制度的附庸。1831年，崇尚朴学的原湖南布政使吴荣光（1773—1843年）升任湖南巡抚。吴荣光是清中期著名汉学家、乾嘉学派后起者阮元（1764—

1849年）的弟子。阮元曾独创中国专课经史训诂的诂经精舍和学海堂。这两所学校代表了清代书院发展中的一个重大转变，即以汉学取代理学，以实学取代制艺。吴荣光主政后，很不满意当时书院专课八股的习气，乃仿效老师的做法，创办湘水校经堂于岳麓书院斋西的隙地。校经堂专课经史，以经义、治事、词章分科试士，然后择其优者，赐食赠金，召至抚署以供使用。刚开始时，校经堂并无固定生额，而是岳麓书院的一些生徒在本院课试制艺时文之余，在此兼习汉学。吴荣光对校经堂非常重视，曾亲书"湘水校经堂"题额，并筹集经费，酌定章程，还经常渡江到堂讲课。校经堂作为湖南最早的专习汉学的机构，对湖南学术风尚的转变起了较大的作用。后来担任湖南巡抚的李明墀在评价校经堂的创办时说："其时多士景从，咸知讲求实学，人才辈出，称为极盛。"

　　一年之内，左宗棠在湘水校经堂七次考试第一，也证明了他的才华。

　　问题在于：如此聪明的一个人，能在日后的考试中顺利中举吗？

　　湖南自古就被称为鱼米之乡，是当时除了两广以外，全国最富庶的地方。因富足安乐，而使得湖南文风鼎盛。每当有乡试主考官由京到达此地，舟车劳顿之后，当地人为其洗尘接风，大开宴席。在席开之际，总要照惯例请一位年高德劭的士绅出面表示欢迎，同时，出联由主考官对出之后，才会开始上菜。当时许多才学不足的主考官都视湖南为畏途，生怕如果对不出或是对得不妥，不但场面尴尬，贻笑大方，也表示其在当地的事务难以顺利进行，这算是湖南人以文会友，顺便给来客一个下马威。

1832年，徐法绩（？—1836年）为朝廷派任湖南乡试的主考官，由于他时常能够慧眼识英才，为朝廷拔擢许多俊杰，因此，当时的人都称他为"徐天眼"。这一天，当徐法绩来到长沙时，正好雷声隆隆，大雨滂沱。接风洗尘，席开之际，一位士绅以此为题，出一联云：大雨淋漓，洗净大街迎学士。此联切景应时，面面俱到，也同时表达了对徐法绩的欢迎敬意。徐法绩听了之后，抬头望着天，随即顺口吟道：天雷霹雳，打开天眼看文章。

而就在这一年，左宗棠已经纳资为监生，与其兄一起应这场由徐法绩任主考的湖南乡试。要注意的是，在科举考试中，考生的试卷须先经同考官阅看，择其优者加以评定，然后向主考官推荐，方能取中。而左宗棠鄙弃八股文，虽经老师贺熙龄的一再劝告，仍习性不改。参加乡试，他洋洋洒洒，任意发挥，也不管是否合乎程式。结果阅卷考官批上"欠通顺"三字，这份考卷落选了。

人生际遇就是常有意外。这年乡试是道光帝五十大寿的恩科，就在阅卷官的推荐卷汇齐时，来了一道上谕，命各地考官搜查遗卷，在落选卷中再查一遍，以免遗漏真才。接到谕旨时，副考官已经因为热泄病故了，徐法绩便独自阅览五千多份"遗卷"，他一份一份地耐心翻阅，希望自己在一任主考中不要遗漏了真才。考卷几乎千篇一律，之乎者也，让人头昏脑涨。幸亏徐法绩有耐心，把自己关在阅卷房几天，看完了四千多份试卷，只选出五份比较出色的文章，而他希冀的英才却没有出现，于是他打算一本不漏地看完这些遗卷。

这日上午，他看了三百多份试卷，午餐后便随手拿过一份卷子瞧瞧。字写得刚劲有力，当看到礼经文题"选士厉兵，简练杰俊，专在有功"一文时，徐法绩精神一振，为之惊诧。文章十分顺畅，议论风生，言之有据，足见此人博览群书，颇有抱负。他从头朗诵，又再次朗诵，决定将它作为首卷补中。

哪知众位同考官对其他五份补中卷别无异议，唯独对这份批有"欠通顺"的考卷表示了异议，其中一人说道："其他五卷下官并无意见，唯独下官所阅这篇，已批欠通顺，实在不像一篇八股文。欠通顺的文章，下官是不会推荐的。"

徐法绩素以耿直闻名京师，他当即说："大人不肯推荐的这份，恰是本院必推的一份。各位不信，请看这篇经试文，若仍有反对意见，本院决意暂不发榜，将试卷送请皇上圣断。"提出异议的同考官没料到徐法绩如此重视这份考卷，他知道这位铁面御史的声名，只好勉强同意。众考官传阅了试卷，都觉得尽管有些不合程式，不大依起承转合规矩，但文章之精彩、议论之深刻的确是大手笔，也都称赞徐大人独具法眼，明察英才。

经过斟酌，定左宗棠为第十八名。同榜第一名恰是左宗棠的二兄左宗植，同时取中的还有张瓒昭、唐李杜、欧阳兆熊、何绍祺（何绍基之弟）、胡林翼等。

次日唱名之后，监临官湖南巡抚吴荣光立刻起身向徐法绩道贺："徐大人，恭喜，恭喜！选得英才。左宗棠在书院七冠其曹，贺公长龄称之为国士。吾兄特具法眼，识拔真才，朝廷之幸。"众人这才钦服。徐法绩也极为高兴，当晚写家书喜报自己收录了得意门生。左宗棠就这样一波三折地考中了举人。

当然，左宗棠认为自己的文章写得比谁都好，每成一文就自吹自擂，到处给同窗夸示，惹得大家掩口而笑。三十多年后，左宗棠官居陕甘总督，从徐法绩的儿子那里见到了这封家书，回溯往事，激动得老泪纵横。

五、结婚居妇家

俗话说，好事成双。左宗棠在中举之后，又到了结婚的日子。

左宗棠参加完乡试后，与湖南湘潭（今湖南省湘潭市）人周诒端（1812—1870年）结婚。他与周诒端的这门亲事，虽早在父亲和长兄在世时就订下，只因家贫，一直没有举办。时至1832年，男女双方早已到了结婚年龄，由于无钱操办婚事，加之女方家里一再催促，左宗棠只好来隐山就婚，入赘湘潭周家。

隐山，地处衡山山脉之北麓，位于湘潭县黄荆坪，距湘潭市区四十千米，原名宝龙山、龙王山，历为湘潭"四大名山"之一，海拔四百三十七米。

宋代的《景德传灯录》《五灯会元》、明代的《大明一统志》和清代的《湘潭县志》等书籍，都或详或略地记载了这样一个故事。

创立了禅宗五大家之一曹洞宗的唐代名僧洞山良价（807—869年），与同门密师伯云游造访到隐山下，过一深溪，见溪上漂着菜叶，洞山说："深山无人，哪来的菜叶？水流处莫不是有道人居住？"两人就拨开稠密的茅草，沿着小溪向深山之处寻觅。艰难前行了几千米，看到一僧人"羸形异貌"，也就是瘦骨嶙峋、相貌奇特。这个僧人就是龙山和尚。

见了面之后，洞山与龙山之间展开了一场暗藏机锋的问难。龙山问："此山无路，阇黎（高僧）从何处来？"洞山不答反问："无路且置，和尚从何而入？"龙山答："我不从云水来。"意思是我不像行云流水那样转徙，而是铁定在这里，无所谓哪里来去。洞山又问："和尚住此山多少时邪？"龙山答："春秋不涉。"意思是我已超然于自然，还关涉什么春去秋来。洞山知道了对手的分量，于是接着发出一个追问："和尚先住，此山先住？"龙山答："不知。"洞山追问："为甚（什）么不知？"龙山答："我不从人天来。"意思是整个人类世界与自然世界都已超然于我的感觉之外，我为什么要知道呢？

禅机斗到这里，看似山穷水尽，洞山的问题仍没完："和尚得何道理，便住此山？"禅，无得无不得；若有所得，必有执着。龙山回答得很巧妙："我看见两个泥牛斗入海，直至于今绝消息。"暗讽洞山两人有斗心，昧着自性。

"两牛相斗"的比喻真是妙绝，泥巴做成的牛泡入海水中会有什么样的结果，这不是显而易见的吗？但是，显见的道理却又最难使人明白，回想一下人世间的动乱与内斗，两败俱伤，皆无消息，我们不是可以领悟到一些哲理吗？一闻此言，洞山又有了新开悟，立即再整衣冠，纳头便拜。而这个龙山和尚在洞山离开后，一把火把自己所住的茅屋烧了，在崖壁上留下了诗句："三间茅屋从来住，一道神光万境闲。莫作是非来辨我，浮生穿凿不相关。"据说他后来还写下了另外一首诗："一池荷叶衣无数，满地松花食有余。刚被世人知住处，又移茅屋入深居。"

这段对话，不但为后世留下了一个"泥牛入海"的成语，还列入了禅宗的公案。所谓公案，就是禅师引人开悟的一些言行记录。

相传北宋大文学家、理学开山鼻祖周敦颐曾来此地隐居三年之久，在龙王山莲花池畔写下了千古佳作《爱莲说》，并构筑"廉溪书堂"讲学，隐山也因此而得名。

据史料记载，南宋文学家、理学家、太学士胡安国（1074—1138年）为避"靖康之乱"，弃官不做举家隐居于此。先生感叹国事维艰命运多舛，空怀抱负落魄失意，遂蛰居山间庙宇潜心佛学。一代名宦宿儒，退隐江湖却心系天下，于是倾其毕生积累，创办了碧泉书堂，开坛讲学，将自己的平生抱负寄托于"得天下英才而育之"。终集儒、释、道之大成，著述成《春秋传》，提出了以"实事求是、经世致用、内圣外王、修身养性"为要旨的湖湘文化精义，名动一时，被奉为国学经典。胡安国幼子胡宏、养子胡寅（1098—1156年）深得父亲学说精髓，父子三人被尊称为"隐山三圣"。

胡氏门下高足辈出，隐山碧泉书堂备受士林推崇，明代正德皇帝游历至此，曾手书"天下隐山"皇匾倍加赞许。胡安国先生高龄寿寝后，被天子赐谥"文定"，以示褒扬。胡宏秉承父业，桃李满门，其中就有朱熹、张栻等南宋名儒，使湖湘文化得以薪火相传、发扬光大，成为十分重要的一大国学流派。

结婚这天，左宗棠在新房自写对联："身无半亩，心忧天下；读破万卷，神交古人。"气壮山河的宣言，既是对自己的勉励，也是他一生的写照。

"神交古人"，是中国古代读书人获得"天下"概念、获取担当天下使命抱负的一个契机和途径。如果不神交古人，不以古代那些伟大人物作为自己立志的标杆，怎么可能树立一个高远目标，从而"心忧天下"呢？

这个"古人"是谁呢？答：诸葛亮。左宗棠虽为一介布衣，却不坠青云之志。他常以"今亮""小亮"自称，立志要像诸葛亮那样，以匡时济世、定国安民为己任，成就一番伟业。他撰写的另一副对联——"文章西汉两司马，经济南阳一卧龙"，也是对标诸葛亮的自我激励和期许。

1866年春，左宗棠在福州寓所为儿女写家训时，写的就是这副联语。左宗棠语重心长地对儿女说："三十多年前我写这段话以自夸，至今仍在我心中萦绕，重读此联自觉有愧。但是一个人的志趣应该是高远的，尽管我德薄能鲜，但怎么可以不让我的子弟来学习我当年的少年之狂呢？"可见此联在他心目中的分量之重，也看得出其所体现的精神气概是贯穿于左宗棠一生的。

必须承认，左宗棠是不世出的人物，其禀赋、气质、意志力均是百年一遇，他的故事充满了偶然性。但若放在中华民族几千年的背景下，放在湖湘历史的语境中来观照，我们又能发现，他这种"心忧天下"的抱负正是千年奔涌的湖湘血脉涵养而成的。

回顾那些在湖湘史册上留下浓墨重彩的先贤，从为教化三苗、实现天下之治而南巡崩于苍梧之野的舜帝，到"长太息以掩涕兮，哀民生之多艰"的屈原，到"循天下之公"的王夫之，再到"睁眼看世界第一人"的魏源，他们的心中无不装满了天下情怀。更不用说那位"身无分文，心忧天下"的韶山青年了。虽然毛泽东曾经说过"予于近人，独服曾文正"，看起来他是曾国藩的"铁粉"，但其实左宗棠与其性格的相似度更大，对他的影响也是非常深的。"心忧天下"的一脉相承就不用说了，毛泽东的某些性格特质，比如舍我其谁的超强自信、百折不回的坚韧意志、潜龙在渊的非凡定力、经世致用的为学追求，都可以从中看出左宗棠的影子。

左宗棠对我们还有一个很重要的启示，就是做人所需要的那种"精、气、神"。无论是"身无半亩，心忧天下"的抱负，还是他的另一句名言"天下无不可办之事"，抑或是抬棺出征这样的惊世壮举，都是"精、气、神"的极致体现，彰显了扎硬寨、打硬仗的意志品质，又何尝不是"吃得苦，耐得烦，不怕死，霸得蛮"的湖湘精神呢？有了这些伟大品质，左宗棠以奇功伟业而名垂青史，被梁启超称颂为"五百年以来的第一伟人"。

第
三
讲

屡试不中

其实，左宗棠对于入赘耿耿于怀，甚至有些苦闷。虽然出身名门望族、诗词歌赋样样精通的妻子贤淑、知礼，岳母（岳父已病故十多年）对其也是礼待有加，但不管怎么说，在那个时代，"居妇家"也不是什么光彩的事。

尽管左宗棠感到"居妇家，耻不能自食"，但结婚的欢悦和"婚未逾月，湖南省试名录至"的喜讯都为他的生活增添了色彩。而且与左宗棠同岁的周夫人能文善诗，对于夫君的学行关怀备至、倾心相助，也使他领略到了家庭的温煦。

左宗棠还有个连襟张声玠，也入赘周家。因与科考的孽缘，二人双双与仕途无缘，只好四处奔波劳苦，终日在外谋生，年底方才回家，相聚之后呷上几口小酒，夹走些许冷菜，围坐桌边畅谈理想、舒展情怀，他看看你的词，你看看他的歌，互相贬损、互相吹嘘、互相取笑、互相谩骂。

一、结识胡林翼

中举之后，左宗棠的下一个目标便是参加第二年春季在京师举行的会试。左宗棠贫不能治装，周夫人则"出百金治行"。又恰逢左宗棠已经出嫁的姐姐"贫不能举火"，左宗棠便将旅费百两"悉举以赠"。亲戚闻讯，凑积"百金"以赠，才使左宗棠得以北行。

1833年第一次赴京会试时，左宗棠曾专程拜访了詹事府詹事胡达源（1777—1841年），并结识了同为"中兴名臣"的胡达源之子胡林翼（1812—1861年）。

湖南益阳的胡家是耕读世家，自胡林翼的祖父胡显韶开始就十分重视家规的教化作用，曾定下胡氏家训家规十条，用它教育子孙后人砥砺品性，作为立身处世的行为规范。"团结宗族，捍卫国家，不容有违背涣散之行为。"捍卫国家是胡氏家训的第一条。

　　左家和胡家原是世交。胡达源早年曾与左宗棠的父亲左观澜同读书于长沙岳麓书院，交往密切，感情非常深厚。但与左观澜科考未中不同的是，胡达源于1819年高中殿试一甲第三名进士（俗称"探花"）。

　　胡达源进士及第后，授翰林院编修。1821年，胡达源充仁宗皇帝实录馆纂修，不久，领馆事。《嘉庆帝实录》书成，胡达源晋升国子监司业。1828年，胡达源以国子监司业，出任贵州学政，由于士子只知道进取学，无留心理学的，于是他著《弟子箴言》十六卷以此来教育士子们。书中纲目十六条："奋志气，勤学问，正身心，慎言语，笃伦纪，睦族邻，亲君子，远小人，明礼教，辨义利，学谦让，尚节俭，儆骄情，戒奢侈，扩才识，裕经济。"书内所说教的大抵是学习的根柢是守儒之道，而且引经据典、援经化史，以酣畅淋漓讲授其义。《弟子箴言》融汇先儒诸说，出语心得，特别有益于世上教育。胡达源任贵州学政期间，还曾逢黔中武举考试，吴甲父子横霸一方，追随的党羽、门徒遍及各郡县。他们围攻、诘问考试事宜，而且屡屡将学官推倒在地，当地官员没有人敢过问。胡达源临事善断，前去揭发吴甲父子作恶多端的罪状，以理向上禀奏，很快将这些恶势力绳之以法，全郡为此拍手称快。同年，胡达源以国子监司业出任云南乡试主考官。1832年，胡达源秩满入京，晋右庶子，转左庶子，迁翰林院侍讲、侍读，直升至学士。适逢京畿附近地区闹饥荒，胡达源掌管设粥厂。对于青白口赈济之事，他仿效富弼青州法，每人给五天口粮，男女分别，不同来路，升斗分量，筹码票据全都亲自过手验发，受到道光帝的嘉奖。1833年，胡达源升任詹事府少詹事，日讲起居注官。1836年，胡达源丁母忧，服阕。丁忧结束不久，胡达源入京，未补授官职，又丁父忧，由于劳累过度，胡达源终于在艰难中去世。

胡林翼，字贶生，号润芝。想一想，在中国还有谁用过"润芝"这两个字？是毛泽东啊！青年时代的毛泽东阅读了胡林翼的《胡文忠公全集》，十分钦佩胡林翼的文韬武略和做人为官之道，遂把他当成学习的楷模，把自己的字也改为"润芝"或"润之"。

钦佩胡林翼的人不只是毛泽东，还有毛泽东的对手蒋介石。蒋介石特别崇拜胡林翼的军事才能，把曾国藩、胡林翼的治军用兵之道编成《曾胡兵法》，作为黄埔军校学生的必读教材，并签名题词赠给学生。

胡林翼六岁开始由祖父胡显韶授读，八岁入私塾。其祖父学识渊博，在乡里威望很高，被邀请参与编修《益阳县志》，带胡林翼随行。恰逢将赴任川东兵备道的陶澍顺路回老家探亲。陶胡两家原系世交，胡显韶高陶澍一辈，陶澍以子侄之礼去拜见胡显韶。陶澍登门时，胡林翼正在庭院前玩耍，突然发现有客人来了，而且是坐着八抬大轿，有侍卫前后拱卫。他知道自己应该回避，可是客人已跨入了院门，若在客人面前跑开，实在有失礼敬。就在小林翼犹豫的时候，祖父已走出房门迎客，趁祖父与来客揖让寒暄之际，他就近把一只靠在树上的大木盆放倒，将自己小小的身躯扣在里面，一直等到祖父把客人请进了客厅，才悄悄地溜出来。

其实，小林翼的一举一动都被陶澍看在眼里，他心里暗想："这孩子倒是机警过人，小小年纪就会顾全礼节，而且耐性可嘉，将来一定大有前途。"

待双方叙及家庭情况时，胡显韶让人把孙儿叫来见过陶世伯。小林翼大大方方地走进客厅，十分周全地给陶澍行过礼，陶澍问起他的名字、年龄及学习情况时，小林翼恭敬地一一回答，举止十分得体。陶澍对他更加喜爱，忍不住对胡显韶要求道："可否将贤孙配与我家小女。"既然世侄开口，胡显韶当然是满口答应，于是一对男女的婚事就在这样的叙谈中定了下来。

1830年，胡林翼与陶琇姿完婚。婚后师事同里人蔡用锡（1784—1861年）。1832年，他偕夫人送岳母贺夫人去南京陶澍两江总督任所。陶澍是促成嘉道年间经世之学重新活跃的代表人物，办事干达，政声极佳。留居节署一年，胡林翼亲见陶澍兴利除弊的措施，深受熏染，"精神殊为一变"，自认为受益匪浅。

江南一行，使胡林翼收获很大。从此，他"于书无所不读，然不为章句之学"，嗜读《左传》《史记》《汉书》《资治通鉴》以及中外舆图地志，对于"山川厄塞、兵政机要，探讨尤力"。

除了耳濡目染经世之术外，在此期间，胡林翼还得到了躬行实践的机会。1831年夏，沅湘大水，益阳受灾严重，饥民流离失所。在家受学的胡林翼担心饥民无食一变而为乱民，慨然曰"秀才便当以天下为己任"，挺身而出，面见县令，"请按灾区编户口，劝富民出钱粟以赈"。他还提出具体的救灾方案，即令遭灾各处保甲根据贫富情况造户口册，分上、中、下三等，上户不管，中户可减价买米，下户免费给米，限期一个月。为监督保甲，防止其舞弊，胡林翼建议"选本地士绅协同办理，一以镇地方，一以免保甲之欺罔"。鉴于劝捐遭富民抵制，十数日无动静，他愤不可遏，不得不"一出倡之"，首先请岳父家捐出两千两银子以作表率，然后对其他富民苦口婆心劝导，"以至诚感之，以大义责之，以危言动之，以赏劝诱之"，终于使大家踊跃捐款，很快筹集数万金，救活了许多饥民。

　　胡林翼与左宗棠是同年（唐代同榜进士称"同年"，明清乡试、会试同榜登科者皆称"同年"。左宗棠与胡林翼为1832年同榜举人，故称"同年"）。

　　1833年，左宗棠首次进京应会试，与同来应会试的胡林翼一见如故，意气相投，从此成为莫逆之交。两人在一起谈古论今，朝政腐败、官吏无能、民生困苦和西方各国的侵逼，无所不及，他们都预感到天下将要大乱。为此，二人"辄相与欷歔太息，引为深忧"。以致时人均为之诧异，不知他们为何忧叹。

二、两试未能举

这次会试，虽然左宗棠在三场考试中的三篇四书文、一首五言八韵诗、五篇五经文、五道策问文被考官评为"首警透，次、三妥畅，诗谐备""气机清适，诗稳"，却与进士无缘。出闱后，左宗棠积所见闻，写成《癸巳燕台杂感》七律八首。

世事悠悠袖手看，谁将儒术策治安？国无苛政贫犹赖，民有饥心抚亦难。天下军储劳圣虑，升平弦管集诸官。青衫不解谈时务，漫卷诗书一浩叹。

纥烈全金功亦巨，李悝策魏术非疏。公孤自有匡时略，灾异仍来告籴书。不惜输金筹拜爵，初闻宣檄问仓储。庙堂衮衮群英在，休道功名重补苴。

西域环兵不计年，当时立国重开边。橐驼万里输官稻，沙碛千秋此石田。置省尚烦它日策，兴屯宁费度支钱？将军莫更纾愁眼，生计中原亦可怜。

南海明珠望已虚，承安宝货近何如。攘输啙俗同头会，消息西戎是尾闾。邦小可无惩蛮毒，周兴还诵《旅獒》书。试思表饵终何意，五岭关防未要疏。

湘春门外水连天，朝发家书益惘然。陆海只今怀禹迹，阡庐如此想尧年。客金愁数长安米，归计应无负郭田。更忆荆沅南北路，荒村四载断炊烟。

青青柳色弄春晖，花满长安昼掩扉。答策不堪宜落此，壮游虽美未如归。故园芳草无来信，横海戈船有是非。报国空惭书剑在，一时乡思入朝饥。

已忍伶俜十年事，惊人独夜老雅声。一家三处共明月，万里孤灯两弟兄。北郭春晖悲草露，燕山昨日又清明。宵深却立看牛斗，寥寞谁知此际情。

二十男儿那刺促，穷冬走马上燕台。贾生空有乾坤泪，郑綮元非令仆才。洛下衣冠人易老，西山猿鹤我重来。清时台辅无遗策，可是关心独草莱？

此时此刻，出身"寒素"的乡间布衣左宗棠忧国济世的参与意识跃然纸上！

除却对民间疾苦、纲纪败坏之慨叹外，诗文还透露出左宗棠希求报效朝廷、凭"儒术策治安"的抱负。值得注意的是，左宗棠已预见到西方列强将为患于中国，警告必须加强国防。左宗棠的远见卓识为后来的新疆建省和屯垦戍边政策提供了重要的思想基础。左宗棠后来在陕甘总督任上，成功稳定了西北局势，进一步证明了他的战略眼光和治国才能。

归家途中的左宗棠对沿路各地的"时务"做了考察。他说："春榜既放，点检南归，睹时务之艰棘，莫如荒政及盐、漕、河诸务。将求其书与其掌故讲明而切究之，求副国家养士之意"。

1835年，左宗棠再度北上应试。他的文章写得很好，考场上一些胸怀大略、眼光洞达的考官认为左宗棠的文章言之有体、浑然成章、立意深远，是自大清立国以来少见的好文章，可以问鼎榜眼探花。左宗棠本来已经被取为第十五名了，可是在清廷之风沉暮，讲求上下圆通且四平八稳的官场上，左宗棠的头角峥嵘并不被一些人赏识，于是主考官便以左宗棠还年轻，怕他自视甚高为名，把他取在了最后一名。但当黄榜张贴到高墙的时候，左宗棠的名字却不见了。原来这次会试中，湖南考生中了六名，比上限还多一名，于是主考官便把左宗棠的名字刷了下来，补上湖北的一名考生，仅把左宗棠取为誊录。誊录，相当于现在的抄写员。您说，左宗棠倒霉不倒霉啊！

而左宗棠的同年好友胡林翼则于1836年考中了进士，被钦点为翰林院庶吉士。散馆后授翰林编修，不久后充任国史馆协修。

知道事情真相的左宗棠当然不愿意、不屑于做这份抄抄写写的工作，于是他一甩袖子就回到了家乡。在周夫人的协助下，左宗棠潜心于地理学的研究，并"以图为之本，以诸史为之证"。1837年，左宗棠应湖南巡抚、他的另外一个恩师吴荣光之召来到醴陵渌江书院，担任山长。

从唐代开始，书院作为山中学舍的名称出现，而其主讲并总管者，即为山长。五代蒋维东隐居衡山讲学时，授业者称之为山长。宋代将始建于南唐升元年间的庐山白鹿洞的"白鹿国学"（又称"庐山国学"）改成白鹿洞书院，作为藏书讲学之所。元代于各路、州、府都设书院，设山长。明清沿袭元制，乾隆时曾一度改称院长，清末仍叫山长。科举被废除之后，书院改称学校，山长的称呼废止。

我国有书院始于唐，盛于宋。醴陵建书院始于南宋。自南宋至清代，醴陵相继办起七所书院，唯渌江书院的存在时间最长、规模最大、影响最深远。

渌江书院坐落于醴陵城西的西山半腰，三面环山，面向渌水，与城东的繁华街区隔江相望，环境幽静。渌江书院始建于1175年，当时叫醴陵学宫（朱子祠）。1194年，朱熹任潭州知州兼潭州荆湖南路安抚使时，曾到醴陵学宫讲学。1506年，心学大师王阳明贬谪贵州龙场驿丞，路过湖南，慕名来到醴陵学宫，应醴陵学子请求在后卫书院一部分的靖兴寺讲学多日，在当地学子中掀起学理学的热潮，醴陵学宫因此名声大噪。1753年，醴陵学宫正式改名为渌江书院。渌江书院原址在醴城东青云山下朱子祠右侧，1829年撤旧院作考棚，迁书院到西山，在南宋年间的西山书院遗址兴建新院（即现址）。渌江书院规模宏敞，占地面积约七千平方米。其布局典雅：首门头，次讲堂，又次内厅、东三斋、西三斋，后再设日新斋、又新斋，是学子藏修砥砺之所，亦是名家讲学之乐地。

左宗棠担任山长时期的渌江书院有学生六十余人，他对这些学生从严要求，每日查阅功课，对"旷废不事事及虚词掩着两次"的学生，将其"本课膏火除去，加与潜心攻苦之人"。他还于每月初一"会订功课日记，为之引掖而督勉之，其有不率，则朴责而斥逐之"，使学生"俱知勉强学问"。

正是在渌江书院担任山长期间，左宗棠结识了时任两江总督，后来成为其亲家的陶澍。

三、大清官陶澍

陶澍，字子霖，一字子云，号云汀，晚号髯樵，又号桃花渔者，湖南安化人。陶澍幼年时，家道中落，生活贫困。1802年，陶澍会试中进士，授翰林院编修，后擢升监察御史，户部、吏部给事中等职。

1820年，道光帝即位后，锐意图治，重视人才，当即罢黜八旗昏庸老朽，起用汉族精英。鉴于陶澍为人正直且"堪为大用"的经历，他进一步得到道光帝的信用。道光初期，陶澍的官宦之运便如"春风得意马蹄疾"，扶摇直上了。

1821年春，陶澍奉命进京，道光帝召见三次，钦交三案嘱办。1821年秋，陶澍任安徽布政使。当时安徽钱粮亏欠，府库空虚，先后经历五次清查，都没有结果。陶澍来到之后，"治丝理纷，钩稽一载，甫有端绪"。

1823年春，陶澍升任巡抚。是年长江大水，濒江三十余个州县堤坝皆溃，田庐荡没。陶澍"乘舟遍勘，驻节芜湖，羽檄飞驰，寝食俱废"，他迅速派人赴上游买米十万石，劝捐数十万金，以赈灾民，"使游移老疾孩稚皆有所养，殍殪有所葬"。大水退后，陶澍亲登涂山、八公山绝顶，览全淮水势；并赴寿州、怀远、凤阳等地，勘察湖塘堤坝，次第筹浚；又为各乡村设仓储粮，曰"丰备仓"，并奏定章程推行。在陶澍雷厉风行的整治下，安徽局面大有改观，呈现新貌。

1825年夏，陶澍奉命离开安徽调任江苏巡抚，临别时有皖地诗人赠诗曰:"父老殷勤酒一卮,依依皖口送桡时,江神也为人留别,特借东风向上吹。"安徽人感念陶澍勤政的心情,由此可见一斑。

陶澍调任江苏巡抚之后,奏陈海运之策,将苏、松、常、镇、太五府漕粮改为海运,并亲赴上海筹集商船,访道路,定价值,号令严明。此举节省白银二十余万两。当时,吴中连岁水患成灾,当事屡议修浚未果。陶澍主张"治水以吴淞为最要,治吴淞以通海口为最要",奏请以省漕功之银动工,于1828年春竣工。

1830年夏,两江总督蒋攸铦(1766—1830年)因病乞假,陶澍登上了他一生事业的顶峰:实授两江总督兼江苏巡抚、兵部尚书、都察院右都御史,统领江南江西军务。其部下林则徐(1785—1850年)也升任江苏巡抚。

此时,陶澍继续与林则徐疏浚江苏境内多条河道。到1834年,苏淞等地大雨倾盆,太湖附近山洪暴发而未成灾,疏浚河道的任务大功告成。

偏不凑巧,此时正值两淮盐务凋敝艰难之际。盐课为国家之重,十万火急,耽误不得,这是陶澍明白真相后汗流浃背的缘由。他立刻采取两条措施:一是对两淮盐政全面整顿,制定盐务章程十五条,除积弊,删浮费,改良官运,降低盐价;二是积极推行改革,在淮北改纲盐为票盐,实行盐业的自由贸易。经过几番严厉治理,两淮盐务渐有起色,不仅年年完成了产销任务,而且带销历年积欠官盐,既繁荣了经济,又保障了盐课。结果自然是"国朝久治安,两淮足财赋"——陶澍的官声远扬。

另外，为强兵御侮，陶澍还于1832年奏陈《筹议海洋会哨章程》，督总兵关天培率水师去沿海侦查走私活动，将英国商船"阿美士德号"驱逐出境，史称"胡夏米"事件。随后，陶澍又与林则徐制订《处分白银外流章程》，提出建立独立的银本位货币制，遭清廷保守势力反对。

我们知道，陶澍非常能干且勇于改革。可他为官几十年，手脚是否干净呢？

陶澍在任职期间，曾屡次把自己的俸银施舍给那些无家可归的灾民。他有个癖好，就是喜欢石头，当他在野外看到奇石时，会想方设法地把它们搬回家中。两江总督府设在南京，他一有空就到雨花台去玩，顺便采集一些雨花石，日子久了，就装满了十几个箱子。一次，他在经皇帝批准回湖南省亲时，心想没有什么好东西孝敬老母亲，就带了十多箱好石头，想让老母亲开开眼界。

傍晚时分，陶澍的省亲大船刚停靠在码头，忽然远处尘土飞扬，一队人马直奔码头而来。人马还未站稳，为首的钦差就高声喊道："圣旨到！陶澍接旨！"陶澍见状，不敢怠慢，立即下船登岸，跪在码头上，山呼万岁。钦差展开圣旨读道："奉天承运，皇帝诏曰：查两江总督陶澍为官不正，贪赃枉法，乘回乡省亲之机，将所敛不义之财向安化老家随船带回。兹将其财物尽数没收，停职查办，以儆效尤，钦此。"钦差的话刚讲完，两个亲兵已将陶澍抓住，要摘去他的顶戴花翎，脱下他的官服。此时的陶澍并不慌张，他一面挣脱亲兵，一面反问道："请问钦差大人，捉贼要拿赃，说我贪赃枉法，有何凭证？"

钦差指着船上的十几只大箱子说道:"这些箱子就是证据,还有何冤枉可言?"陶澍申辩道:"卑职的箱子里装的不是什么财物,大人不过是道听途说而已,不如先登船查看,再给我处分不迟。"钦差闻言,觉得陶澍言之有理,连忙带领亲兵登船查看,把十几只箱子统统打开来,令人大吃一惊的是,箱子内除了一些常用衣服之外,其余的全是各种各样的石头。钦差一见,睁着一双疑惑的眼睛问道:"陶大人,听说你自任两江总督后,一直没有回乡省亲,此次从南京去你家乡湖南安化,千里迢迢,怎么只带了一些一文不值的顽石?"

陶澍长叹一声,道出了原委:他虽然当了三十多年的一、二品大员,俸银优厚,但看到各地的天灾人祸,灾民遍地,他于心不忍,所以把俸银中的一大半都捐了出去,因此至今仍是两袖清风,无奈只好带些石头回去孝敬老母亲。

钦差听后啧啧称奇,说:"从来就听说只有捞银子的官吏,哪里有贴老本的官吏,真是天下一大奇事。"他命令陶澍的大船暂停前进,就地等候皇上圣旨,并立即照实情拟了一道折子,派快马火速禀报给道光帝。

原来,道光帝在陶澍离开南京回乡省亲后,就接到了江阴知府的密报,称陶澍任两江总督以来,大肆搜刮民财,金银珠宝多得连总督府也堆放不下了,故借此次回家省亲之机,用大官船装了十几只大箱子带回去。道光帝闻报,信以为真,想不到自己心目中的清官竟会是一个搜刮民脂民膏的贪官,龙颜大怒,不问青红皂白,立即下了那道圣旨。当道光帝得知陶澍千里回家省亲,孝敬母亲的竟是一箱箱的顽石，又听说他散银救灾民，心中十分感动，上朝时对群臣说："为臣下的能个个像陶澍那样清廉，何愁天下不太平！"

陶澍回到家中后，道光帝又派钦差送去了三千两银子，算是对他的奖赏。但陶澍分文不用，依然是粗茶淡饭，他将这笔钱的一部分用来接济贫苦乡民，另一部分用于在安化县兴办四十八所义学，自己分文不留。

在今江苏省连云港市东北三十多千米处，有一个非常有名的地方——云台山。云台山又被称为"花果山"。在花果山水帘洞的左上方，有一块颇不寻常的摩崖石刻"印心石屋"，这是道光帝的御书，是赏赐太子少保、兵部尚书、两江总督陶澍的。

这里有两个问题：一是"印心石屋"是什么意思？二是为什么道光帝赏赐陶澍的御书要刻在云台山上？

"印心石屋"的意思，正如陶澍所说："臣家洞庭西南，资水之滨，两岸石壁屹立如门，潭心有石，方正若印，名曰'印心石'。幼随臣父结屋读书其上。"为什么道光帝赏赐陶澍的御书要刻在云台山上？这里面有一段重要渊源。

1832年，陶澍专程来到海州，亲自去附近盐场视察，果断地废除了纲盐制，改为标盐新法。这项改革成果是卓著的，使得地方景观大改，灶户维持温饱，社会秩序安定，市场繁荣，百业兴旺。由于地方殷富，云台山中也大兴土木，修葺庙宇。当年冬天，道光帝召见了陶澍，大加褒奖。

1835年，道光帝召见陶澍，问其家世里居，得知"印心石屋"的故事后，为陶澍题御书"印心石屋"。五天之后，道光帝又复赐大字"印心石屋"。陶澍为感皇恩，于1836年在其家乡湖南省安化县北的资水南岸制"御书崖"摹"印心石屋"四字于其上；另制巨碑数块置于所管辖的大都市内。今江苏南京、苏州、连云港等地均有此巨碑。在江苏省内保存最完好的"印心石屋"巨碑，在扬州大明寺内。另外，陶澍在嘉庆年间著有诗钞初集，以《印心石屋诗钞初集》命名。后又著《印心石屋诗集·奏议》等。

道光帝前后两次赐给陶澍"印心石屋"四个字，除了陶澍特别能干之外，还有没有其他的原因呢？而这些与左宗棠有什么关系？这就要从陶澍善于发现人才谈起了。

我们知道，正是在陶澍的培养和影响下，才成就了林则徐、魏源、邓廷桢、胡林翼、左宗棠、曾国藩等中国近代的一代英杰。应该说，陶澍是中国古代史上最后一名卓有成就的改革家、中国近代经济改革的先驱，是一位标志着封闭、封建的古老中国走向开放、走向近代的里程碑式人物。

1830年，胡林翼与陶琇姿完婚。1836年，胡林翼会试及第。

就在此时，胡林翼的同年好友左宗棠与胡林翼的岳丈陶澍见了面，这次见面一下子让胡林翼的辈分比左宗棠矮了一辈。这是怎么回事呢？

第四讲

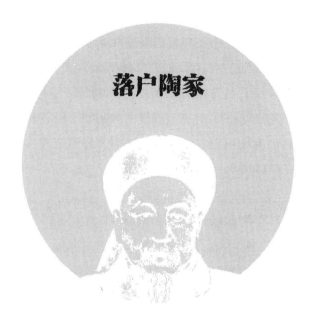

落户陶家

左宗棠在醴陵渌江书院担任山长期间，结识了时任两江总督、后来成为其亲家的陶澍，二人结识的经过，也是很有意思的。

一、初次见面

1837年，时任两江总督的陶澍阅兵江西，顺道回湖南安化扫墓，途经醴陵。陶澍是当时赫赫有名的封疆大吏，他来到醴陵后，县令竭力款待，为其准备了下榻的馆舍，并请当时的渌江书院山长左宗棠书写楹联，以表欢迎。左宗棠崇尚经世致用之学，对陶澍也早有仰慕之情，于是挥笔写下一副对联：

> 春殿语从容，廿载家山印心石在；
> 大江流日夜，八州子弟翘首公归。

这副对联，表达了故乡人对陶澍的敬仰和欢迎之情，又道出了陶澍一生最为得意的一段经历。一年多前，道光帝在北京皇宫连续十四次召见陶澍，并亲笔为其幼年读书之所"印心石屋"题写匾额。这件事在朝野相传，众人极为羡慕，陶澍也自认是"旷代之荣"。因此，当他看到这副楹联后，极为赏识。

陶澍走进公馆，迎面是一幅山水画，上面有两句小诗：

> 一县好山为公立，两度绿水俟君清。

意思是醴陵县傲然屹立的山峰，皆是仰慕陶公的凛然正气而生。

小小醴陵县，居然有我的知己！这位五十多岁的封疆大吏，当即提出要见见诗文的作者。哪知左宗棠的狷狂之态显露，任凭知县苦苦哀求，就是不见。

见过大世面的陶澍对左宗棠的狷狂之举不但不恼怒，反而于第二天亲自前往书院与左宗棠交流。令陶澍没想到的是，一个二十多岁的年轻人出现在他的面前。结果自然是"一见目为奇才，纵论古今，为留一宿"。两人秉烛而坐，整整谈了一夜。从学问谈到家事、国事，从漕、盐之道谈到海运、国防。左宗棠积了一肚子的学问，恨不得全部倒出来。陶澍深为他的学识所倾倒。

据说，当时左宗棠拜见陶澍躬身作揖时，一不小心刮断了陶澍胸前的朝珠，珠子撒了一地。一般人肯定会吓得不知所措，困窘至极。左宗棠却若无其事，他一边弯腰捡朝珠，一边和陶澍应答，就连见多识广的陶澍，也为左宗棠的胆识所震惊。他深为家乡有这样一位学识渊博、才具非凡的奇才而感到高兴。

一位是五十多岁的两江总督、朝廷重臣，一位是二十多岁的举人，陶澍不顾身份、地位的悬殊，与左宗棠结下忘年之交。陶澍预言，左宗棠今后的地位、成就将会在自己之上，并勉励左宗棠不要被功名所累，以致耽误自己的大好年华。陶澍说："功业与功名这一字之差，误了多少才华之士。建业胜于功名。是真才，终有用日！"为此，陶澍还特意推迟归期一天，于次日与左宗棠周游醴陵。

陶澍对左宗棠刮目相看，是不言而喻的。这个时候，左宗棠的科举之路到底怎样了？话还要从1838年说起。

二、三试未中

话说左宗棠第二次会试失利后，面对高中进士的同乡，他仍是一脸孤傲的表情。看得出来，左宗棠还真是有些狂妄。1838年，左宗棠和1837年考中举人的湘潭人欧阳兆熊结伴同行。于欧阳兆熊而言，这是第一次来京参加会试；于左宗棠而言，这已经是第三次来京参加会试了。

据欧阳兆熊在《水窗春呓》中的记载，他们在赴京赶考的途中，发生了两件趣事。

第一件趣事：话说舟过洞庭，左宗棠和欧阳兆熊二人下船参拜湖神庙。传说洞庭湖神原本是名叫柳毅的书生，也是唐代文学家李朝威创作的传奇《柳毅传》中的柳毅。相传洞庭龙女远嫁泾川，受其夫泾阳君与公婆虐待，幸遇书生柳毅为其传家书至洞庭龙宫，得其叔父钱塘君营救，回归洞庭。钱塘君等感念柳毅恩德，即令之与龙女成婚。柳毅因传信乃急人之难，本无私心，且不满钱塘君之蛮横，故严词拒绝，告辞而去。但龙女对柳毅已生爱慕之心，自誓不嫁他人，几番波折后，二人终成眷属。据说柳毅外表文弱，不够威猛，不能震慑水族，因此他白天在脸上覆盖一个狰狞的面具，到了晚上睡觉的时候才取下来。但是由于养成了习惯，他取下面具的次数越来越少，最后面具就长在他的脸上拿不下来了。

再说左宗棠和欧阳兆熊二人在湖神庙上行香礼毕，看着浩浩汤汤的八百里洞庭，左宗棠文思大作，提笔写了一副对联：

> 迢遥旅路三千，我原过客；
> 管领重湖八百，君亦书生。

这副对联的气魄很大，文艺理论专家通常将之归类到"伟人体"。当然，作者日后倘若没有建立相应的事功，那就当作"伪体"，禁止进入文学史；或者作者当时并没有写下这样的诗文，待功成名就以后，再行补作（请"枪手"亦可），也能胡乱算作"伟人体"。三十多年后，左宗棠以"书生"领兵，远征西北，"管领"之地远迈"重湖八百"；坐言起行，文质交辉，成为历史上为数不多留下大名的"过客"之一，终于证明"牛皮不是吹的"。

第二件趣事：第二天，左宗棠又创作了一篇"伟人体"，事情有点蹊跷了。他给老婆写信，说舟过洞庭，碰到一群悍匪，一干人众魂飞魄散，眼看就要舟覆人亡，千钧一发之际，自己挺身而出，虽无羽扇纶巾，却也"谈笑却之"，很有诸葛孔明先生当日的风采，云云。

欧阳兆熊恰好在边上，瞄到这一段故事，不禁大惑：二人同舟数日，一路上风平浪静，哪来的悍匪？但又不敢贸然质疑，故先向左家仆人打听。仆人一听，嘴角撇了撇，貌似不屑，说："哪有什么悍匪！不过是我家相公发梦癫罢了。昨夜，相公睡在通铺，旁人不慎扯动了他的被子，相公从梦中惊醒，连声大呼'捉贼捉贼'，惊动同泊的几条船，大家举火执仗，忙活了半夜。不信？你听，今日相公的声音还有些嘶哑呢！"仆人的证词正如西谚所云：仆人眼里无伟人。

原来那晚睡觉前，左宗棠看了《后汉书·光武帝本纪》，书中记载昆阳之战中，敌军陈兵百万，将昆阳城包围数十重。刘秀身陷重围，谈笑自若，亲率三千勇士破敌百万之众，最终大获全胜。左宗棠看得热血沸腾、心潮澎湃，直至后半夜，才迷迷糊糊地睡着。忽然，梦见水盗来袭，于是提剑杀敌，好不畅快。当他从梦中醒来后，被凉风一吹，头脑顿时清醒了大半。他看了看枕边那本被口水打湿的书，再回忆起梦中神勇杀敌的情形，仿佛光武帝刘秀附体，不由得哑然失笑。他心中暗想，昆阳之战是否真如史书上所记载的那样，三千人能打败百万人？刘秀恐怕跟自己一样，也是在做梦吧。而史书上记载的淝水之战、赤壁之战，写得活灵活现，难道都是历史真相吗？古人可以乱写，就不允许自己瞎编一次？左宗棠解释完前因后果，欧阳兆熊恍然大悟，对他佩服得五体投地，两人相视大笑。左宗棠如此"恶搞"，无非是想表达心中的不满。所谓官方正史，可信度到底有多高，又有多少经得起推敲？尽信书，不如无书。

话说回来，左宗棠这次赶考，结果怎样？当然是第三次名落孙山。此时的左宗棠，决计不再参加科举考试。看来，左宗棠对科举考试彻底灰心了。诚如他所说："比三次礼部不第，遂绝意进取。"

值得注意的是，或许是受了左宗棠的影响，初次来京参加会试便名落孙山的欧阳兆熊同样选择了"绝意进取"之路。不为良相，便为良医。此后的欧阳兆熊选择了行医之路。欧阳兆熊通医术，曾为曾国藩、左宗棠等开处方药。后在湘潭城内开设医药局，专为百姓治病，延请众多中医师，每日成批地接待求医病人，颇以百姓疾苦为念，以医药之道服务桑梓。还需注意的是，左宗棠与欧阳兆熊的友谊并未因左宗棠后来的升迁而有所变化，反而是历久弥坚。

三次科举考试不中，这对普通人来说，是多大的打击啊！问题在于：左宗棠会不会由对科举考试制度的灰心转向对国家前途的灰心呢？对于洪秀全来说，这是可能的，但对于左宗棠来说，就不会了，因为他有诸如贺长龄、贺熙龄、陶澍等人的鼓励和帮助。

三、陶澍托孤

南归途中，左宗棠绕道专程去南京拜访了两江总督陶澍。陶澍并不以左宗棠的连连落第为意，他格外热忱，一连留其在总督衙署中住了十多天，"日使幕友，亲故与相谈论"。一天，陶澍主动提议让自己当时仅五岁的唯一的儿子陶桄（1832—1898年）与左宗棠五岁的长女左孝瑜订婚。左宗棠为避"攀高门"之嫌，以双方地位、门第、名位不合而婉言谢绝。陶澍却不以为意地说："左君不必介意，以君之才，将来名位一定高于吾人之上。"他仍然坚持原议。

以左宗棠的脾气，当然是不会接受陶澍的建议的。于是，他回到了湖南。

左宗棠在家乡不仅"于农书探讨颇勤",而且还抄录了数十册的《畿辅通志》《西域图志》及各省通志,增长了地理学与军事学等方面的知识。

1839年,左宗棠抵长沙,居次兄左宗植家中。他俩经常切磋学问,"或谈国故,指列时事"。"每剧谈竟夕,争驳不已,家人乃温酒解之。酒后或仍辩难,或遂释然。"左宗棠为克服"气质粗驳"的缺点,注意从"寡言、养静二条实下功夫,强勉用力"。就在此时,左宗棠的忘年交陶澍家里,却发生了巨大的变故!

1839年夏,陶澍病死于两江总督任所。我们用林则徐早在1837年为祝贺陶澍六十寿辰而亲笔书赠的一首七律作为对陶澍的评价吧。

> 重镇南天半壁雄,良臣干国奏肤公。
> 许身稷契经纶大,度世俦乔位业崇。
> 孤宿联辉依斗北,海筹添苄耀江东。
> 廿年开府垂名久,才是平头六十翁。

话说陶澍重病垂危之时,派人专程送信,把左宗棠叫到病榻前,不仅把八岁的独子陶桄托付于左宗棠,还订下了儿女亲家;其他家事也托付给了左宗棠。

从陶澍与左宗棠相识,到陶澍病逝,前后不过两年光景,相交的时间可谓不长。可是两人的相知胜过许多相交十几年、几十年的老朋友。由此可见,被誉为"江南第一才子"的陶澍对才气非凡的左宗棠是高度赞赏的。

正巧，就在这个时候，左宗棠的恩师、在贵州巡抚任上的贺熙龄因旨赴京路过家乡湖南。左宗棠和同学邓显鹤、罗汝怀、邹汉勋等会集城南，给他送行。

师生依依惜别之时，贺熙龄再三劝说左宗棠前往湖南安化小淹陶澍的家，承担为陶澍的八岁幼子陶桄教书的义务，并早日完成左孝瑜和陶桄的婚姻大事。

左宗棠非常感谢陶澍的知遇之恩。在陶澍逝世之后不久的1840年初，左宗棠经过认真的思考之后，决定接受贺熙龄之托，把陶桄接到陶澍的老家安化小淹，承担了为陶桄教书的义务。这一住就是八年。

这八年间，左宗棠把陶桄像亲生儿子一样对待，将自己的学识逐步地教给他。与此同时，他也广泛涉猎了陶澍丰富的家藏书卷，再次精心研读了《皇朝经世文编》。

在小淹的八年和后来在柳庄的几年，是左宗棠一生中最为平静安宁的时光。他潜心读书，似乎十分安心于陶渊明式的世外桃源般的生活，并写出如下诗句：

> 柳庄一十二梅树，腊后春前花满枝。
> 娱我岁寒赖有此，看君墨戏能复奇。
> 便新寮馆贮琼素，定与院落争妍姿。
> 大雪湘江归卧晚，幽怀定许山妻知。

左宗棠和朋友们饮酒赋诗，煮茗论文，纵谈古今。他们以当今奇士自居，以三国时的诸葛亮自比。左宗棠自称"今亮"，胡林翼自称"老亮"，郭嵩焘（1818—1891年）自称

"小亮"，被并称为湖南"三亮"。但田园式生活貌似逍遥的表面，掩藏不住左宗棠的拳拳爱国之心，他对日益逼近国家的内忧外患深感不安。

从左宗棠前往安化小淹陶家的这一年开始，中国发生了巨大的变化。而正是这种巨大的变化，给左宗棠的人生带来了巨大的转折。

四、内外交困

1799年，嘉庆帝在他的父亲乾隆去世后，果断地处理了和珅贪污案。但是，这并不意味着大清王朝度过了统治危机，恰恰相反，这只是大清王朝统治危机的开始：南方的白莲教、京畿的天理教、东南海上的骚动、采矿的封禁、钱粮的亏空、八旗的生计、鸦片的流入、河漕的难题等先后出现。其中，对大清朝威胁最大的便是南方的白莲教和京畿的天理教起义。

白莲教起义发生在1796年，起义的原因属于"官逼民反"类，嘉庆帝经过八年的时间，最终在1804年将白莲教起义镇压下去。

天理教起义发生在1813年。作为白莲教的一支，天理教北京教首林清（1770—1813年）和河南滑县教首李文成（？—1813年）商定于1813年秋起事。由于河南滑县方面走漏消息，李文成被知县逮捕入狱，教众提前起义，占领县城，杀知县强克捷，救出李文成。嘉庆帝派出多路人马围剿。北京方面则按时起义，几百名教徒潜入城内，在入教太监刘得财、刘金、张泰、高广幅等人的接应下，由东华门及西华门两个方向攻入紫禁城。一番混乱之后，四五十名天理教徒直入隆宗门，甚至直达养心殿。然而嘉庆帝不在宫中，起义者未能顺利完成杀死皇帝的计划。尽管如此，他们离后妃所居的宫室已经很近了。有人攻进皇城的消息很快就传到了后妃们的耳中，喊叫声和打杀声足以惊得这些养尊处优的女人们面无人色。

正在上书房读书的皇子们获悉了这个天崩地裂的消息，顿时一片惊慌。同时得知这一消息的宫中诸王大臣，错愕无策，有的甚至准备撒腿逃跑。皇次子爱新觉罗·旻宁很快镇定下来，急命宦官取来鸟枪、撒袋和腰刀，冲出书房迎敌。爱新觉罗·旻宁发现，当时情势十分危急：两名天理教徒已经爬上养心殿墙头，正准备朝这边冲来。爱新觉罗·旻宁在养心殿台阶下举起鸟枪，瞄准墙头的教徒，首发打死一人，再发又打死一人。见两名领头教徒喋血坠地，其他天理教徒不敢继续攀墙发动进攻。

爱新觉罗·旻宁过人的胆魄与过硬的军事技能，为这场皇宫保卫战赢得了宝贵的时间。在此前后，他连发数道命令：一是火速将皇宫事变奏报尚在京外的嘉庆帝。二是关闭紫禁城的四座城门，命令各路官兵飞速入宫"捕贼"。三是安慰居住在储秀宫的皇母钮祜禄氏（1776—1850年），并派皇三子爱新觉罗·绵恺（1795—1838年）保护她，要求他不得离开皇母半步。四是亲自率兵丁到西长街一带访查。五是派谙达侍卫到储秀宫东长街巡查警卫，以备不测。

混战进行到傍晚时分，在健锐营、火器营一千多名装备精良的官兵齐心协力地围攻下，教众终于抵挡不住，攻东华门的一路四十余人撤回了黄村宋家庄，进入皇城的几十人则被全歼于武英殿一带。林清本人也在两天后被捕。

天理教攻打皇宫的消息，第二天就传到了回京路上的嘉庆帝耳里。皇帝在目瞪口呆之余，也不禁为儿子的英勇叹服，当即下令封爱新觉罗·旻宁为"智亲王"，加给岁俸一万二千两，他当时使用的那支鸟枪也起名为"威烈"。

回京后，嘉庆帝对天理教攻打皇宫之事进行了详细调查，才发现给林清提供皇宫私密消息的竟是皇帝的近臣宦官。更糟糕的是，林清的计划早已有知情人告发，而这样的消息竟被王公大臣们当皮球一样踢来踢去，一直拖到事发之后。林清身边有个叫祝现的教徒，他的族兄祝海庆是豫王府的差役，早已经将林清攻打皇城的所有路线时间都弄得明明白白。然而当祝海庆在向豫亲王爱新觉罗·裕丰（1769—1833年）告密时，豫亲王竟回答："还差好几天呢，急什么，等皇帝回来再说。"卢沟桥巡检也在事发前发现了辖区内情形与平日不同，与宛平县令一起向步军统领吉纶（？—1826年）报告，要求捉拿林清。谁知吉纶竟大怒，认为这是存心给太平盛世抹黑，将县令臭骂了一顿。

天理教起义对清朝造成了巨大的冲击。区区不足百人竟攻入皇城，令嘉庆帝震惊不已。嘉庆帝颁布"罪己诏"，将此次事变称为"汉唐宋明未有之事"。为了让后世及百官都能铭记这一耻辱，嘉庆帝特别勒令工匠们在修缮隆宗门时，将半支断箭留了下来，以此警示子孙。正因如此，时过境迁，在二百余年后的今天，我们仍能得见那半支断箭。然而，无论嘉庆帝怎么嘉奖儿子，怎么下诏痛责，都无法掩盖官吏因循、军纪涣散的实情，更无法掩盖大清王朝江河日下的颓丧之势。

清军的防卫松懈，连宫中太监都参与起义，这让嘉庆帝意识到大清王朝的统治面临前所未有的危机。尽管此后统治者加强了对民间秘密组织的打击，但始终无法从根本上缓和社会矛盾，大清王朝衰落的趋势已难以逆转。而到了道光帝爱新觉罗·旻宁即位之后，大清王朝已经陷入内外交困、四面楚歌的境地。

1820年，道光帝即位后，面临着以下四大问题。一、内政问题：中枢机构的调整。二、经济问题：治理河漕。三、民族关系问题：回部张格尔（1790—1828年）的叛乱。四、对外关系问题：英国殖民者贩卖鸦片。

在道光帝眼中，前三个问题是最重要的，第四个问题还不着急。

于是，道光帝来不及处理鸦片问题，而是先着手解决最为紧迫的前三个问题：调整了中枢机构，将嘉庆帝时期的重臣统统换掉，组成了包括曹振镛、穆彰阿等在内的新的朝廷班子；疏浚了河道；平定了回部张格尔在新疆发动的叛乱。

但大清王朝正是因为没有解决好第四个问题而无可避免地衰落了。这里需要简单追述一下英国的历史。

公元1—5世纪，大不列颠岛东南部受罗马帝国统治。后盎格鲁、撒克逊、朱特人相继入侵。7世纪开始形成封建制度。829年，英格兰统一，史称"盎格鲁—撒克逊时代"。

1066年，诺曼底公爵威廉渡海征服英格兰，建立诺曼底王朝。1536年，英格兰与威尔士合并。1640年，英国爆发资产阶级革命。1688年，英国发生"光荣革命"，确定了资本主义的君主立宪制。1707年，英格兰与苏格兰合并；1801年，又与爱尔兰合并。18世纪60年代到19世纪上半期，英国成为世界上第一个完成工业革命的国家，成为资本主义头号强国。

而此时的中国则糟糕得很：危机四伏的大清王朝仍然坚持"天朝尊严"和闭关政策，闭目塞耳，不谙外情，妄自称大。19世纪初的英国早已是"海上霸主""世界工业第一强国"，清朝统治者竟一无所知。

到19世纪上半期，欧亚大陆两端的中英两国兴衰局势已形成了鲜明的对照。鸦片战争前，中国日趋衰落的国力构成了英国侵略中国的可能性，而英国为了满足自身资本主义发展的需要，迫切要求扩大海外殖民地和市场，这就又决定了英国对中国发动侵略战争的必然性。1829年，英国政客白金汉公开演说："中国有庞大的人口，其人富有积极的消费的性格，如果把那个国家的市场开放给自由贸易商人，则英国货物在那个市场上的销量将比其余全部世界的总销量还要大。"

但由于中国自给自足的自然经济对外国的工业品具有顽强的抵抗力，以及清政府实行闭关政策的限制，使英国不可能在中国为自己的商品打开市场，因而出现贸易逆差。这种正常的贸易状况，显然不符合英国资产阶级侵略中国的要求。为了扭转对华贸易逆差，他们找到了对他们最有利的特殊商品——鸦片，以此作为掠夺中国财富，打开中国大门的"敲门砖"。

英国从18世纪开始经营鸦片贸易，1773年开始向中国大量走私鸦片。1799年向中国走私鸦片四千多箱（每箱重约五十千克或一百千克），到1835年猛增至三万多箱。1835年，中国吸食鸦片的人数达二百万以上，说明鸦片的流毒范围已经很广了。这期间，英国从中国掠走的银圆高达三四亿之多。

面对这种严酷的现实，清朝政府内部围绕鸦片问题，展开了激烈的争论。

黄爵滋（1793—1853年）等人主张重治吸食鸦片之人。许乃济（1777—1839年）等人则认为应该广开内地人民栽种罂粟之禁——想一想，这是一个什么样的主张啊。远在湖广总督任上的林则徐根据自己的实践，主张从源头入手，重治鸦片烟贩。他说："（鸦片）流毒于天下，则为害甚巨，法当从严。若犹泄泄视之，是使数十年后，中原几无可以御敌之兵，且无可以充饷之银。"这句名言的重点是"军队"和"财政"四个大字。

军队，是清朝统治的工具；财政，是政权赖以生存的命脉。二者缺一不可，否则清朝的统治就无法再维持下去。请设想一下，如果没有"军队"和"财政"这两大支柱支撑政府，是一种多么危险的情况啊。

林则徐的禁烟主张和禁烟实践，一方面促使道光帝认识到鸦片泛滥的严重性，另一方面也促使道光帝认识到，虽然鸦片问题非常严重，但是还没有到不能解决的地步。于是，他决定采纳林则徐的禁烟主张，并且下令立即召见林则徐。

1838年12月，林则徐到北京。1838年12月31日，在历经了十九次召见之后，道光帝任命林则徐为钦差大臣，节制广东水师，前往广州查禁鸦片。1839年1月8日，林则徐从北京出发，前往广州，奔赴禁烟斗争的最前线。1839年3月10日，林则徐到达广州。1839年5月18日，林则徐收缴鸦片共计19187箱又2119袋（其中美国鸦片1540箱），计重1188127千克。1839年6月3日，虎门销烟开始，6月25日，虎门销烟胜利结束。

英国政府很快作出向中国出兵的决定。1840年6月28日，英舰封锁珠江海口，第一次鸦片战争正式爆发。1840年8月初，英军到达天津大沽口外，直逼京畿。同年10月3日，林则徐被道光帝撤职查办，道光帝随后任命琦善为钦差大臣。

在听到上述消息时，左宗棠是怎样想的呢？

早在1839年，左宗棠就已开始留意唐、宋以来的史传、别录、说部以及官私各书对"海国故事"的记载。因此，当英国挑起战争，英军犯浙江、陷定海、进逼天津海口等消息传到湖南后，左宗棠以朴素的爱国热忱，对战况表示关注，数次给贺熙龄写信讨论战守机宜。他指出："洋事于屡次挫衄之余，忽又失利，愁愤何可言？"左宗棠认为，"军兴以来，大小十数战，彼族尚知出奇制胜，多方误我，而我师不能致寇，每为寇所致"，实在令人痛心。于是，他提出的固守持久之谋为"练渔屯，设碉堡，简水卒，练亲兵，设水寨，省调发，编泊埠之船，讥（设）造船之厂，讲求大筏软帐之利，更造炮船火船之式，火药归营修合"，数者实力行之，"以之制敌，即以之防奸；以之固守，即以之为战"。

左宗棠的这些主张与林则徐在广东时的举措颇有相似的地方，但鸦片战争局势的发展和最终的结果，可不是以左宗棠的意志为转移的。

第五讲

湘上农人

1840年，中国发生了巨大的变化——和英国发生了鸦片战争。而正是这种巨大的变化，给左宗棠的人生带来了转折。

一、湘上农人

话说1840年10月，道光帝将林则徐撤职查办后，任命琦善（1786—1854年）为钦差大臣。琦善到达广东之后，于1840年底在广州与英国侵略者谈判，英军却于1841年1月7日突然在穿鼻洋发动进攻，攻陷沙角、大角炮台。

1841年1月中旬，琦善被迫答允英国全权代表义律提出的割让香港、赔偿烟价六百万元、开放广州等条件。1月26日，英军不等中国政府同意就占领了香港。

左宗棠对琦善在广东的所作所为感到非常愤慨。他指出，"洋事为琦善所误"，实为"奸谋误国，贻祸边疆"，其结果是"遂使西人俱有轻中国之心，将士无自固之志，东南海隅恐不能数十年无烽火之警"，琦善"其罪不可仅与一时失律者比"。他主张"皇上欲伸天讨，似宜驰使封剑"，将琦善"斩首军前，数其输国之罪，布告中外，庶有以壮三军之气而寒彼族之胆，庙堂战胜之策，无逾此者"。同时，左宗棠对林则徐"恐未必即能复任"又表示叹息，认为"目前人望无如此公"，希冀朝廷能"若何殊恩，毅然图旧"，重新起用林则徐，如此，"上足昭天子虚怀善任之明，下足固岭南千里之守"，才不致负天下人之望。左宗棠还认真读了林则徐"前后各疏"，自以为"与宗棠策洋议论多有合者"。

左宗棠又以"海邦形势略能言"的诗句自勉，期待着战局能有所好转。

清政府得知沙角、大角炮台失守后，立即对英宣战并将琦善撤职查办。1841年5月，英军逼近广州城外。5月下旬，新任靖逆将军奕山（1790—1878年）向英军乞和，与英国订立了可耻的《广州和约》，规定由清朝方面向英军交出广州赎城费六百万元。

此时的英国政府并不满足，改派璞鼎查为全权公使，增调援军，扩大侵华战争。1842年8月5日，英军到达江宁（南京）江面。腐败无能的清朝政府命令盛京将军耆英（1787—1858年）赶到南京，于29日与璞鼎查在英国军舰上签订了中国近代史上第一个不平等条约——《南京条约》，第一次鸦片战争到此结束。

左宗棠对这一严酷事实发出了"远殊深怅"之慨，表示："时事竟已至此，梦想所不到，古今所未有，虽有善者，亦无从措手矣。"于是，他产生了"买山而隐"的想法，试图通过"力耕读书，以自勉其所未至"。

说做就做。1843年，左宗棠"举积年修脯"所得，买田七十亩于湘阴东乡柳家冲，并决定"明年移居湘上，此为有家之始"。

1844年，左宗棠携带妻小由湘潭周宅移居湘阴东乡之柳家冲，署其门曰"柳庄"。他"每自安化归来，督工耕作，以平日所讲求者试行之。日巡行陇亩，自号'湘上农人'"，打算从此做一个"太平有道之民"。

左宗棠视"农事为人生第一要务"，注重农学，于1845

年撰写了《朴存阁农书》，"以诏农圃"。他"自耕之田，略以古农法之便于今者行之，甚良。……茶园所入，今岁差可了清国课，逐渐增加，于人事不无裨益。倘更桑竹之利成，其可以存廉耻广惠爱者大矣"。对此，左宗棠第四子左孝同记述称："府君于柳庄艺茶、种树，期尽地利。湘阴产茶，实府君为之倡。"

左宗棠的妻子周夫人在一口气生了好几个女儿之后，终于在1846年给左宗棠生了一个儿子，这就是左宗棠的长子左孝威。因病告假回籍的贺熙龄听到这个消息后，高兴地说："宜婿吾女。"于是他便将最小的女儿许与刚出生的左孝威。从此，贺熙龄与左宗棠又由师生变成了亲家，两家的关系更近了。不过，贺熙龄很快就病逝于长沙。

1848年，湖南在连年苦旱之后遇到大水灾，饥馑遍野。这个时候的左宗棠为了办理赈务，到处奔波，劝富有人家捐赈。他认为"捐赈是古今通义"，他于"授徒之暇，亦曾办过，统计长沙、善化、湘阴、湘潭、宁乡各属所捐银钱谷米不下五十余万"。他还"劝族里储谷以备荒"，并对络绎经过柳庄的饥民，罄其所藏，与周夫人"散米俵食，并丸药乞病者"。

左宗棠虽身居柳庄，但他的报国大志决定了他不可能真的当隐士。"知夫莫过妻"，夫人周诒端写给他的诗句"书生报国心长在，未应渔樵了此生"及他自己写下的诗文"欲效边筹裨庙略，一尊山馆共谁论"足可佐证。他利用蛰居柳庄的时间，崇尚、研读"经世致用"之学，除钻研农桑、舆地之外，还广研天文、军事、历史、时事。他"体察人情，通晓治道"，通观国事，关注边陲，形成了"置省开屯""万里输官稻"的筹边韬略。

左宗棠在一介布衣"潇闲沉寂之时"，就自诩为诸葛亮，常以"今亮""小亮"自称。对比一下左宗棠与诸葛亮的生平，我们可以发现，他们有以下五方面的相同之处。一是淡泊：耕读在家，礼聘出山。二是勤劳：夙兴夜寐，事必躬亲。三是忠贞：鞠躬尽瘁，死而后已。四是谨慎：文韬武略，用兵谨慎。五是廉洁：廉洁自持，遗产寥寥。正如梁启超所说："说到左宗棠与诸葛亮才华的高下，人们可能还有争议，但说到左宗棠对国家的贡献，诸葛亮就甘拜下风了。"因为左宗棠收复了沦陷十三年之久的新疆，时人誉之为"乃周秦汉唐所未有"。由此可见，左宗棠自诩"诸葛亮"并非狂妄自负，而是胸有成竹。左宗棠虽隐居柳庄，但其声名却远播于外，当时诸多封疆大吏、京都重臣都争相举荐他。

在柳庄，传颂着他与两江总督陶澍结成儿女亲家的美谈；传颂着他被林则徐一见"诧为绝世奇才"并预言"西定新疆，舍君莫属"的佳话；传颂着他被湖南两任巡抚分别"三顾茅庐"，礼聘出山并运筹军幕的历史故事……

二、潇湘夜话

1849年，左宗棠来到长沙，于朱文公祠开馆授徒，所带的学生如周开锡等人"颇能刻苦立志，为有用之学"。这一年，在长沙湘江舟中，左宗棠第一次也是唯一一次见到了林则徐。这次会面对左宗棠的一生都有着意义非凡的影响。

林则徐早年于江苏为官时曾被两江总督陶澍所赏拔，他在遣戍伊犁释回后于1847年担任云贵总督。其间，他视部下胡林翼为左右手。

1840年，胡林翼任江南乡试副考官，因失察正考官文庆携举人熊少牧入闱阅卷之误，被降一级调用。1842年，胡林翼丁父忧离京回籍。在此之前，岳父陶澍去世，胡林翼常往陶家经理家务，并主聘左宗棠教导陶澍之子。胡、左两家本为世交，胡林翼与左宗棠又曾同受业于湘中名儒贺熙龄门下，至此，两人更得以"风雨连床，彻夜谈古今大政"。当时胡林翼虽抱奋发之志，但身在村野，只能赋闲。他有时以书卷翰墨自娱；有时与知心朋友流连山水；有时随奚奴散步乡村，与村野老者谈论稼穑之事。林则徐、王植、陆建瀛、但明伦等大员名士都策励并扶助他出山，胡林翼得到一众好友的鼓舞，遂会宴亲朋，慷慨言明志趣。

1846年，经陕西巡抚林则徐专折奏办，胡林翼由陕西捐输案内报捐内阁中书，并以知府衔分发贵州补用。按例，捐官者可以自择善地任职，而当时的贵州偏僻贫困，故友人对胡林翼选择贵州之举大为不解，胡林翼认为"此邦贫瘠"，但可保清白之风。赴任前，他还"遍谒先茔，誓不取官中一钱自肥以贻前人羞"，以示自己与那些投机取巧者的区别。

1847年冬，胡林翼署理安顺知府，此后直至1853年冬，胡林翼先后署镇远、思南知府，补黎平知府，一度专管兵事。这期间，他着力整治"盗匪"，制定保甲、团练章程，"绥靖治安"，颇有成效；又亲率兵勇堵击进入贵州的湖南李沅发起义军，镇压当地苗民和椰军起事；署安顺知府时，又倡议疏浚河流、开凿泉水，修筑堤坝，免去民众跋涉十余里取饮水的劳苦。后以功获赐花翎。

话说到这里，我们便知道，陶澍与林则徐的同事关系及与左宗棠的亲家关系，胡林翼与林则徐的上下级关系、与陶澍的翁婿关系及与左宗棠的同窗好友关系，都构成了林则徐与左宗棠会面的因缘。特别是左宗棠对林则徐伟人品质的倾慕和林则徐从胡林翼处得悉左宗棠对经世致用之学的追求，更促成了此次湘江之会。

早在这次会面的前一年，胡林翼就已向林则徐推荐了被视为"楚材第一""究心地舆兵法"的左宗棠。由于左宗棠已为"陶婿预订读书之约，未能忽然"，无法离湘赴滇去做幕宾，唯有"西望滇池，孤怀怅结"而已。

左宗棠在回复胡林翼的信中表述了对林则徐的倾慕之情。

少穆宫保爱士之盛心，执事推荐之雅谊，非复寻常所有。天下士粗识道理者，类知敬慕宫保。仆久蛰狭乡，颇厌声闻，宫保固无从知仆。然自十数年来，闻诸师友所称述，暨观宫保与陶文毅往复书疏，与文毅私所纪载数事，仆则实有以知公之深。海上用兵以后，行河、出关、入关诸役，仆之心如日在公左右也。忽而悲，忽而愤，忽而喜，尝自笑耳！尔来公行踪所至，而东南，而西北，而西南，计程且数万里。海波沙碛，旌节弓刀，客之能从公游者，知复几人？乌知心神依倚，惘惘相随者，尚有山林枯槁，未著客籍之一士哉？

1849年冬，林则徐因病卸云贵总督职回福建原籍，途中经过长沙，他遣人至柳庄约请左宗棠相晤。左宗棠赶至长沙，在湘江见到了他所崇拜的林则徐。

左宗棠去见林则徐是在夜里。三十七岁的左宗棠行色匆匆，心情激动，一脚踏空，落入水中。林则徐笑曰："这就是你的见面礼？"

这次会见，称得上是一次历史性的会见。一位是清代官员中的佼佼者、杰出的民族英雄，一位是未来中国历史舞台上的风云人物，他们相见于岳麓山下，湘水之畔。舟外江风吹浪，拍击着船舷；舟中林、左二人在烛光下放怀畅谈今昔，纵评天下大事。左宗棠颂林则徐这位前辈名臣为"天人"，林则徐对左宗棠这位布衣"诧为绝世奇才"。共同的经世抱负和旷世情趣使他们像阔别多年的故友相逢，倾心交谈。

这次交谈的内容是广泛的，家事、国事、人物、政务无所不及。他们谈到了吏治，认为官员向下级、百姓求索无厌是最大的弊政；他们谈到了贺长龄，称贺长龄是"大人君子"，堪为士大夫的楷模。而他们谈得更多的是西域边政。林则徐说西域屯政不修，地利未尽，以致沃饶之区都不富强，他曾在边部各城大兴水利，可惜功未告成，深以为憾。林则徐认为只要水利兴修，稻田广种，那么西域就能不减东南富庶之区。林则徐还预见俄国将成为中国的边疆大患，谈及他对新疆地理的观察、俄国在边境的政治军事动态和自己的战守计划。

不知不觉之中，夜已将尽，两人才相互告别。林则徐亲书对联一副给左宗棠，曰："此地有崇山、峻岭、茂林、修竹；是能读三坟、五典、八索、九邱。"上联写了湘江夜话处的美丽景色，下联抒发了胸怀古今文化的豪情，或许就是对左宗棠的高度评价。临别时，林则徐将自己在新疆整理的资料和绘制的地图全部交给左宗棠，并举手拍着左宗棠的肩膀说："吾老矣，空有御俄之志，终无成就之日。数年来留心人才，欲将此重任托付！"他还说："将来东南洋夷，能御之者或有人，西定新疆，舍君莫属。以吾数年心血，献给足下，或许将来治疆用得着。"

年逾花甲的林则徐是用滴血的心说这段话的，好比临终托孤，后来左宗棠收复新疆时，带的就是林则徐绘制的地图。此刻，左宗棠的眼睛湿润了，心里暗暗立下誓言，绝不负重托！临别时，林则徐还写了一副对联相赠：

苟利国家生死以，岂因祸福避趋之。

这是传世名言，左宗棠将这副对联当作自己的座右铭，时时激励自己。他说："每遇艰危困难之日，时或一萌退意，实在愧对知己。"

后来，左宗棠对他们的这次会面作了如下描绘：

是晚乱流而西，维舟岳麓山下，同贤昆季侍公饮，抗谈今昔。江风吹浪，柁楼竟夕有声，与船窗人语互相响答。曙鼓欲严，始各别去。

橘洲之畔，岳麓之滨，好一派"潇湘夜话"的美景！二人纵横古今，神驰南北，尤其是对东南海防和西北塞防的探讨，为日后左宗棠创办福州船政局和收复新疆的业绩打下了思想基础。

身染重病的林则徐回福建后知道自己来日不多，他命次子聪彝代写遗书，向大清皇帝一再推荐左宗棠为"绝世奇才""非凡之才"。左宗棠的名字引起了京城的注意。

一年后，林则徐便奉命为钦差大臣前往广西镇压即将爆发的太平天国起义，结果在途经广东普宁的时候病逝。左宗棠写了如下挽联以悼念林则徐：

附公者不皆君子，间公者必是小人，忧国如家，二百余年遗直在；

庙堂倚之为长城，草野望之若时雨，出师未捷，八千里路大星颓。

左宗棠既对林则徐卫国御侮的历史功绩予以肯定，同时又对其未能完成清政府赋予的镇压太平天国起义的使命而感到惋惜。作为地主阶级的代表人物，在处理国内阶级矛盾时，必然是站在同人民起义对立的一面，无论是林则徐，还是左宗棠，都不能例外。

三、奕詝继位

时间到了1851年，这一年道光帝已经去世，他的儿子爱新觉罗·奕詝继位，是为咸丰帝（1831—1861年在世，1850—1861年在位）。道光帝共有九个儿子。1846年，当他决定立储时，前三个儿子都已经去世了，剩下的第五子奕誴也过继给了嘉庆帝第三子惇亲王绵恺，第七子奕譞、第八子奕詥、第九子奕譓都是五岁以下的孩子。这就意味着有条件、有能力竞争帝位者，只有十五岁的四子奕詝和十三岁的六子奕訢（1833—1898年）。

奕詝的生母为孝全成皇后钮祜禄氏，二等侍卫颐龄之女，家境寒素。她入宫之初，封为嫔。但她聪慧漂亮，妩媚动人，很讨道光帝的喜欢，被晋封为贵妃。1831年夏，她在紫禁城承乾宫生下奕詝。两年后，皇后佟佳氏病死。钮祜禄氏时来运转，被晋封为皇贵妃，统摄六宫之事。又过了一年，被册立为皇后。月盈则亏，宠极则衰。钮祜禄氏虽身为皇后，但渐因色衰而爱弛，郁郁寡欢，得了大病。1840年正月病死，年仅三十二岁。奕詝当时只有九岁。

钮祜禄氏过世后，奕詝受静贵妃抚育。静贵妃是博尔济吉特氏，刑部员外郎花郎阿之女。她初为静贵人，后晋为贵妃。静贵妃生有三个儿子：皇二子奕纲、皇三子奕继和皇六子奕訢。奕纲和奕继早夭，静贵妃膝下只有皇六子奕訢，她便将失去生母的奕詝收在膝下抚育。奕詝孝敬静贵妃如同生母，视奕訢如同胞弟。而同奕詝争夺皇储最有力的竞争者，就是他视作同胞的皇六弟奕訢。

道光帝在连丧三位皇后——孝穆成皇后、孝慎成皇后、孝全成皇后的悲伤之余，没有再册立皇后，便册立静贵妃为皇贵妃，摄六宫事。

奕詝与奕訢从小都在上书房读书，年龄相近，关系密切，并无嫌猜。不过，奕詝比奕訢早一年读书。奕詝六岁时开始读书，师傅为杜受田（1787/1788—1852年）。奕訢也在上书房读书，但比奕詝聪明，师傅是卓秉恬（1782—1855年）。史书记载，"与文宗同在书房，肄武事""集花枪法二十八势，曰'棣华协力'；刀法十八式，曰'宝锷宣威'"。道光帝将宝刀"白虹刀"赐给奕訢。奕訢身体很好，头脑聪明，书文不错，武功也好，还有所发明和创造。但是，道光帝晚年，却立奕詝为嗣。这是怎么回事呢？

据《清史稿·杜受田传》记载："至宣宗晚年，以文宗长且贤，欲付大业，犹未决。会校猎南苑，诸皇子皆从，恭亲王奕訢获禽最多，文宗未发一矢。问之，对曰：'时方春，鸟兽孳育，不忍伤生，以干天和。'宣宗大悦，曰：'此真帝者之言！'立储遂密定，受田辅导之力也。"

上文中的宣宗就是道光帝，文宗就是后来的咸丰帝。这就是《清史稿·杜受田传》中"藏拙示仁"的故事。

这个故事，说明奕詝突出"仁"与"孝"。这是道光帝立奕詝为皇太子的重要原因。由此可以看出：道光帝选择皇太子的主要标准是所谓的"德"。本来皇太子的人选应当是"德才兼备"，但道光帝选择皇太子的时候，没有"德""才"兼顾，而是偏重"德"。后来的事实证明，咸丰帝奕詝遇到大事时缺乏远略、胆识，而是退缩、逃避，证明他在"德"的方面也是有欠缺的。

1846年夏，道光帝密立储位，书写皇四子奕詝的名字并密封于匣。1850年2月25日（农历正月十四），道光帝在正式宣布"立皇四子奕詝为皇太子"之后崩于圆明园。奕詝即位，改明年为咸丰元年（1851年）。就在这一年，发生了太平天国运动——正是在这个运动中的表现，让左宗棠闻名天下。

四、金田起义

太平天国运动的领导者洪秀全（1814—1864年），广东花县（今广东省广州市花都区）人，小名火秀，原名仁坤，1843年改名"秀全"。

洪秀全是一个出生在中农家庭的知识分子。七岁入塾学习。从十六岁起，曾经先后四次去广州参加科举考试，但结果都是名落孙山。

话说到这里，我们要注意一个问题：洪秀全的青年时代与左宗棠的青年时代是非常相似的啊！左宗棠是三次参加会试，结果三次名落孙山；而洪秀全则是四次参加乡试，结果四次名落孙山。

但是，两个人随后的发展道路就完全不一样了。三次名落孙山的左宗棠先后受到贺长龄和他的弟弟贺熙龄、吴荣光、陶澍、林则徐等多人的赏识，虽然此时的左宗棠心里面也有对大清王朝的不满，但他的心还没有完全死掉，他在大清王朝发展的道路还有几条，还可以安然地做"湘上农人"。

而洪秀全则完全走上了另外一条道路。

科场失意引起洪秀全对科举制度的怀疑，对清朝封建统治者的不满，这促使他同封建仕途决裂。

1836年，当洪秀全第二次去广州应试时，偶然在街头得到一本宣传基督教教义的书《劝世良言》，它是第一个华人牧师梁发（1789—1855年）编写的。

中国的历史上有很多重大人物，这些重大人物在很多重大事件中往往起着非常重要的作用。而有很多小人物却是这些重大人物、重大事件背后的重要推手。梁发就是其中的一位。

不要小瞧梁发，他先后成为林则徐、洪秀全、魏源、容闳、孙中山等重大人物背后的推手。

梁发，原名恭，字济南，小名"阿发"，人称梁发，广东高明（今广东省佛山市高明区）人。1800年，梁发入私塾读书，但因家贫，三年后被迫放弃了学业。1804年，梁发来到省城广州，在自己的同乡黄老板开的一家印刷厂打工——先当学徒，后当帮工——学习画工及木版印刷。经过长达几年的刻苦努力，梁发终于练就了一身的好功夫。

英国传教士马礼逊（1782—1834年）在伦敦戈斯波特传教士学院毕业后，被基督教伦敦会派往遥远的中国传教。1807年9月，马礼逊来到了广州，一边任职于广州十三行——挣点外快以便贴补家用，一边努力地把《圣经》翻译成中文——这才是马礼逊的本职工作的基础——没有中文版的《圣经》，怎么向中国人传播上帝的福音啊！

可翻译《圣经》是一回事，把翻译好的《圣经》刻印成中文发行则又是另外一回事了——这活儿，马礼逊可不会。怎么办呢？1810年，马礼逊找到了他在中国广州十三行工作的华人朋友蔡卢兴。蔡卢兴便把梁发介绍给了马礼逊。

就这样，梁发认识了改变他一生命运——在某种程度上也或多或少地改变了林则徐、洪秀全、魏源、容闳和孙中山等人的命运甚至是近代中国的命运的人——马礼逊。此后的梁发，迅速转变为著名的"报人"了。

本来马礼逊交给梁发的任务是刻印他自己翻译的中文版本的《圣经》。可在当时的中国，翻译中文版《圣经》的环境并不好——在中国的领土上传播基督教《圣经》的"福音"，这可是非法的。因此，为了躲避清政府搜查，马礼逊派1813年才从伦敦来华协助自己工作的米怜（1785—1822年）偕同梁发一道，在广州地区招募了十几名中国印刷工人之后，一同跑到马六甲建立了属于自己的印刷所，专门刻印马礼逊所翻译的中文版《圣经》。十年后，马礼逊所翻译的中文版《圣经》刻印完成，名为《神天圣书》。

1816年，梁发和米怜一起在马六甲创办了被中外史家认定为"世界第一本中文期刊"的中国近代第一份中文报纸《蔡世俗每月统记传》——正因为如此，马来西亚官方出版的《华人志》中称梁发为"第一位华人记者"，中国人民大学出版社出版的《中国新闻事业通史》中尊称梁发为"中华第一报人"。此外，米怜和梁发还于1818年在马六甲创立了全球第一家中英文双语学校——英华书院。

1816年11月3日，米怜以基督教的仪式给梁发施洗，梁发从此成为一个真正的基督信徒。虽然这种结局是我们能够想见的，但问题在于：成为一个基督信徒容易，可成为一个著名的牧师，还有一段很长的路要走。

1819年，小有名气、有点闲钱的梁发回到家乡，与家乡的姑娘黎氏结婚。儿子梁进德（1820—1862年）出生后，梁发的生活发生了一些变化。这些变化是由米怜的去世和马礼逊回国探亲引发的。米怜去世后，谁来接替马礼逊在华传播基督教的"福音"呢？马礼逊想到了梁发。

1823年12月，马礼逊回英国探亲前，立梁发为传教士。1826年，马礼逊再度来华以后，发现梁发干得不错，于是又册立梁发为牧师。在此期间，梁发每年8月至次年3月到广州传教，夏季则在澳门传教。

梁发于1828年为本村青年古天青施洗，继而与古天青一起在广东高明设了第一所基督教的私塾——儿童学院。这所儿童学院，既是小孩子读书的学校，也是早期的新式教堂。几个月后，有人将梁发私自以办学为名、以传洋教为实的事告知官府，清廷官方便将这所儿童学院解散。此后的古天青不知所终，梁发则再次到澳门避难。

避难期间，梁发也没闲着——他每天总是忙于写一些传播基督教"福音"的布道书。到1832年，梁发一共写成洋洋洒洒十万言的九本布道书——《劝世良言》。与此同时，为了扩大基督教的影响，梁发开始与手下的传教士在各地设立的考场布道传教、散发免费的《劝世良言》——还真的取得了良好的效果。

1834年秋，梁发针对鸦片在中国泛滥成灾的实际情况，写成了《鸦片速改文》。在此文中，梁发不但深刻地指出了鸦片的危害，还呼吁所有基督教徒不准与鸦片沾边，并主张传教士写信告诉英国人不要再与中国进行可耻的鸦片贸易，以便杜绝毒品的根源。虽然梁发的《鸦片速改文》没有得到欧美殖民国家政府的丝毫响应，但引起了钦差大臣林则徐的注意。

此时，道光帝任命林则徐为钦差大臣，前往广州查禁鸦片。1839年3月，到达广州的林则徐看到梁发的《鸦片速改文》，觉得很有见地，于是马上召见梁发父子，经考察后，林则徐决定将梁发留用。此时的梁发因为自己的传教工作繁忙，便介绍儿子梁进德为林则徐的幕下翻译。林则徐在日后禁烟运动中的很多作为都有梁发和梁进德的功劳，其中包含梁进德主笔、林则徐主编的《四洲志》。

再说回1836年洪秀全第二次去广州应试的时候，巧遇梁发和他的弟子正在科举考场发送《劝世良言》，并在考场布道。洪秀全得到了梁发的这本《劝世良言》，这是毫无疑问的。不过，此时的洪秀全无心细看，于是就顺手把书扔到了家里。科场的失败使洪秀全的身心受到极大的刺激。第三次落第归家后，由于心情极度痛苦，他竟然四十多天卧病不起。尽管如此，洪秀全对于科举功名仍是念念不忘，不遗余力地为之继续挣扎奋斗。

1843年，洪秀全最后一次考试失败回家后，他的表兄李敬芳告诉他，《劝世良言》这本书的内容异于寻常的中国经书。这时，洪秀全才开始潜心细读。他接受了《劝世良言》中只有"上帝"是真神，是"造化天地万物之主"，其他一切为人所崇拜的偶像都是妖魔；一切人都是"上帝"的子女，都是平等的；"上帝"差遣他的儿子耶稣下凡，替世人赎罪；人人要遵守十诫等新奇的说教。

1843年，洪秀全创立了拜上帝教。他自称是上帝的第二个儿子、耶稣之弟，下凡救世。他劝人拜上帝不敬邪神，并和最先皈依新教的族弟洪仁玕（1822—1864年）、表弟和同学冯云山（1815/1822—1852年）一起将教馆中所立孔子牌位，家中所立灶君、牛猪门户诸神作为妖魔一概除去。洪秀全这一"大逆不道"的举动很快使他失去了塾师的职业。

1844年，洪秀全和冯云山只得背井离乡，在两广地区宣传拜上帝教教义，辗转到广西贵县赐谷村吸收了一百多个农民参加拜上帝教之后，洪秀全返回花县，冯云山则转往桂平县紫荆山区，进行艰苦的传教和组织工作。在两年多的时间里，冯云山发展会众两千多人。烧炭工人杨秀清（1823—1856年）、贫苦农民萧朝贵（？—1852年）、有钱无势的"国子监生"韦昌辉（约1826—1856年）、富裕农民石达开（1831—1863年）等先后加入拜上帝教。

1849—1850年，广西连年饥荒，参加拜上帝教的人数日益增多，起事的时机已经成熟。1850年7月，洪秀全发布总动员令，号召各地会众到金田村韦昌辉家"团营"（编制营伍），准备"竖旗举事"，决心武装推翻清朝的黑暗统治。

1851年1月11日（农历腊月初十），在洪秀全生日这一天，拜上帝教会众一万多人在金田村"恭祝万寿起义，正号太平天国元年"。"团营"会众组成头包红巾的太平军，从金田出发攻入武宣东乡。

一本《劝世良言》引发了中国近代史上规模最大的农民运动，这恐怕是小人物梁发从来没有想到过的吧。

1851年秋，太平军攻占永安。在这里，太平军在军事、政治方面都有所建树。其中，最为重要的是永安封王。1851年12月17日，洪秀全下诏封杨秀清为东王，九千岁；萧朝贵为西王，八千岁；冯云山为南王，七千岁；韦昌辉为北王，六千岁；石达开为翼王，五千岁。各王受东王节制。这就奠定了太平天国的政权基础，使太平天国初具立国规模。

1852年4月，太平军自永安突围，进逼桂林，转攻全州，南王冯云山中炮负伤，死于蓑衣渡。太平军因在蓑衣渡遭候补知府江忠源（1812—1854年）湘勇的伏击，被迫折入湘南道县，在此扩充队伍，建立"土营"。随后确定"专意金陵，据为根本"的战略决策。

第六讲

出山入幕

就在左宗棠安然地在湘阴东乡之柳庄做他的"湘上农人"之时，洪秀全却创立了"拜上帝教"，发动了金田起义。洪秀全和他的太平军迅速打到了湖南境内，这已经离左宗棠的家乡不远了。此时此刻的左宗棠在干什么呢？

一、出山入幕

1851年，已经三十九岁的左宗棠依然在柳庄过着"湘上农人"的生活。他在致友人的信中说："兄东作甚忙，日与庸人缘陇亩。秧苗初茁，田水琮琤，时鸟变声，草新土润，别有一段乐意。"

需要注意的是，左宗棠并不想做桃花源中的陶渊明，而是以卧龙岗上的诸葛亮自居。他虽然不是进士，可是已经考取了举人，也算得上是"正途"士子了。当然，他因没有取得进士功名而不能循沿"学而优则仕"的晋官之路顺利地走上仕途。同时，生长于"寒素"之家的左宗棠，既无钱也无意通过当时社会上流行的捐纳方式捐得官职。

尽管左宗棠不像俗士那样热衷于入仕做官，但为了实现其以"儒术策治安"和"心忧天下"的抱负，又非进入仕途不可。这样，摆在左宗棠面前的唯一途径便是靠自己的"孝廉方正"被举荐，因为举人的身份给予他被成功举荐的更大可能性，加上自身不凡的才华，为其日后步入上层统治集团提供了条件。

左宗棠走的正是由入幕进而跃登官位的仕进之路。左宗棠在入幕之前，多次放弃了被清朝大员起用做幕宾的机会。

1849年，他因在湖南安化教陶桄读书，而未能入云贵总督林则徐之幕府。

早在洪秀全发动金田起义之前，有所察觉的清廷便命林则徐督师往剿，结果林则徐卒于赴任途中。清廷复命在籍的前两江总督李星沅（1797—1851年）为钦差大臣，挥师驰剿。由于将帅不和，屡战皆败。李星沅曾邀左宗棠"参戎机"，但李星沅至广西不久后便旧疾复发，病逝于军中，左宗棠也满足于"湘上农人"的生活，他的"出山之想，又因此抛却矣"。1851年底，胡林翼又把左宗棠推荐给受命赴湖南防堵太平军北上的湖广总督程矞采（1783—1858年），由于"程请不坚，左亦漠然不愿"，遂作罢论。

其实，真的不是左宗棠自己不想出山入幕，前两个人——云贵总督林则徐和两江总督李星沅——虽然盛情邀请左宗棠出山入幕，可是他们在发出邀请之后，不久就死了，左宗棠还怎么去给他们当幕宾啊？而湖广总督程矞采，则根本没有真正认识到左宗棠的才华，纯粹只是因为胡林翼的面子，赏给左宗棠一碗饭吃而已。自认为只有诸葛亮才能媲美的左宗棠，哪受得了这份气啊！他当然不会接受程矞采的所谓"邀请"了。

尽管此时左宗棠还没有出山入幕，但他的出众才华已为政坛要员所赏识。而导致他最终跻身湘幕的一个重要原因则是太平军进兵湖南。

1852年6月以后，太平军经蓑衣渡之战，冲出广西，进入湖南。没有盛情邀请左宗棠出山的程矞采果然率部作战不力，太平军连克道州、郴州等重镇，清廷为之震惊。

太平军突入湖南，使湖广总督程矞采极为恐惧，他"自衡州疾还长沙"，想躲到省城避祸，并函请尚在广西的钦差大臣赛尚阿（1794—1875年）督师湖南。赛尚阿却把湖南军务推卸给程矞采。

鉴于这种状况，咸丰帝一面严令赛尚阿、程矞采同办湖南军务，一面改任广西、湖南、湖北三省巡抚，想以此来加强内线的防御。

于是，担任云南巡抚的张亮基（1807—1871年）于1852年6月被清廷任命为湖南巡抚。这也成为左宗棠出山入幕的重要机遇。

太平军接连攻克道州、郴州并沿途袭扰安仁、攸县、醴陵，围困长沙，由湘南而湘中，三湘形势顿时严峻起来了。左宗棠本人也非常担心太平军会攻占长沙，急忙由柳庄"举家避居"湘阴与长沙交界处的东山白水洞，且"亲故多从之"。恰在此时，在贵州任黎平知府的胡林翼向新任湖南巡抚张亮基推荐了左宗棠。

胡林翼致函张亮基说："左子季高，则深知其才品超冠等伦，曾三次荐呈夹袋中，未蒙招致。此人廉介刚方，秉性良实，忠肝义胆，与时俗迥异。其胸罗古今地图兵法、本朝国章，切实讲求，精通时务。访问之余，定蒙赏鉴。即使所谋有成，必不受赏，更无论世俗之利欲矣。时事孔棘，得人为先……计惟有举贤才以赞幕府，方为忠爱之至。计野人葵藿之诚，盖为此也。"

胡林翼反复四次向张亮基推荐左宗棠，终于让张亮基动了心，决定礼聘左宗棠。然而推动左宗棠出山的"工程"至此才算完成一半，剩下的一半是要做左宗棠的工作。因为左宗棠虽然满怀用世之志，但是架子却一直端得很高，总是摆出一副不屑于出山的姿态，胡林翼全力举荐，左宗棠却"屡加诮让"。

在赴湖南上任的路上，张亮基两次派专人携带书信到山中请左宗棠出山入幕，并表示对左宗棠是"思君如饥渴"，但左宗棠仍坚拒不出。张亮基只好请胡林翼想办法。胡林翼殚精竭虑，巧妙措辞，写信给左宗棠，劝他"屈己救人"："张中丞两次专人备礼走请先生，一阻于兵，一计已达览……（张中丞）言思君如饥渴。中丞才智英武，肝胆血性，一时无两……默计楚祸方烈，天下之祸方始，非才不济，而大勋必成于张中丞……林翼之意，非欲溷公于非地，惟桑梓之祸，见之甚明，而忍而不言，非林翼所以居心。设先生屈己以救楚人，较唐荆州之出山，所补尤大，所失尤小。设程制军听余言而坚求先生，楚祸何至如是之亟！区区爱国爱乡里愚诚，未蒙深察，且加诮让，且入山从此日深。异哉！先生之自为计则得矣。须知自古圣贤仙佛、英雄豪杰，无不以济人济物为本，无不以损己利人为正道，先生高则高矣，先代积累二百年，虚生此独善之身，谅亦心所不忍出也。"

他把左宗棠捧到圣贤仙佛的高度，还说如果左宗棠不出山，就对不起二百年历代祖宗积累的德业。这样的高帽送上去，加之张亮基遣人"备礼走请"，以及与左宗棠同居山中的好友郭嵩焘等人的极力劝说，并且左宗棠于1849年在湘江与林则徐会面时曾听林则徐亲口称赞张亮基是一个"开爽敏干"的官员，于是，左宗棠才半推半就地决定应张亮基之聘，于1852年10月2日随张亮基抵长沙城外，开始了他那非同寻常的幕僚生涯。1852年10月7日，左宗棠进入长沙城，成了湘抚的幕宾。此时，太平军攻打长沙之役正方兴未艾。

这里，我们要注意左宗棠出山入幕的条件：第一，张亮基遣人"备礼走请"——看来花的钱不少啊，至少要打动左宗棠的心呀。第二，胡林翼和郭嵩焘的积极劝说——给了左宗棠一个很好的台阶。第三，左宗棠自己对于张亮基这个人的了解。

关于左宗棠出山，民间还流传着一种说法，即左宗棠在长沙曾私下谒见过洪秀全、杨秀清，劝其舍基督而尊孔孟，洪秀全不从，于是又转投张亮基幕下。这个说法是否真实还有待考证。不过，按当时的情形，1852年9月12日，萧朝贵率偏师围攻长沙城受伤死去，当洪秀全10月11日到达长沙时，左宗棠已经出山入幕并辅佐张亮基全力守城了，不可能是先投洪、后投张。还有电视剧说左宗棠以"高季左"之名为石达开写了条幅"身无半亩，心忧天下；读破万卷，神交古人"，这其实是左宗棠十七岁时写的一副对联，电视剧里只是戏说而已。

左宗棠出身仅为举人，门第不过中农。如果没有掌握广泛人脉资源的胡林翼如此全力举荐，他绝不可能一跃而成为一省巡抚的主要幕宾，一出山就左右全省事务。可以说，左宗棠的一生事业，都是胡林翼为他打下的基础。

二、回湘隐居

就在张、左进入长沙城仅四天后，洪、杨便率领太平军抵达长沙城南。双方鏖战更趋激烈。左宗棠刚刚进入湘幕，张亮基便"一以兵事任之"。左宗棠审度战场形势，向张亮基"干以数策，立见施行"。结果自然是太平军进攻长沙八十余日也未能克复，最终洪秀全决定从长沙撤军。左宗棠初次出山就显示出高人一筹的军事才识，足以使清军将帅刮目相看。由于左宗棠防守湖南得力，清廷下旨将其以知县用，并加同知衔。左宗棠总算是第一次捞到了官衔，步入仕途。

接着，左宗棠协助张亮基在湖南一方面整饬吏治，另一方面镇压会党起义。在左宗棠的谋划下，张亮基派江忠源仅用十二天就把浏阳"征义堂"会党起义镇压了下去。于是，左宗棠又被提升为"以直隶州选用"。很快，张亮基就被清廷调署湖广总督，张亮基偕同左宗棠于1853年3月1日抵达武昌。

左宗棠进入湖广总督幕府之际，正值太平军胜利进军之时。1853年2月9日，洪秀全率领太平军撤离武昌，兵锋直逼南京。1853年3月20日，太平军攻入南京内城。九天后，太平天国正式建都南京，改名"天京"。

1853年9月，张亮基被清廷任命为山东巡抚。这个时候的张亮基知道，他离不开左宗棠，所以张亮基盛情邀请左宗棠跟随他到山东，继续做他的幕宾。

而此时的左宗棠并不满足于仅是谋士身份的幕宾，他的理想是出幕为官。要想真正做到出幕为官，以退为进未必不是一个好的选择。现在的左宗棠已经声名鹊起了，还怕将来没有人以更高的筹码来盛情邀请他吗？

此时的左宗棠做了一个重大决定：以退为进，离开张亮基幕府。左宗棠于1853年10月6日由鄂返湘。10月24日，抵达湘阴，次日回到白水洞家中。此时，一位日后与左宗棠密切相关的新人物出现了，他的名字叫骆秉章。

三、二度出山

骆秉章（1793—1867年），广东花县（今广州市花都区）人。

骆秉章六岁接受启蒙，1812年以第三名的身份考中秀才，1819年中举，1832年考中进士，钦点翰林院庶吉士。此后先后任翰林院编修历官江南道、四川道监察御史、工科给事中、鸿胪寺少卿、奉天府丞学正、詹事府右春坊右庶子、翰林院侍讲学士、湖北按察使等职。1850年升至湖南巡抚。

1851年，太平天国运动爆发。1852年，太平军进攻桂林，骆秉章等人在湘桂交界处调集各路官兵严密防堵，但终究无法抵挡太平军的强大攻势。6月，太平军进入湖南，占道州，清廷认为骆秉章"未能事先预防"，将其连降三级。担任云南巡抚的张亮基被清廷任命为新任湖南巡抚，但此时的张亮基还在由云南到湖南的路上，所以清廷就命令骆秉章暂时署理湖南巡抚，等张亮基到达后再进行交接。

同年8月，太平军攻克湖南重镇郴州；9月，直逼省城长沙。骆秉章率清兵拼死抵抗，均未能打退太平军。该战役震动了清廷，湖广总督程矞采被革职，骆秉章被命待事情平息后再作处理，仍暂留办理长沙防务事宜。

随后，左宗棠跟随张亮基进入长沙，亲自指挥守卫长沙之战。11月，太平军主动撤离长沙，由岳州进入湖北。骆秉章以"功过尚足相抵"而免于处分，调署湖北巡抚。1853年2月，张亮基升任湖广总督，骆秉章再度出任湖南巡抚。1853年9月，张亮基调任山东巡抚。以退为进的左宗棠离开了张亮基幕府，于1853年10月25日回到了白水洞家中。

骆秉章比曾国藩（1811—1872年）大十八岁，比左宗棠、胡林翼大十九岁。曾国藩、左宗棠、胡林翼在骆秉章面前均属晚辈。骆秉章再度出任湖南巡抚，到1860年调任四川总督，中间一共有七年之久。

此时，湖南巡抚骆秉章听闻左宗棠已归湘，便以"书币见招"和遣人"入山敦促"等方式聘左宗棠再入湘幕。但左宗棠以一年来幕宾生涯使其"心血耗竭"为由，表示"不欲复参戎幕"，并"托词谢之"，打算"自此匿迹销声，转徙荒谷，不敢复以姓字通于尘界矣"。

出乎左宗棠意料的是，太平天国西征大军进兵异常神速，锐不可当。就在左宗棠离开湖北仅九天，太平军一部一举攻克曾由左宗棠所设重防的田家镇，打开了湖北的门户。1853年10月20日，太平军又杀了个回马枪，第二次攻占了汉口和汉阳。此后不久，太平军又行至湖北黄州（今湖北省黄冈市）。1854年2月12日，太平军在黄州大败新任湖广总督吴文镕（1792—1854年）所率的清军，吴文镕投水殒命。四天后，太平军第三次占领了汉口和汉阳。紧接着，太平军又由湖北返回湖南，从2月27日至3月11日，太平军连续攻克岳州、湘阴、靖港、宁乡等地，威震长沙。太平军占领湘阴时，深居山中的左宗棠听说"贼将入梓木洞得吾而甘心焉"，他感到"今幸暂免，是又得一生也"。正是缘于死里逃生的侥幸心理和与太平军为敌的阶级本性，再加上骆秉章再三"使币入山，敦促再出"，使左宗棠感到一旦太平军攻入省城，后果不堪设想，于是才"不得已，勉为一行"，又一次进入湘幕。

看来左宗棠这次出山的确是因为军情紧急。实际上他在想，这次太平军可是冲着他左宗棠来的，如果自己不出山的话，别说那些官员了，就连他的小命可能都没有了，那还怎么实现抱负啊！算了，还是出山吧。

于是，左宗棠自1854年4月5日（农历三月初八）抵长沙，至1860年1月12日（农历腊月二十）出署，在骆秉章幕府度过了近六年的幕宾生活。

再次入幕的左宗棠曾一度想"长沙大局略定，思更名隐姓，窜匿荒山"，但因骆秉章对他"推诚相与，军事一切，专以相付"，而"不得不留此共相支撑"。

在骆幕，左宗棠从撰写奏折到批答地方禀函均一手包办，身为巡抚的骆秉章则"但主画诺"，对左宗棠的"行文书不复检验"。

骆秉章对左宗棠的信任和依赖程度可见一斑。正基于此，左宗棠几乎成了把持湘抚衙署的人物，以至于许多逸闻和时人的撰述、笔记都对此进行了形象的描述。当时湖南即有"腹笥笔底，俱富丽敏捷，而性情跅弛，在骆幕任意横恣。骆短于才，拱手听命。文武官绅非得左欢心者，不能得意；而得左欢心者，无不得意"和"巡抚专听左宗棠，宗棠以此权重，司、道、州、县承风如不及矣"等说法。于是，身为幕宾的左宗棠不仅在军事上为镇压太平军出谋划策，而且于整饬吏治、调理财税等方面均得以展示"才能"。

四、举足轻重

1855年，太平天国的翼王石达开派秦日纲（约1821—1856年）、陈玉成（1837—1862年）率大军进攻湖北，并于同年4月3日再度攻占武昌。1855年秋冬之交，石达开西援武昌，然后由湖北突入江西，在半年内连克七府四十七县。

此时的左宗棠马上向湖南巡抚骆秉章上策，力主支援江西。策曰："贼不得志西北，欲且逞于东南。江西一有蹉跎，则江、浙、闽、广皆为贼有，而湖南亦危，东南大局不可不问矣。以时局论，固无有急于援江西者。"

骆秉章、左宗棠一面吩咐罗泽南的门生王鑫（1825—1857年）在湖南招兵买马，一面派刘长佑（1818—1887年）速带援军于1856年初赶往江西。左宗棠遣刘长佑部湘军援赣，使得曾国藩得以喘息，而太平天国内部情势的变化，更使江西战局向不利于太平军的方面转变。

曾国藩，原名子城，字伯涵，号涤生，湖南湘乡人。

1838年中进士，入翰林院；后升迁内阁学士、兵部侍郎和礼部侍郎。

太平天国运动爆发后，咸丰帝诏群臣言得失，曾国藩进言"今日急务，首在用人"，又推荐江忠源等五人，再上书《敬陈圣德三端预防流弊疏》，直指咸丰帝的过失。咸丰帝"怒掷其折于地"，数日后复阅，才心服而纳谏，并对其加以褒答。1951年5月，署刑部右侍郎；10月，充顺天武乡试正考官。1852年春，署吏部左侍郎。1852年夏，奉命前往南下主持乡试，途中其母去世，获准还乡，丁忧守制。

1853年，曾国藩奉谕组建湖南乡勇，即"湘军"。1854年，曾国藩建成一支拥有一万七千人并装备了几百门洋炮的湘军。1854年春，在发表了《讨粤匪檄》后，曾国藩率大小船舰二百四十艘、水陆大军一万七千人，挥师东下。3月，岳州战事不利。4月，在靖港水战中又被击败，曾国藩愤而投水自尽，幸被幕僚所救。因战事不利，曾国藩被革职。1854年秋，曾国藩重整水陆各军后，出师先后攻陷岳州和城陵矶，因功赏三品顶戴。10月14日，取武昌、汉阳，因功赏二品顶戴，署湖北巡抚，赏戴花翎，因曾国藩努力推辞而赏兵部侍郎衔。12月2日，曾国藩攻陷田家镇，杀敌数万，焚舟五千，进围九江。曾国藩因调度有方，赏穿黄马褂。

1855年2月12日夜，石达开总攻湘军水营于江西湖口，烧毁湘军战船一百余艘。曾国藩跳船得免，座船被俘，"文卷册牍俱失"。曾国藩愤怒至极，打算策马赴敌以死，经罗泽南等人力劝乃止。

本来石达开已控制了江西战场，并有可能全歼曾国藩的湘军，但天京方面却下令调他率军东归去夹击江南大营。在石达开回军途中，没想到天京城内又于1856年9月发生了太平天国领导集团的内讧事件——天京事变。

　　1856年8月，杨秀清假托天父下凡，逼天王亲自到东王府封其为"万岁"。洪秀全佯允其要求，暗中却在天王府设防自卫，同时遣心腹密诏在江西督师的韦昌辉回京"勤王"。1856年9月1日深夜，韦昌辉率三千亲兵赶回天京，入南门迅速包围东王府，杨秀清猝不及防，于2日凌晨被韦昌辉所杀，他的妻室家小及妻舅府内无一幸免者。9月中旬，正在武昌洪山前线督师的石达开回到天京。他目睹天京惨状，怒不可遏，斥责韦昌辉滥杀无辜。韦昌辉又想杀石达开，石达开连夜缒城逃走。韦昌辉把石达开留京的一家老小全部杀害。石达开至安庆，起兵讨伐韦昌辉。紧接着，韦昌辉举兵围攻天王府——要跟洪秀全讨个说法。

　　随后，洪秀全在"各众内外，并合朝同心"的一致行动中，战斗两日，全诛韦党二百人。洪秀全处死韦昌辉后，将他的首级专程送给石达开。此后，石达开回到天京。洪秀全加封石达开为"义王"。但鉴于过去血的教训，洪秀全不授石达开"以兵事，留城中不使出"，并且加封自己的大哥洪仁发为安王、二哥洪仁达为福王，借以牵制石达开，这引起了石达开和朝中文武的极大不满。1857年6月，石达开率领十多万太平军精锐部队被逼出走，走上了与洪秀全分裂的道路。

　　天京事变给太平天国造成了严重的后果，太平天国从此由战略进攻转入战略防御，而这也为湘军的卷土重来提供了客观条件。左宗棠的声望就是在这种大背景下迅速崛起的。这还要从石达开再度进入湖南说起。

1859年3月，从太平天国分裂出来的石达开率所部太平军经安徽、江西、浙江、福建等省攻入湖南，连克郴州、桂阳等地，进围衡阳。

左宗棠立即在湖南动员在籍湘军头目刘长佑等人迅速召集旧部，对太平军严加防堵。他还根据太平军的进军动向，判断出石达开有可能出兵湘中的宝庆（今湖南省邵阳市），便命令湘军"必由益阳、安化、新化以指宝庆"。

1859年4月，石达开果然率军于祁阳强渡湘江；5月，向宝庆疾进。7—8月间，太平军同湘军在宝庆激战，连连失利。石达开只得率兵从宝庆撤退，冲出湖南，进入广西，他试图攻占湘军老巢的进军目的未能实现。

宝庆之战后，左宗棠在致湘军头目李续宾（1818—1858年）的信中说："宝郡为湖南腹地，左右伸缩，均足有为，故逆贼必欲甘心于此。若有差失，则吾楚将肝食不遑，而东南大局直不可问！台麾一指，虐焰旋销，其为功桑梓、造福东南，殊非浅鲜。"

左宗棠还十分重视整饬吏治和调理财税。他再入湘幕之初，便"劾奏失守镇道以下十八人，与属吏更始"。他把奖廉罚贪视为整饬吏治的关键，并同巡抚骆秉章"以廉俭率下"，"故威行于府县，贪靡之风几革"。

左宗棠注重起用绅士任官，不断扩大绅士权力。湖南地方官吏和湘军从统领到营官的各级官职多由湘籍地方士子充任。正是骆秉章、左宗棠苦心经营多年而形成的官绅结合的新封建统治机制，不仅确保了湖南的防守，而且把湖南建成了支撑湘军在湖北、江西作战的后方基地。

左宗棠还通过委任绅士来增收财税以筹军饷，他向来认为"筹兵不难，难在筹饷"。于是，左宗棠除了在捐输中委派绅士劝捐，还在长沙设立厘金总局，他主张："务洗向来衙署关务一切陋规，仿唐臣刘晏用士流之意，屏退吏胥市侩，访择廉干士绅，资以薪水，令其随同委员赴局办理。"

左宗棠还在整顿赋税方面采用湘潭举人周焕南要求核定征收钱粮的办法，"以助军为名，定丁粮两加四钱，减于前三钱；漕折石银三两，减于前四两；南折石一两，减于前二两。凡减浮收银四万，实增正纳三万余两"。这种大减浮收的改革措施，有效地阻止了地方官吏的盘剥，同时增加了湖南的税收。

左宗棠在骆秉章幕府确实起到了举足轻重的作用。对此，时人曾做过这样的评述："宗棠刚明有智略，幼读书究心舆地，夙以诸葛亮自负。秉章资其赞画，内绥土寇、外协邻军；东征兵源饷源倚之为根本。湖南屹然强国矣！"

左宗棠的所作所为，迅速使他在政界声名鹊起。不过，这可不见得是一件好事啊。

第七讲

一波三折

一、樊燮大案发

　　1856年1月，与左宗棠"无一面之缘，一字之交"的来自浙江会稽的御史宗稷辰（1792—1867年）在上疏荐举人才时将左宗棠列为首位，他说："所知湖南有左宗棠，通权达变，为疆吏所倚重，若使独当一面，必不下于胡（林翼）、罗（泽南）。"1856年2月，曾国藩又上奏表述左宗棠接济军饷之功，清廷命左宗棠以兵部郎中用，并赏戴花翎。接着，胡林翼于1856年8月上奏复荐左宗棠为将才。

　　于是，左宗棠成了一个为朝野所瞩目的人物。咸丰帝命骆秉章出具切实考语，将左宗棠"送部引见"。骆秉章当然不愿意让这个"素有谋略"的才子离开湘幕，在复奏中表示"俟湖南军务告竣，遇会试之年，再行给资送部引见"。1858年，骆秉章上奏为左宗棠邀功请赏，咸丰帝下诏加赏左宗棠四品卿衔。年底，咸丰帝在召见翰林院编修郭嵩焘时专门询问了左宗棠的情况，又让郭嵩焘劝说左宗棠"一出办事才好"。

　　内乱总是出现于安逸之时，太平天国如此，清军方面更是如此。从清初到清亡的将近三百年时间里，满汉官员的内争从来没有停止过。天京事变后，清军方面便发生了激烈的满汉官员内斗，而中心人物便是左宗棠。要想解释清楚这件事的来龙去脉，还得先给诸位介绍两个人：一个是官文（1798—1871年）；另一个是樊燮。

　　满洲正白旗人官文历任蓝翎侍卫、头等侍卫、副都统职。1854年任荆州将军，参加镇压太平军的行动。1855年任钦差大臣兼湖广总督，督办湖北军务。

曾是湖南巡抚骆秉章麾下永州镇总兵的樊燮，是湖北恩施人，也是官文五姨太的娘家亲戚。在永州镇总兵任上，樊燮官声极坏。这些情况都被反映到省里，"总管"一省军务吏事的左宗棠闻之大怒，立即建议骆秉章参劾樊燮。而早在骆秉章参劾樊燮之前，官文已上折保奏他为湖南提督。看到两份内容完全相反的奏折，咸丰帝不免有些困惑，因此凡是见到来自湖南、湖北的官员，他就要问一声"左宗棠何许人也"。

正在这时，湖广总督官文保荐樊燮入川追剿太平军。樊燮接到命令后，兴冲冲地带着两千绿营军启程入川。1859年5月的一天，樊燮路过长沙，将兵士们安置在城外，自己带着几个亲兵入城，径直来到又一村巡抚衙门里。门卫见是樊镇台，不敢怠慢，忙进内通报。此时的骆秉章正与左宗棠谈论曾国藩驻兵湖北的事，听到通报，连声说请。骆秉章见樊燮进来，马上让他参见坐在旁边的师爷左宗棠。

左宗棠素知樊燮这个人为官贪墨，在整顿吏治时就风闻他的贪污行为，只是国家正在用兵之际，没有查处他。现在见到了樊燮，以左宗棠的为人，自然面有不悦之色。而樊燮一介武人，见左宗棠板着面孔对他并不热情，于是也不向这位"左师爷"问候，只向骆秉章行礼。左宗棠本来就有底火，见他竟不理睬自己，于是质问道："武官见我，无论大小，皆要请安，汝何不然？"

樊燮马上顶撞左宗棠道："朝廷体制并未规定武官见师

爷要请安。武官虽轻，也不比师爷贱，何况樊某乃朝廷任命的正二品总兵，岂有向你四品幕僚请安的道理！"左宗棠最恨别人笑他是幕僚而多年没混上个真衔实职，这不是等于说他根本就没有能力考上进士嘛！所以，左宗棠一听樊燮之言，气得火冒三丈，起身上前就要用脚踢樊燮，嘴里还大骂道："忘（王）八蛋，滚出去！"此时骆秉章一声大喝，止住了左宗棠举在半空中的拳头，同时将樊燮让了出去。

实话实说，左宗棠这次做得确实有点过分了。樊燮堂堂正二品官员，怎么能向师爷下跪呢？武官"无论大小，皆要请安"，则是大言欺人，纯属吓唬有案在身的樊燮而已。最后那句"忘八蛋"，更是仗势欺人，毫无风度可言。当然，左宗棠一生善骂，这次不过是初试啼声，此是后话不提。

再说樊燮的感觉。樊燮窝着一肚子气到了武昌谒见官文，添枝加叶地把左宗棠无视朝廷命官，以及骄横跋扈、独断专行的情形向官文哭诉了半天。

官文听后非常生气：你左宗棠不过区区一个师爷，不但敢对我的姻亲、朝廷指派的援川将领如此无礼，而且居然连我的面子也不给！我若不灭灭你的威风，今后还怎么在湖南、湖北混啊？于是，当天夜晚，官文便给皇上写了一个折子，给左宗棠戴了一顶"劣幕"的帽子，说他把持湖南，为非作歹；另外再由樊燮向武汉督署、北京都察院递禀诉冤，反控"左某以图陷害"。

二、潘祖荫救左

咸丰帝接到官文的这道奏章，方知左宗棠居然是这样的幕僚，他大为吃惊，随即在奏章上批道："湖南为劣幕把持，可恼可恨，着细加查明，若果有不法情事，可就地正法。"随后，咸丰帝让在武昌主持乡试的考官钱宝青查办此案，如果确有官文奏折上的实情，就把左宗棠就地正法。

湖南巡抚骆秉章倒是讲义气，立即复奏朝廷为左宗棠辩冤。但骆秉章与左宗棠是雇佣关系，不能摆脱包庇的嫌疑，故批谕有"劣幕把持"一语，严加申饬。骆秉章只能缄口不言。

左宗棠得知此事后，深知官文的能量，一时万念俱寂，心如死灰。他或许未曾想到，一次寻常的冲突竟会引发如此严重的后果，自己的生命随时可能终结。

然而，就在这生死攸关的时刻，一张营救左宗棠的大网悄然张开。

奏折递回武昌，自然要经过官文的手。官文的六姨太悄悄地把此事告诉了胡林翼的夫人陶琇姿，陶琇姿便求胡林翼设法搭救。胡林翼深知左宗棠的大才与价值，在他心中，左宗棠的生命价值远超自己。他迅速调动一切力量，展开了一场精心策划的营救行动。

胡林翼采取了三步策略。首先，他组织湖广两省地方主要官员及湘军其他主帅上奏朝廷，为左宗棠陈明事件缘由，强调左宗棠在湖南的功绩以及他对于国家的重要性，力保左宗棠"戴罪立功"。其次，他去信通知远在京师的郭嵩焘，让其尽快找一位非湖南籍且受皇上信任的大臣为左宗棠写奏折，说明左宗棠不能杀、不当杀的理由。最后，他设法拦截或拖延皇上派往湖北武昌查实左宗棠"劣幕干政"事件的钦差大臣，为营救左宗棠争取时间和机会。

胡林翼还亲自写信给官文为左宗棠求情："湖南左氏季高，性气刚烈矫强，历年与鄂省交涉之事，其失礼处，久在山海包容之中，涤帅所谓宰相之度量，亦深服中堂（指官文）之德大冠绝中外百寮也。来谕言湖南之案并无成见，从公而断，从实而问，无甚牵连者免提，有关紧要者亦不能不指名提取，不能令罪人幸免一节，读之再四，心以为恐……左生实系胡林翼私亲，自幼相处，其近年脾气不好，林翼无如之何……如此案有牵连左生之处，敬求中堂老兄格外垂念，免提左生之名。此系胡林翼一人私情，并无道理可说，惟有烧香拜佛一意诚求，必望老兄俯允而已。"

胡林翼的这一系列举措，展现了他作为晚清军事家的谋略和果断。他深知时间紧迫，每一步行动都关乎左宗棠的生死存亡，因此全力以赴，不惜一切代价。

郭嵩焘在得知左宗棠的危机后，也积极投入营救行动中。他深知自己作为湖南人，此时在咸丰帝那里已说不上话，于是赶紧物色合适人选。经过深思熟虑，他认为在南书房行走的侍讲学士潘祖荫（1830—1890年）最为合适。潘祖荫是江苏人，深得咸丰帝的赏识与信任，且为1852年一甲进士第三名（"探花"），文笔了得，又勤政为民，敢于言事。

郭嵩焘找到潘祖荫挑明来意后，潘祖荫略作思索便应承下来。他在书房笔走龙蛇，仅用一袋旱烟的工夫，便写就了那篇流芳后世的著名奏折《奏保举人左宗棠人材可用疏》。奏折中写道："窃以楚南一军，立功本省……楚军之得力，由于骆秉章之调度有方，实由于左宗棠之运筹决胜。此天下所共见，而久在我皇上圣明洞鉴中也。左宗棠之为人，负性刚直，嫉恶如仇，该省不肖之员，不遂其私，衔之次骨，谣诼沸腾，思有以中之久矣……国家不可一日无湖南，即湖南不可一日无左宗棠也……"潘祖荫最后的这两句话犹如点睛之笔，将左宗棠的生死去留与国家社稷的安危紧密联系在一起，其文笔之精妙，令人拍案叫绝。

郭嵩焘接过奏折，看到其中的精彩语句，不禁连连称赞。他深知这篇奏折的分量，或许将成为扭转左宗棠命运的关键。潘祖荫的这一举措，不仅展现了他的才华，更体现了他对国家人才的珍视。

在这场营救行动中，肃顺（1816—1861年）的角色至关重要。肃顺是晚清宗室，一位成熟的政治家，他深知仅依靠腐朽的满洲八旗子弟无法改变大清的颓势，力主重用汉族大臣。他一向关注天下人才，尤其是汉族人才。

肃顺早就通过王闿运（1833—1916年）知道了左宗棠是个人才。于是，一生极为小心的肃顺马上制定了"保左"方案："必俟内外臣工有疏保荐，余方能启齿"——他知道，如果此事由他首倡的话，咸丰帝必定会怀疑一品大员和区区幕客之间的关系，必定会怀疑这种关系背后存在一个更为庞大的人际网络，稍有不慎，涉事者就会落个结党营私的罪名。肃顺的这些言论，实际上就是发出了"保左"运动的指导性方针。当肃顺得知咸丰帝要杀左宗棠时，深感不妥。但他深知在咸丰帝盛怒之时直接劝谏并非良策，于是通过幕僚高心夔（1835—1883年）将消息有意透露给左宗棠的同乡王闿运，再由王闿运传播出去。肃顺的这一举措，为营救左宗棠争取了宝贵的时间。

当郭嵩焘找到肃顺，询问为何他不亲自出面营救左宗棠时，肃顺解释道："皇上一向反对地方师爷干政，若此时我面见皇上陈情，皇上盛怒之下，可能连查实都不用，便会以地方官员结党营私之名，将左宗棠立即正法。此事须得朝廷内外有疏保荐左宗棠，到时皇上定会问询于我，这才好开口为左宗棠说话。"肃顺的这番话，充分展现了他作为政治家的智慧和谋略。他深知咸丰帝的脾气和处事方式，通过巧妙的策略，引导局势朝着有利于左宗棠的方向发展。

当咸丰帝看到与左宗棠毫无干系的潘祖荫为了力保左宗棠居然写出了这样的话的时候，马上对肃顺说："方今天下多事，左宗棠果长军旅，自当弃瑕录用。"言语间，已不再愤愤于"劣幕"。心中暗喜的肃顺马上回复咸丰帝说："闻左宗棠在湖南巡抚骆秉章幕中，赞画军谋，迭著成效，骆秉章之功，皆其功也。人才难得，自当爱惜。请再密寄官文，录中外保荐各疏，令其查酌情形办理。"

咸丰帝立即批准了肃顺的建议。结果，自然是官文收到最新谕旨："左宗棠熟悉湖南形势，战胜攻取，调度有方……应否令左宗棠仍在湖南本地襄办团练等事，抑或调赴该侍郎军营，俾得尽其所长，以收得人之效？"这道谕旨不啻平反公告。官文马上明白了朝廷的用意，于是偃旗息鼓，草草结案：左宗棠被重用，樊燮则以"贪劣无能"而被革职。

否极泰来，大悲继以大喜，此刻的左宗棠立即否定了前此萌发的各类消极念头："宗棠频年怫郁之隐，竟蒙圣鉴，感激何言！……如有可出之理，亦未敢固执。"随即，左宗棠又奉到上谕："左宗棠著以四品京堂候补，随同曾国藩襄办军务。"

三、悍勇练楚军

此前，深陷"樊燮大案"的左宗棠辞去了骆秉章幕僚的职位，打算以参加会试为由，前往京城为自己辩解。在好友胡林翼等人的劝阻下，左宗棠最终放弃了赴京为自己辩解的想法，转而接受了曾国藩的邀请，前往安徽宿松。

所以，当朝廷命令左宗棠到曾国藩大营襄办军务时，他其实早已在那里了。曾国藩刚刚组建湘军之时，左宗棠先后以张亮基和骆秉章幕僚的身份，为曾国藩及湘军提供了很多帮助。曾国藩与湖南地方官员的关系不好，又是左宗棠从中斡旋。可以说，湘军能够在湖南站稳脚跟并出湘作战，取得让人眼前一亮的成绩，左宗棠也是有功劳的。这也是曾国藩邀请深陷"樊燮大案"的左宗棠入幕的重要因素之一。

在曾国藩伸出友谊之手的同时，他与左宗棠之间"施舍与被施舍"的关系已经跃然纸上。但朝廷明令"左宗棠著以四品京堂候补，随同曾国藩襄办军务"，性质就变了：此时，曾国藩与看似拥有众多朝廷大员作为靠山的左宗棠之间，微妙地形成了一种更为复杂的"辅佐与被辅佐"的关系。

问题在于：曾国藩的内心深处，能够接受这样的左宗棠吗？

1860年初夏，曾国藩命左宗棠返回湖南招募一支军队，以补充湘军。左宗棠非常兴奋，他早就想挽起袖子大干一场了。在家书中，他写道："要尽平生之心，轰烈做一场。"

由于左宗棠两度在湘省幕府效力，常年主持湖南大局，所以在军中颇有威望。左宗棠依靠这份威望，招揽了崔大光、李世颜、罗近秋、黄有功等湘楚旧将和老湘营旧部一千四百余人，随后又在当地招募了三千五百人。短短一个月的时间里，左宗棠招募的楚军便超过了五千人。

在某种程度上，左宗棠所训练的这支部队应该算是湘军的一个分支，但他在编练之初就打出了"楚军"的旗号，摆明了是要自立门户。实际上，左宗棠的楚军和普通的湘军相比，确实很有特色。

一是选将侧重专业。曾国藩组建湘军时，喜欢用文人带兵。在曾国藩看来，手下将领必须是综合性人才，既要有带兵之能，还要有治民之才。左宗棠却不赞同曾国藩的做法。他认为，"兵之用在精，兵之精在将"。在左宗棠看来，军事斗争是专业性极强的工作，能不能打仗才是最关键的。故而左宗棠从他所了解的湘楚旧将中，选择了九个人：崔大光、李世颜、罗近秋、黄有功、戴国泰、黄少春、张志超、朱明亮、张声恒。左宗棠主张"亦不尽朴实之选，止取其能拌命打硬仗耳"，在曾国藩的湘军中很难出头的人，很容易被左宗棠挖过来为己所用。

二是募兵更加开放。曾国藩的湘军注重乡土、宗族的纽带关系，因此，主要在湖南湘乡募兵。这样一来，湘军"可以理喻情感""不肯轻弃伴侣"，很有凝聚力。但问题在于：招募的兵员多了以后，不但效率会降低，而且很难保证质量。战争中如若一处受挫，就很容易影响全军的士气。但是在左宗棠看来，"挑选精壮，无论南北籍贯"，只凭本事。凭借经营多年的人脉，左宗棠得以在湖南各地同时募兵。选择面大了，自然更能优中选优，士兵的素质也就高了。因此，左宗棠在短期内就招募到一批素质优秀的士兵。

三是营制融多方所长。曾国藩的湘军凝聚力很强，纪律严明，进退有度；但总体上，过于"正"，缺少用"奇"。因此，左宗棠在参照曾国藩所定制度的同时，又加入了自己独创的军事思想：借鉴湘军耐战、凝聚力强的优点，并融入更多的"奇"。这些"奇"，既包括战略战术，也包括核心装备。正是因为如此，楚军人数虽少，但战斗力明显强于湘军。

左宗棠自1860年初夏受命，到同年秋便成军东出，仅用了百十来天，就完成了楚军的招募、训练工作。之后，左宗棠率领楚军转战赣浙等地，未及一年即被授予浙江巡抚，成了与曾、胡齐名的封疆大吏。

1862年，左宗棠进军浙江，在随后的两年中，他在中法混合军"常捷军"、中英混合军"常安军""定胜军"的配合下，先后攻陷金华、绍兴等地，1863年升闽浙总督。1864年春，左宗棠攻陷杭州，加太子少保衔，赐黄马褂。

四、曾左矛盾始

"樊燮大案"之后，左宗棠不但大难不死，反而被授予浙江巡抚，成了与曾、胡齐名的封疆大吏。以后的左宗棠会吸取"樊燮大案"的教训吗？我想，左宗棠应该不会吸取教训，因为他觉得朝廷离不开自己。这不，他又惹事了。

1864年7月19日，各路大军占领了太平天国的都城——天京。李秀成（1823—1864年）携幼天王洪天贵福（1849—1864年）逃出天京。李秀成将自己的坐骑让与幼主，自己被俘。幼天王自苏南经皖东南进入浙北湖州。左宗棠会同淮军进围湖州。1864年8月28日，太平天国在浙江的最后一个战略要地湖州失陷，左宗棠夺得了全浙要地。清廷封左宗棠为一等伯爵，并赐爵名"恪靖"。

天京的陷落和苏南、浙江根据地的丧失，标志着坚持了十四年之久的太平天国农民运动已基本失败。然而，太平军余部的顽强抵抗，又成为清朝统治集团面对的棘手问题。曾国藩与左宗棠也在这个问题上闹得不可开交，互相上奏告状。本来，曾国藩被清廷授予统辖苏、皖、赣、浙四省军务的权力，左宗棠是归曾国藩节制的，但是曾国藩深知左宗棠性格倔强，对浙江的用兵方略只好听任左宗棠独立谋断，并常与左宗棠通过书函等形式"敬商"一切。

曾国藩与曾国荃（1824—1890年）兄弟在攻陷天京时，

不仅没有抓获幼天王洪天贵福，反而在他们所统辖的浙皖赣交界一带仍活跃着太平军余部，这使曾国藩大为难堪。于是，曾国藩把太平军余部存在的责任推给左宗棠，在复奏幼天王下落时说由于左宗棠的放纵，致使杭州一带的汪海洋（1830—1866年）、陈炳文等部太平军"十万之众全数逸出"。左宗棠则上奏强调攻克杭州"以片时之久，一门之狭，而谓贼众十万从此逸出，殆无是理"，他进一步认为，太平军余部主要是从湖州撤走的，而其主力"不在杭、余两城也明矣"。

左宗棠与曾国藩无非都是为了在清廷面前邀功请赏。清廷恰好利用这一点，一面表示"朝廷于有功诸臣，不欲苛求细故"，以使左宗棠对清廷感恩戴德；一面也通过重用左宗棠以限制曾国藩的势力过分膨胀。这样，在湘系集团中，左宗棠率先敢于同曾国藩分庭抗礼，他们二人的矛盾也从此臻于激化，以致彼此不通音信。

1864年冬，闽浙总督左宗棠率楚军入闽，正式履行闽浙总督的责任，开始镇压太平军余部。

太平军余部分为北、南两支。北方余部由皖北陈玉成的部将赖文光（1827—1868年）等人统率，他们与张宗禹率领的捻军会合，组成新捻军，活动于黄淮一带。南方余部以皖南和苏、浙的太平军为主，分别在李世贤（1834—1865年）、汪海洋等人的统率下，先会合于江西，后转战于福建、广东。左宗棠此时所面对着的正是太平军南方余部。

1864年3月，李世贤率汪海洋等转战江西。左宗棠在攻克杭州、余杭、湖州后，指挥所部由浙入赣，对付李世贤。天京被清军占领后，李世贤与汪海洋各自为战。1864年10月，李世贤经广东大埔等地攻占福建漳州。不久，汪海洋也兵抵福建长汀、连城、上杭一带。入闽太平军多达二十余万人。

1864年底，非常担心太平军攻占福州的左宗棠，迅速调所部军队赶至福州。他本人也赶往福建延平（今福建省南平市）扎营。

1865年5月，左宗棠调所部楚军会同淮军猛攻漳州，李世贤向西南败走。汪海洋部也离闽入粤，占广东镇平县（今广东省蕉岭县）。此后李世贤至汪海洋处会合，却被汪海洋所杀。汪海洋随后突出重围，攻占嘉应州（广东省梅州市）死守。清廷发布上谕令左宗棠节制粤闽赣三省军队，授予他"节制三省之责"。

1866年1月28日，左宗棠指挥各路军队向嘉应州发动总攻。十天后，嘉应州回到左宗棠手中。至此，江南太平军余部的斗争彻底失败。1866年4月3日，左宗棠回到福建的闽浙总督衙署。

到底应该如何评价左宗棠镇压太平天国的活动呢？他是刽子手，还是中兴名将？这里，我们自然要把目光转向另外一个话题：忠君与爱国的关系。

在中国的封建社会，忠君与爱国是两个性质不同而又有密切关联的概念。忠君，是指在君主专制的政治体制中处理君臣关系的最高道德规范。正如孔子所说的"君君，臣臣，父父，子子"，归结点为臣须忠君。历代统治者更是将忠君与爱国相提并论，以使其臣民在忠君爱国的政治道德追求中稳固统治者自己的地位。因此，在中国的封建社会，忠君与爱国是浑然一体、很难区分的两个词汇。

左宗棠的忠君思想自然离不开传统思想的熏陶，他由一个三试礼部不第的举人被清廷破格任用为封疆大吏并能入值军机，更使得他感到是"蒙皇上天恩""蒙皇上恩命"，以图报答其"知遇之恩"。而左宗棠的忠君思想决定了他必然始终站在同人民反抗清政府斗争相对立的一面，前面讲过的他积极参与镇压太平天国运动和后面要讲的主持镇压捻军起义、西北各民族起义等人民群众的正义斗争，都是基于他传统的忠君思想。在处理国内阶级矛盾时，左宗棠成为封建统治者的"卫道士"，而这恰恰是阶级局限性和时代局限性造成的，也是他本人所不能改变的。

因此，我们不能因为左宗棠主张忠君而去贬低他的爱国思想。他作为地主阶级中的一员，不可能不存在忠君的思想。他的忠君思想，比起那些只空言忠君却又向外国侵略势力妥协退让，只倡言忠君而又提不出行之有效的御敌方略的误国官员来说，还是应当予以充分肯定的。尤其是左宗棠在随后不久，能够把自造轮船以抵御外来侵略提上议事日程，创办了福州船政局，进而成为中国近代化的倡导者和近代企业的开拓者——而这，恰恰是我们应该称道的。

五、近代化肇始

摆在近代中国人面前的一个亟待解决的新问题是如何加强海防以抵御外国的侵略。19世纪五六十年代，清政府面临着"内忧"与"外患"的双重困厄，开始把购买和仿制外国船炮视为"自强"的工具。而在这个方面，左宗棠明显走在了时代的前列。

早在1843年，左宗棠从恩师贺熙龄的来信中，获悉了鸦片战争中国战败的消息，他大为吃惊。吃惊之余，左宗棠秉承"国家兴亡，匹夫有责"的传统士大夫信念，在给贺熙龄的回信里提出了克敌制胜的建议。

其一是："奇兵二路，疾出其后：一陆走东莞，逾山而西南，营于缺口海岸；一乘舟下内水，经顺德、香山，收复壕镜，顿兵十字门、九星洋附近各岛。"这是建议两广总督派遣两支奇兵，抄英军的后路。

其二是："练渔屯，设碉堡，简水卒，练亲兵，设水寨，省调发，编泊埠之船，讥（设）造船之厂，讲求大筏软帐之利，更造炮船火船之式，火药归营修合……"这是建议依靠鱼屯、碉堡、大筏、软帐等防御设施来防御英军进攻。

由于学识和视野的限制，左宗棠所提出的建议，大多数不切合实际，也无可操作性，唯独设立造船厂、制造大船火炮的建议，不但是可行的，而且是富国强兵的必经之路。

然而，彼时的左宗棠还是一名三试不第的落榜举人，身上无一官半职，人微言轻，他微弱的声音很快就被淹没在众声喧哗之中。只是设立造船厂、制造大船火炮的梦想，一直在他脑海里存在，等待变成现实的那一天。

1854年，曾国藩率湘军同太平军展开湘潭战役的时候，已经开始使用洋炮。自1854年起，湘军逐步装备了洋枪洋炮。

1860 年，西方列强鉴于通过发动侵华战争已经攫取了新的权益，于是向清政府表示"中外合好"的姿态，并建议清政府"借师助剿"，以便共同镇压太平天国运动。曾国藩、左宗棠马上抓住了这一机遇，准备开始仿造西洋轮船的活动。

　　就在这个时候，大清王朝的内部正在经历着一场惨况空前的政变。在这场政变中，向来支持左宗棠的肃顺等人已经被反对派杀掉了。新上台的当权者会支持曾国藩、左宗棠等人仿造西洋轮船的活动吗？

第八讲

办理船政（上）

一、辛酉大政变

1860年秋，英法联军进逼北京。而此时的咸丰帝则让皇六弟、恭亲王奕訢为钦差大臣，便宜行事，办理和局。1860年9月23日，咸丰帝以"木兰秋狝"为名，从圆明园启程奔往热河。

逃到承德避暑山庄的咸丰帝贪女色、丝竹、美酒、鸦片，终于一病不起。

1861年8月20日，咸丰帝在热河行宫病重。8月21日，他在烟波致爽殿寝宫做了三件事：第一，立皇长子载淳为皇太子；第二，命御前大臣载垣（1816—1861年）、端华（1807—1861年）、景寿（1829—1889年），大学士肃顺和军机大臣穆荫（？—1864年）、匡源（1815—1881年）、杜翰（1806—1866年）、焦祐瀛八人为赞襄政务大臣；第三，授予皇后钮祜禄氏"御赏"印章，授予皇子载淳"同道堂"印章（由慈禧掌管），顾命大臣拟旨后要盖"御赏"和"同道堂"印章。

1861年8月22日清晨，咸丰帝病逝。当时，朝廷的主要政治势力可分为以下三股：

第一，朝臣势力。其代表是"赞襄政务"的顾命八大臣。

第二，帝胤势力。咸丰帝死时，道光帝的九个儿子中健在的还有五阿哥奕誴（1831—1889年）、六阿哥奕訢、七阿哥奕譞（1840—1891年）、八阿哥奕詥（1844—1868年）、九阿哥奕譓（1845—1877年）等。这些年轻人，个个都想掌握一点权力。可是咸丰帝非常担心他们会篡夺帝位，因此，他们都是空有爵位的闲散亲王、郡王，完全没有任何实权。奕訢等人本来就对咸丰帝登上皇位心怀不满，且被免掉军机大臣、宗人府宗令、八旗都统，要往承德奔丧又遭到拒绝，特别是他们作为咸丰帝的血亲而未列入"御赏""同道堂"章顾命大臣，于情于理，都不妥当。于是，旧怨新恨便汇聚到一起。

第三，帝后势力。所谓的帝后势力，就是同治帝（1856—1875年在世，1861—1875年在位）和两宫太后——东太后慈安（1837—1881年）和西太后慈禧（1835—1908年）。他们虽是孤儿寡母，在帝制时代却是皇权的核心。

咸丰帝的旨意是在他死后，由两位皇后与八大臣联合执政，避免出现八大臣专权的局面，也避免出现皇后钮祜禄氏与懿贵妃叶赫那拉氏专权的局面。

但显然，如果皇后钮祜禄氏与懿贵妃叶赫那拉氏不加盖"御赏"和"同道堂"这两颗起、讫之章，那么八大臣是发不出"诏书"和"谕旨"的，他们的议决均不能生效。相反，由内臣拟旨而不经过八大臣同意，加盖"御赏"与"同道堂"两章即能生效。

因此，帝后势力是朝廷中最为重要的政治势力。在对待顾命大臣的态度上，帝后一方同帝胤一方是相同的，他们联合起来共同对付顾命八大臣。在上述三大政治集团的政治力量对比上，显然帝胤势力与帝后势力占有优势。

因此，咸丰帝对于"赞襄政务"八大臣的安排，犯下了一个致命的错误，就是没有将朝廷的三股政治势力加以平衡，特别是咸丰帝对慈禧与奕訢两人的政治潜能，对权力失衡形成的政治危局认识不够、估计不足。

1861年8月23日，大行皇帝入殓后，以同治皇帝名义尊孝贞皇后为皇太后，即母后皇太后；尊懿贵妃为孝钦皇太后，即圣母皇太后。此后不久，发生了辛酉政变，这会不会危及左宗棠的利益呢？

9月5日，恭亲王奕訢获准赶到承德避暑山庄叩谒咸丰的梓宫。奕訢在热河滞留六天，在同两宫太后密商决策与步骤后，返回北京，准备政变。此时，咸丰帝刚驾崩十三天。

奕訢一回到北京，就暗中紧锣密鼓地为政变做各种准备，尤其是军事布置。

10月26日，是咸丰帝灵柩回京的日子。肃顺等人安排载垣等随同两宫太后和小皇帝在避暑山庄丽正门外跪送咸丰帝灵柩启程返京，然后从间道先行，提前赶回京师，这样，圣体不会过于劳累，便于灵驾到京后，皇上在东华门外跪迎。而肃顺、仁寿、奕譞等人，则护送咸丰帝那笨重的灵柩，从大道缓缓而行。

这一安排正中慈禧下怀，她抓住这一至关重要的机会，选用快班轿夫日夜兼程，提前四天赶到北京，为发动政变赢得了宝贵的时间，使政变更加稳操胜券。而八位赞襄政务大臣分散两处，载垣、端华等人不见肃顺，等于失去灵魂，遇事没有主张；肃顺一人在后慢行，遇事孤掌难鸣，也无能为力。

10月31日，两宫太后和小皇帝一行到达京郊，恭亲王奕訢出城迎接。当天，两宫太后在郊外召见了奕訢，双方开始为政变做最后的准备。

11月1日，太后一行进城，留京文武官员身着缟素跪迎于道路两旁。銮驾回到大内皇宫，奕訢立即密陈在京政变部署情况，两宫太后听后颇为放心。

11月2日，两宫太后在宫中召见奕訢、周祖培（1793—1867年）等人。慈禧面对众人，一把鼻涕一把泪地斥骂肃顺等八大臣大逆不道、飞扬跋扈、图谋不轨的种种罪行，众大臣愤慨无比。

周祖培说："何不重治其罪？"

慈禧顺水推舟："彼为赞襄王大臣，可径予治罪乎？"

周祖培答道："皇太后可降旨先令解任，再予拿问。"

说到这里，慈禧确信留京大臣对诛杀肃顺等人毫无异议，便抛出早在热河期间就由醇郡王奕譞拟好的谕旨，交给恭亲王奕訢，当众宣示。核心意思有两点：一是要求王公大臣等妥议皇太后亲理大政并另简亲王辅政；二是宣示八位赞襄政务大臣的种种罪行，谕令解除他们的一切职务。

谕旨刚宣读完毕，载垣、端华此时进宫上朝，见奕訢等王大臣竟在殿内，非常诧异，大声质问："外廷臣子，何得擅入？"奕訢答道："有诏。"载垣、端华毫不客气地责备两宫太后不该召见奕訢等人。太后大怒，立即传下另外一道谕旨，奕訢当场宣示："将载垣、端华、肃顺革去爵职拿问，交宗人府会同大学士六部九卿翰詹科道严行议罪。"载垣、端华听罢如坠云雾之中，厉声斥问："我辈未入，诏从何来？"奕訢不予理会，一声令下，一群侍卫将其拿下，押到宗人府看管起来。

随后，两宫太后又以小皇帝的名义火速发出密旨，命令正在回京路上监视肃顺的睿亲王仁寿（1810—1864年）、醇郡王奕澴相机擒拿肃顺，押解回京，交宗人府听候议罪。

此时，护送灵柩的肃顺才行至密云县。监视他的仁寿、奕澴接到驰送而来的密旨，连夜率兵赶去，在卧室中将其拿获。肃顺这才如梦方醒，跳骂道："悔不该早治此婢！"肃顺被押至宗人府，碰见载垣、端华二人，他大怒道："若早从吾言，何至有今日！"二人无可奈何，答道："事已至此，还说什么！"

不久，载垣、端华自尽，肃顺被处决。慈禧和奕訢精心策划的政变取得成功。

辛酉这年，奕訢正值而立之年，慈禧、慈安均不满三十岁。这样几位正值盛年、精力充沛、头脑敏捷的年轻人夺取最高统治权，他们将开拓"老大帝国"新的发展方向。问题在于：新上台的这些当权者会不会认为左宗棠是肃顺的同党而采取突然袭击的方法，轻而易举地杀掉左宗棠呢？

其实，这种担心是多余的。对于大清王朝来说，不管是谁上台，都只想维护大清王朝的统治，这就要全力依靠曾国藩、左宗棠、李鸿章等汉族大臣——因为他们不但拥有强大的武装力量，更为重要的是，他们还是大清王朝对内镇压人民起义、对外抵制洋人侵略的得力工具。换句话说，如果没有了曾国藩、左宗棠、李鸿章等汉族大臣的全力支持，新上台的这些当权者会维持到哪一天都很难说。他们讨好曾国藩、左宗棠、李鸿章等人还来不及呢！

但是，新上台的这些当权者会支持曾国藩、左宗棠等人仿造西洋轮船的活动吗？答案是肯定的，他们一定会全力支持。因为在大清王朝内忧外患的困难形势下，他们深深地知道，如果不向西方学习，那么即使不被来自内部的反叛者打倒——这些反叛者，我们暂且不管他们是来自下层的人民群众，还是来自统治者内部的上层汉族实力派（诸如曾国藩、左宗棠、李鸿章等人）——也早晚会被拥有坚船利炮的洋人所取代。

因此，摆在他们面前的任务就是打起"向西方学习"的旗帜，迅速发动"师夷长技以自强"的活动，开展"洋务运动"。

换句话说，大清王朝新上台的这些当权者，在很大程度上是洋务派。他们与左宗棠等人在更深层次上，是真正的知己。

二、仿制小轮船

1861年，曾国藩创办了安庆内军械所，招揽了徐寿（1818—1884年）、华蘅芳（1833—1902年）等许多科技人才。1862年夏，徐寿等人研制出轮船所用的蒸汽机一台，这年底又制成了一艘长二丈八九尺的小轮船，试航于安庆江面。曾国藩亲自登船观看，建议将船"以次放大"。

1865年，轮船的放大试制在南京完成，曾国藩把该船命名为"黄鹄"。曾国藩的造船实践取得了初步成效，但他向清政府提出的购船建议却因"中英联合舰队事件"而受挫。

事情的经过是这样的：1862—1863年，任中国海关总税务司的英国人李泰国（1833—1898年）在英国为清政府买下了一支舰队，却擅自任命英国海军上校阿思本担任舰队司令。总理衙门大臣奕訢等人认为李泰国"竟思借此一举将中国兵权、利权全行移于外国"，这是不能接受的。结果是该舰队被遣散，已买回的军舰变价出售，清政府在这次购船过程中经一买一卖的折腾，花掉了七十万两白银的"学费"。

与此同时，时任浙江巡抚的左宗棠反复阐述了自造轮船的重要性。1863年初，左宗棠向成立才一年的总理各国事务衙门提出一个建议："将来经费有出，当图仿制轮船，庶为海疆长久之计。"他认为，以后等国家有足够的财力支撑时，要策划仿制轮船，这才是保卫海疆的长久之策。

左宗棠在积极倡导仿造轮船的同时，于1864年在杭州仿造小轮船一艘。这还要从两个法国人德克碑（1831—1875年）和日意格（1835—1886年）说起。

左宗棠的楚军在浙江与太平军作战期间，曾得到由法国军官训练、指挥的雇佣军——常捷军的大力配合，左宗棠由此获得与外国人合作的益处，常捷军的法籍统领德克碑、军官日意格也获得了左宗棠的信任。数年后，当左宗棠试图自造蒸汽舰船时，这两位法国人就成为其重要的合作者。

太平天国战争中，蒸汽舰船在中国的历史舞台闪亮登场。当时，东南一些沿江沿海省份都有零星购买蒸汽舰船或武装轮船的事例，清政府也正式委托海关总税务司李泰国帮忙从英国订购蒸汽舰船。

在这样的风潮中，曾通过与常捷军、英法联军的合作而切身感受到蒸汽舰船益处的左宗棠也深受影响。然而与一般人不同，左宗棠追求的是自行设厂造船，正如他所说的那样，"将来经费有出，当图仿制轮船，庶为海疆长久之计"。从史籍里，我们暂时无法了解左宗棠提出这一设想时的更多心迹，但无疑中国传统文人朴素的主权观念起了很大作用，缺乏对外交往的实务经验时，显然自造要比外购的把握更大，至少不会由此受外人要挟。

在清政府外购蒸汽舰船计划中错失机会的法国人，揣摩到左宗棠的意图，抢先在东南下手。法国远东舰队司令为了在太平天国战争结束后，能够继续对中国发生某种影响，委托和左宗棠关系良好、会说中国官话的日意格向左宗棠传递了一个建议，即法国远东舰队愿意将设在宁波的船厂转交给左宗棠，双方建立合作关系。不过当听说宁波船厂的规模很小，只能进行船体合拢，无法制造轮机时，左宗棠关起了兴趣的大门。推销建议虽然失败，显得有些尴尬的日意格和同行的德克碑却没有料到，从这一刻起，他们实际已经进入了中国自造轮船的历史。

此事过后不久，左宗棠找了一名六十岁的中国老匠人，竟然土法上马，自己造出了一条能坐两个人的蒸汽轮船，并在婀娜多姿的西湖上成功试航。

闽浙总督左宗棠的小轮船问世后不久，1864年10月16日，日意格为了常捷军的解散问题来到杭州城内的总督衙门。随着太平天国战争进入尾声，操控在法国人手中的这支军队已经不再有很大的重要性，裁撤是必然的命运。

当日意格到达总督衙门时，左宗棠竟不顾尊卑，直接站在会见厅的门口相迎，这种不同寻常的态度似乎预示着什么。此后除了就常捷军的遣散事务进行磋商外，左宗棠特别带日意格参观了他在西湖试航的那艘轮船，骄傲地展示中国人的智慧。日意格表面敷衍"棒极了！这证明中国人非常聪颖"，心里却对这条船并不介意，"总的来讲，它拥有了发动机的所有细节，足以示范汽船究竟是如何运行的，但也仅此而已"。对于这条船慢得让人叹息的航速，日意格建议"惟轮机须从西洋购觅，乃臻捷便"。左宗棠后来在奏报里说，这次会见后他就直接洽商德克碑、日意格为中国监造轮船，奏折上平淡的文字背后，是不啻平地惊雷的大手笔，很难想象闽浙总督不动声色地说出这个决断时，两位法国人是什么样的表情。

三、马尾建船厂

机会终于来临，已经交卸常捷军统领职务的德克碑立刻返回法国，购买舰船图纸、打听船厂图纸以及机械采购、技术人员招募等事，而后将计划寄到中国，由任职于宁波海关税务司的日意格转交左宗棠。然而，好事多磨，当时正值军务倥偬，左宗棠挥师南下追歼太平军残部，造船事宜被暂时搁置，德克碑前往暹罗，日意格在海关任上，静静地等候左宗棠的好消息。

现在来看，左宗棠当时作出的造船、用人决策似乎非常突兀，有观点认为，左宗棠实际是受到了一个强烈的刺激。1864年，督抚两江的曾国藩、李鸿章师徒接连上奏清政府，请求在上海设厂自造轮船，即江南机器制造总局。虽然左宗棠受曾国藩提携才得以一步步登上官场宝座，但是他因为曾国藩将攻陷太平天国都城的伟功预留给其弟曾国荃，而对曾氏兄弟心怀不忿；对于李鸿章，也因为其属下的淮军追击太平军时一度越境进入过浙江，而终生视其为敌。此刻，曾、李二人在上海开厂造船，眼见就可能开创中国第一，对左宗棠的刺激可见一斑。可以说，江南机器制造总局的营建某种程度上成了后来福建船政诞生的催化剂。

另外，就设立船厂、引进技术而言，当时世界上造船技术最为发达的国家主要是英、法两国，左宗棠很自然地选择了法国，而恰好有两名"驯顺"的法国人可以帮助居间出力。需要看到的是，德克碑、日意格实际只不过是法国海军的普通低级军官，对于蒸汽舰船的设计、建造没有任何经验。左宗棠非常明白这一点，曾称日意格不懂造船，德克碑只是略知皮毛，只不过因为他们与左宗棠在其他领域有过成功的合作而被信任，他们将来扮演的角色其实类似于中国官员与外国技术人员之间的协调人，即船政建厂造船计划技术项目的总承包人，并不是真正的技术工程师。

西湖的烟波中，闽浙自造军舰的大幕就这样缓缓拉开了。

1866年2月，左宗棠攻破嘉应州，彻底扫除南方太平天国余烬。

1866年4月3日，左宗棠返抵福州督署，四境初平之时，自造轮船的计划自然而然地就被重新提起。6月25日，左宗棠具折上奏清廷，正式请求设厂造船，而且提出了设立学堂培养人才的计划，使得闽省的造船工程更与众不同。

这篇洋洋洒洒数千字的长篇奏折，直抒胸臆，志在必得地将自造轮船的全部构思和盘托出。从海防、民生、漕运、商业四个角度加以分析，论证"欲防海之害而收其利，非整理水师不可；欲整理水师，非设局监造轮船不可"，并详细阐述了设厂造船的各项计划安排，表明这个设想已经非常成熟，具有可操作性。议论奇警地指出："彼此同以大海为利，彼有所挟，我独无之。譬犹渡河，人操舟而我结筏；譬犹使马，人跨骏而我骑驴，可乎？"

我们对于当年左宗棠自造轮船的设想予以充分肯定的同时，也应注意到其时代局限性：出于节省经费的考虑，左宗棠将所要建造的蒸汽舰船功能定位为亦商亦兵，并不明白军舰和商船存在质的区别；而且左宗棠对于轮船造成后的维持经费想得有些不切实际，认为"船成之后，不妨装载商货，藉以捕盗而护商，益可习劳而集费，似岁修经费无俟别筹"。由此，我们可以看到一个全无近代工业基础的国家在蹒跚起步时很难回避的先天不足。

对左宗棠的奏请，清廷中枢大为所动，仅仅几天就有了批复。同治帝非常罕见地写了上百字的朱批："……中国自强之道，全在振奋精神，破除耳目近习，讲求利用实际。该督先拟于闽省择地设厂，购买机器，募雇洋匠，试造火轮船只，实系当今应办急务……"闽浙建厂就此开始。

选择局址是一项首要任务。经过考察，左宗棠在福州城郊的马尾选定了马尾山下中岐乡靠近马江边的一块宽一百三十丈、长一百一十丈的田地作为局址。

选择马尾作为福州船政的局址，具有战略意义上的考虑。马尾地理位置险要，沿闽江而上距离省城福州三十多千米，顺闽江以下抵五虎门海口约四十千米，闽江口外有许多岛屿，星罗棋布，沿江的金牌门、长门、罗星塔等处设置有炮台，江的两岸群山环绕，"只要布置几个水雷，便能阻住入侵的船只"。局址设于马尾，前面临江，背面依山，有利于设防。

局址选定后，左宗棠同日意格订议了设局、建厂、工程期限、经费、造船、驾驶等事项，并草签了合同，由日意格去上海面见法国驻上海总领事白来尼（1813—1894年）画押担保。不久，德克碑到达福州，左宗棠向他出示合同，德克碑无异词。

四、胡光墉其人

话说左宗棠派德克碑去上海面见白来尼，"并约日意格及始议之按察使衔福建补用道胡光墉等同来定议"船厂事宜。这胡光墉是何人呢？

胡光墉（1823—1885年），字雪岩，安徽绩溪人。

徽州人都知道，"前世不修，生在徽州；十三四岁，往外一丢"。徽州这个地方没有太多适合耕种的土地，基本上不能靠农业为生。

胡光墉出生的时候，他的父亲在外边做买卖，因为没有条件，胡光墉一生没上过学，他所有的学问都是跟着父亲学习的。而这种学习，在他十二岁时就戛然而止了——因为他的父亲死了。为了谋生，胡光墉来到了杭州当童工。

由于他很勤奋，当时有一个小钱庄的于老板收留了他。胡光墉在于老板的钱庄里，一开始做学徒，之后做帮工，再后来做伙计。由于胡光墉勤奋，不怕卖力气，所以于老板很喜欢他，一直收留他，让他有了一份稳定的工作。现在的胡光墉只是一个小伙计而已，未来怎么能成为大老板？这就要提到一个人——王有龄（1810—1861年）。

王有龄是一个落魄文人，他跟胡光墉之间发生了一段故事。

话说落魄文人王有龄想进京花钱买个官做。清朝的官员主要是三种：第一，汉族人科举考试当官；第二，满洲人、蒙古人由政府分配工作，不用考试；第三，商人花钱买官，因为政府有时需要花钱治黄河、水旱、蝗灾，所以商人出钱就可以当官。

可是王有龄手头没那么多钱，于是他来到了于老板的阜康钱庄，正好于老板不在，而胡光墉刚好收回了五百两银子，一看落魄文人需要钱：行了，不用请示老板了，给你吧。胡光墉多大的胆儿、多大的魄力，敢把老板的五百两银子给一个陌生人！

要是这事办成了还好说，否则胡光墉拿什么还老板？果不其然，王有龄拿着钱走了，去了北京。这一来回，不像现在坐几个小时高铁就行，而是需要一两个月。老板回来一看，说："咱们的钱呢？""我送人了。""送给谁了？""不认识。"如果你是老板，也得把这样的伙计撵走，于是胡光墉就这样流落街头了。

好在王有龄到了北京，找到了自己的朋友何桂清，给自己买来了官职。他的工作是什么呢？1851年，王有龄升任浙江湖州知府。在那个时代，浙江最富裕的地方就是三个城市：杭州、嘉兴、湖州。这三个地方的经济特别发达。王有龄来到了湖州，虽然湖州发达，但是那阵子的中国内忧外患，社会非常动荡。王有龄要征收当地老百姓的税，然后交给政府。当时省政府在杭州，如何把钱安然无恙地交到杭州是一个问题。于是，王有龄找到了当时给他五百两银子的阜康钱庄。于老板心想，这都是胡光墉的功劳，自己之前的做法也有些问题，所以又把胡光墉重新请回来了。

正好于老板无儿无女，他逐渐发现胡光墉可用，就把阜康钱庄都交给胡光墉了。此时，王有龄找到胡光墉说："你得想办法把我的这些钱安然无恙地送到杭州。"胡光墉一想，这事可以这么办：我用这笔钱买一些当地上好的丝绸，到了杭州再卖给外国人，然后把钱交给省政府，自己还能赚点儿。

按照正常年景，胡光墉是能赚钱。但是在动荡时期，敢拿这笔钱倒腾差价，这需要多大的魄力！胡光墉居然成功了，他的老板王有龄也成功了，不再担任湖州知府，而是调到杭州——也就是省会杭州——担任知府去了。时隔不久，王有龄又担任浙江巡抚，他的工作更重要了，需要从浙江收钱，然后把钱运到北京去。于是，他又把这活儿交给了胡光墉。当然，胡光墉做得非常好。

从胡光墉的成功，我们可以看出以下几点：

第一，由于他很努力，使自己得到于老板的赏识，给了他一碗饭，让他有了一份工作。

第二，他有魄力、胆略，敢把五百两银子投资到一个落魄文人王有龄的身上，而恰好王有龄也是一个有良心、知道回报的人。

第三，在动荡的时期，他能够想办法维护客户的利益，拥有创新思维，让自己的企业做大做强。

胡光墉之所以能够成为浙江首富，在于他的勤奋，在于他的魄力，在于他的良心发现……

一切都是顺风顺水的样子，但是危机突然出现了。我们都觉得摆在王有龄和胡光墉面前的是坦途大道，但是两个人离死期不远了。

1861年，王有龄死了。王有龄必须死，因为他守在杭州，而太平天国的军队正在围攻杭州。当时，杭州周边有湘军——清朝湖南籍官员曾国藩在湖南训练的民兵队伍，这也是朝廷的军队，他们将太平军消灭就是了，王有龄完全可以不死啊，为什么还是死了呢？因为湘军的领导心想：我把太平军打败了，你王有龄守城有功，将来让你官升三级调到北京领导我？这可不行，你必须得死。只有你死了，这里缺了一个官员，朝廷才能提拔我补缺，然后我才能借朝廷之威收复杭州。

最后，王有龄守城失败，在杭州陷落前夕举家自杀。王有龄死了，作为杭州首富，胡光墉离死也不远了。不过胡光墉居然没死，为什么？原来王有龄守城需要粮食，只有农村才有粮食，于是他对胡光墉说："兄弟，你去城外找粮食吧，花钱买粮食。"胡光墉花钱买了二十万石粮食，他想往杭州运，却运不进去，最后只能眼睁睁地看着自己的领导在城里弹尽粮绝，举家自杀，自己却爱莫能助。

王有龄死后，左宗棠来杭州了。值得注意的是，左宗棠率领的军队也没粮食吃，也正要哗变。在这个时候，胡光墉做出了他人生中的又一个重大抉择：把二十万石粮食白白地送给左宗棠。结果左宗棠成功了，胡光墉也成功了。

想当年胡光墉通过五百两银子认识了王有龄，王有龄给他带来了丰厚的成果。后来，他把二十万石粮食送给了一个陌生人左宗棠，你说，他想要回报吗？我想，胡光墉心中所想的是，只有太平盛世，商人才有未来。用我们今天的话讲：国好，家才好。如果天天打仗，谁都不会有一个好未来。胡光墉就是从基本的良心出发，把自己所有的粮食都给了左宗棠的军队。

其实在左宗棠眼里，士农工商，胡光墉是社会最底层，粮食给了也就给了，不需要对他有所回报。但是左宗棠非常清楚：我可以对不起你，但是不能对不起提点我、托付我重任的民族英雄林则徐。左宗棠知道，中国的西北边疆需要他，而他解决不了"兵马未动，粮草先行"的问题。要想完成林则徐收复新疆的心愿，就得让胡光墉这样的商人混得好，因为他好，自己才能好。

左宗棠跟胡光墉两个人形成了一个良性的互动。胡光墉说的是"国好，家才好"，左宗棠说的是"他好，我才好；我好，国才好"。可见左宗棠的眼光远非王有龄能比，他的心中装的是整个中国，东南要办福州船政局，需要到英国、法国买大轮船，自己仿造，哪儿来的钱？——胡光墉的钱。

收复新疆，需要很多新式武器，所有的枪炮弹药都需要胡光墉亲自去欧洲采买，左宗棠只管打仗，甚至连枪怎么打，他都交给了胡光墉：你来训练我的军队。

我们经常说，左宗棠在新疆攻无不克、战无不胜，你可知道，左宗棠的军队使用的都是胡光墉亲自过手的新式武器，光来复枪、步枪就有两万多杆。在成就左宗棠的贵人当中，到底是林则徐的功劳更大，还是胡光墉的功劳更大？胡光墉跟左宗棠两个人，到底是谁成就了谁呢？在那个时代，英雄惜英雄，英雄提点英雄，英雄成就英雄。左宗棠的成功，也让胡光墉迎来了他人生中最为辉煌的时刻。我们要注意，在左宗棠收复新疆的时候，朝廷需要大量的钱，慈禧太后跟外国人借钱，外国人都不借，只有胡光墉能借出钱。胡光墉能够成为"红顶商人"，是因为他把自己的命运、企业的命运与国家的命运紧紧地捆绑在了一起。

当胡光墉把二十石担粮食交给左宗棠的时候，左宗棠马上报之以信任，觉得胡光墉这个商人不错，所以很快给了他一项任务，就是让他常驻上海，担任上海采办局的领导，采办全世界最先进的武器。

王有龄在世时，胡光墉经常去上海，与所有外国人在上海办的企业打交道——我们管这些企业叫"洋行"——此前胡光墉已经认识了上海所有洋行的领导。左宗棠交给胡光墉的任务：第一，买武器；第二，买人的粮食、马的草料，所谓军粮、马料；第三，买药品；第四，征收老百姓的税，还得变成现钱。

当左宗棠把这些任务交给胡光墉以后，胡光墉的身份就变了，虽然他此时还没有"红顶"，但已经是"官商"。他把当地的税收上来，这是官；买了丝绸再卖给洋人，这是商人；用洋人交给他的钱到国外买武器，这还是商人；再把这些武器送到左宗棠的前线，这又变成了官员。所以"官商"就是在这个时期形成的。

胡光墉不仅仅买卖武器，他还开了一间药铺，叫作"胡庆余堂"。胡庆余堂的"胡"，就是胡光墉的"胡"。一进药铺大门，"真不二价"四个大字就映入眼帘——药方是公开的，谁都能看；药品价目是公开的、最低廉的价格。我们可以看到，展现在胡光墉眼前的商业，一通百通。

有了胡光墉的大力支持，左宗棠开始从浙江巡抚升任闽浙总督，再至陕甘总督。担任陕甘总督收复新疆时，左宗棠的军队所到之处，必然有胡光墉的影子。也正是因为如此，我们可以发现，但凡涉及左宗棠及其军队的商业事务，左宗棠只相信一个人，那便是胡光墉。

第九讲

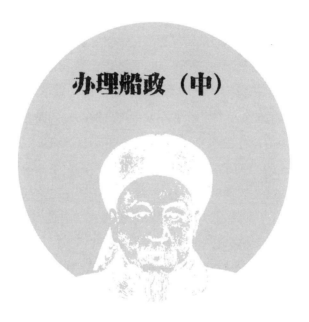

办理船政（中）

一、三请沈葆桢

　　话说正当左宗棠派德克碑去上海见法国驻上海总领事白来尼，"并约日意格及始议之按察使衔福建补用道胡光墉等同来定议"船厂事宜时，忽然接到清廷寄出的谕旨，调他担任陕甘总督。而他原来闽浙总督的职务，则由漕运总督吴棠接任。问题在于：朝廷为什么要调左宗棠到陕甘地区担任总督呢？是朝廷觉得左宗棠在闽浙总督的任上做得太过分了，还是陕甘地区又出了什么非左宗棠不能解决的问题呢？

　　我们暂且还没有精力来分析这些问题，只能抓紧时间去了解一下当时的左宗棠是如何善后的。左宗棠感到离闽在即，便速遣德克碑赴上海白来尼处画押后再返回福州"面订移交后任"。与此同时，左宗棠也加紧了船政局的筹建工作，并物色主持船政的人选。

　　左宗棠调任陕甘总督的消息传出后，福建士绅百余人联名呈称："创造轮船一事，关系甚巨……事成则万世享其利，事废则为四裔所笑，天下寒心。诚使督臣左宗棠驻闽中，豫将赴甘之师先行部署，俟外国工匠毕集，创造一有头绪，即移节西征。"清廷同意了左宗棠提出的宽限数旬赴陕甘及闽省绅民恳留左宗棠暂缓西行的请求。左宗棠"昼夜忙并"，抓紧进行人事、购机、筹款、制订船政章程、购买局厂地基、挑选驾船人才等事宜的落实。

　　建厂的经费是从闽海关的四成洋税下划拨的四十万两白银，另从六成洋税下每月划拨五万两白银作为运行经费。

与后来从各省协款的北洋海军经费相比，船政的经费来源单一，闽海关又是当时收入仅次于江海关的富关，且设在本省，较易控制，更具可靠性。建厂的技术则主要依靠西方，作为技术工程总承包人的法国人德克碑、日意格就此先后到福州签订合约。

由于对新任总督吴棠不熟悉，担心由其兼管可能会导致船政的建设偏离自己设想的轨道，为了不使自己一手开创的事业脱轨或中途遭受挫折，左宗棠上奏清廷请求派员直接管理船政事务。左宗棠如此作为，到底是什么意思呢？

原因很简单，左宗棠意在新任总督尚未到任前先将管理船政事务的权力夺出，交给自己信任的人。可是，把它交到谁的手里自己才能放心呢？自己到底能够相信谁呢？正当左宗棠左右为难之时，正在家乡丁忧守制的福州籍官员沈葆桢（1820—1879年）进入左宗棠的视野。

沈葆桢，原名沈振宗，字幼丹，又字翰宇，出身福州宫巷。沈氏家族祖居河南，南宋时迁居到浙江杭州。杭州古时别称"武林"，所以宫巷沈家又称"武林沈氏"。雍正年间，沈葆桢的高祖父沈子常携子沈锡九游幕于闽，遂定居福州。

沈葆桢的父亲沈廷枫娶林则徐的六妹林蕙芳为妻，长子早夭，次子就是沈葆桢。沈廷枫是一位教书先生，靠每个月微薄的收入养家糊口。

林蕙芳娴熟勤快，不但终日替别人做女红补贴家用，而且还负责了沈葆桢童年时代的教育。她在教习《三字经》《百家姓》等启蒙读本的时候，并非按书诵读，而是常常讲解原因。

1832年，沈廷枫考中举人，紧接着赴京应礼部试时，把沈葆桢带到南京，交托给正在那里担任江宁布政使的林则徐。他上京赶考但未高中，此后一直以教书为业。

沈葆桢是舅舅林则徐阁楼上书房的常客，在这里，他览阅了许多古今中外的名作。在与舅舅的交谈中，他也开始对"洋务"二字产生了最初的了解。他经常把自己从书中得到的想法告诉舅舅，在一次谈话中，他表达了对兴办洋务的看法。

1836年，沈葆桢考取秀才。1840年，沈葆桢和老师林昌彝（1803—1876年）同榜考中举人，这一年沈葆桢刚好二十岁。此时，第一次鸦片战争爆发，担任两广总督的舅舅林则徐被朝廷革职查办。不久后，在双方父母的主持下，沈葆桢和小他一岁的表妹、林则徐的次女林普晴完婚。

1841年，沈葆桢赴京赶考，落第。1844年，沈葆桢与父亲沈廷枫一同赴京赶考，都没能考中，沈廷枫发誓永不再考科举，回乡继续教书。沈葆桢背水一战，于1847年考取了第三十九名进士，与他同榜的李鸿章位居第三十六名。

和其他的新科进士一样，沈葆桢一考中进士，就被安排到了翰林院，任庶吉士（从七品）。在翰林院的几年闲职上，沈葆桢最大的收获就是读书学习，在思想和能力上又有了提高。几年后，在京官考核中，沈葆桢以"一等"的身份擢升都察院，1854年补江南道监察御史，一年后调贵州道监察御史。

随后便是太平天国运动爆发。1856年，朝廷擢升沈葆桢为杭州知府，然而沈葆桢以祖上曾在杭州居住，杭州亲戚过多为由推辞而改任地处偏远的江西广信（今江西省上饶市）知府。此时，太平军已占领了八府五十多县，清廷只剩南昌、饶州、广信、赣州、南安五郡，整个江西的局势岌岌可危。

1856年8月，江西太平军进逼广信城。当时，沈葆桢正外出征办军粮、军饷，广信城里的几百名守军纷纷遁逃，城里只剩下知县、参将、千总和知府夫人林普晴。危急关头，林普晴显示了将门名臣之女的风范和气节，一边鼓舞百姓，一边派人向林则徐以前的部下——驻扎在浙江玉山（今浙江省磐安县东北）的提督饶廷选（1804—1861年）求援。第二天，沈葆桢赶回了广信城，不久援兵也至。在同饶廷选商议之后，沈葆桢采取了攻其不备、袭扰辎重的战术，七战七捷，打退了太平军的进攻。经此一役，沈葆桢扬名官场。

1857年，沈葆桢升任江西广饶九南道。与此同时，石达开攻打广信城，沈葆桢、饶廷选率守军顽强抵抗，激战数日，石达开败走浙江。

1859年，沈葆桢因父母多病，请求离职回家探望。他已经整整十五年没有回家了，家乡的日子带给他的不仅是快乐和回忆，更是难得的清闲和松弛。

1860年，沈葆桢被授吉赣南道道台，他以父母年老而婉辞，被留在原籍办团练。1861年，曾国藩请他赴安庆大营，委以重用。不久，推荐他出任江西巡抚。与此同时，李鸿章和左宗棠也因曾国藩的推荐分别升迁江苏巡抚和浙江巡抚。

此时，湘军已攻克安庆，太平军的败局已定。江西成了围攻天京的大后方，主要任务是保持稳定和防御太平军残部窜入。1864年，天京失陷，幼王洪天贵福和干王洪仁玕进入江西，在石城兵败被俘，沈葆桢将二人就地处以死刑。沈葆桢因功被授世袭一等轻车都尉并赏头品顶戴。

清除了太平天国的势力后，恢复和发展战时被破坏的农业生产成了江南各省的头等大事。清政府实施"业归原主"、维护地主阶级的土地政策，许多地主在战时逃离家乡，土地被农民所占有，他们回来后，一下子又剥夺了农民耕种了十几年的土地。许多豪强与官员勾结，乘机抢占农民的土地，给其罗织勾结太平军的罪名，没收其产业。刚经历了战乱的百姓又处于水深火热之中。为官清廉的沈葆桢洞察了豪绅们的意图，强调对于抢占农民土地的乡绅严惩不贷，保护农民的原有财产，鼓励发展生产。为了警示全省的豪强恶吏，沈葆桢在一起官逼死民的案件中判处恶吏绞刑，威慑了四方豪绅。除此之外，沈葆桢还取消了许多地方上征收的苛捐杂税，让百姓休养生息，并妥善处理了法国教堂被毁事件，协调了各方利益。

1865年，因母亲去世，沈葆桢回乡丁忧。得知消息后，左宗棠亲自来到沈家，敦请沈葆桢出山。然而，左宗棠两次探望沈葆桢时都被其以"重孝在身"推诿了。

左宗棠也知道沈葆桢有许多难处，忙又奏请朝廷给沈葆桢有专事奏折权，"凡船政奏折无需经过巡抚衙门，仍由沈葆桢会臣领衔"。左宗棠第三次来到沈家，亲口对沈葆桢说:"朝廷已特命总理船政,由部颁发关防,凡事涉船政,由其专奏请旨。其经费一切会商将军、督抚,随时调遣,责成署蕃司周开锡不得稍有延误。"沈葆桢点头首肯。1867年春,朝廷命令沈葆桢"先行接办""不准固辞"。虽然沈葆桢服丧期未满,但他只得出任"马尾船政大臣"。

左宗棠离任时为何选择沈葆桢接替自己的职务呢?

左宗棠给了我们非常准确的答案。他曾经说过这样的话:"接办之人,能久于其事,然后一气贯注,众志定而成功可期,亦研求深而事理愈熟悉。此唯沈公而已。"坚持不懈、勤勤恳恳,是沈葆桢一直被同僚所称赞的品德,这是其一;沈葆桢爱好读书,涉猎广泛也是出了名的,他在幼年时期就从舅舅林则徐身上得到了一些关于洋务的知识,在江西巡抚任上妥善地处理了法国传教士与当地居民的纠纷,和洋人打交道时有一定的能力,这是其二;沈葆桢是本地人,在当地办洋务会得到群众的更多支持,遇到的阻力会小一些,这是其三。

1866年11月23日,左宗棠交卸闽浙总督印信,迁出总督衙门,居住在楚军营地内,利用开拔前的最后时间继续处理有关船政的事务,努力在自己走之前将船政建设带入轨道。

二、订《船政章程》

1866年11月29日,日意格、德克碑到达福州。日意格等人向左宗棠禀呈经白来尼印押担保的《保约》《条议》

《清折》，以及《合同规约》各件，左宗棠"逐加复核"，认为"均尚妥洽"。接着，左宗棠与日意格、德克碑商定："所有铁厂、船槽、船厂、学堂及中外公廨、工匠住屋、筑基砌岸一切工程，经日意格等觅中外殷商包办。"日意格、德克碑等厂工估定后，"即回法国购买机器、轮机、钢铁等件，并购大船槽一具，募雇员匠来闽"。船政局开设学堂，名曰"求是堂艺局"。"挑选本地资性聪颖、粗通文义子弟入局肄习""延致熟习中外语言文字洋师，教习英、法两国语言文字、算法、画法""此后机器、轮机可令中国匠作学造"。

左宗棠除了将日意格、德克碑所禀呈的《保约》《条议》《清折》《合同规约》照抄咨报军机处、总理各国事务衙门存案外，他还亲自制订"船政事宜十条"上奏呈报清廷。"船政事宜十条"的主要内容如下。

第一，船政局雇洋员为正、副监督。即"以日意格通晓官话汉字""令德克碑推日意格为正监督，德克碑为之副""一切事务均责成该两员承办"。

第二，船政局内设立艺局"以拔人材"。"艺局之设，必学习英、法两国语言文字，精研算学，乃能依书绘图，深明制造之法，并通船主之学，堪任驾驶""此项学成制造、驾驶之人，为将来水师将材所自出"。

第三，规定五年期限。"轮船一局，实专为习造轮机而设。俟铁厂（按指机器厂）开设，即为习造轮机之日。故五年之限，应以铁厂开厂之日为始"。

第四，定轮机马力，并搭造小轮船。大轮船轮机马力以一百五十匹为准，除拟买现成轮机两副外，其余九副由铁厂自造。五年期内造一百五十匹马力大轮船十一艘、八十匹马力小轮船五艘。

第五，饬洋员与洋匠要约。与"洋人共事，必立合同"。船局所雇洋匠的"赏罚、进退、辛工路费，非明定规约，无以示信"。

第六，预定奖格，以示鼓舞。"洋员及师匠人等，须优定奖格，庶期尽心教导，可有成效"。五年限满，教习中国员匠能自按图监造，并能自行驾驶轮船，奖励洋员、洋匠白银共十万八千两。

第七，从国外购买机器须交纳按洋法包装费和洋行保险费。

第八，凡需用纹银之项，应准开销银水。闽省通行银色，相较江、浙、广东为低。船局支发各款，除在闽境采办物料无须补水外，其采买洋料等用款，应准将补水银两作正开销。

第九，宜讲求采铁之法。轮机水缸需铁甚多。据日意格说，中国所产之铁与外国相同，但开矿之时，熔炼不得法，故不合用。现拟于所雇师匠中，择一兼明采铁之人，就煤、铁兼产之处开炉提炼，"庶几省费适用"。

第十，轮船中必需之物宜筹备。轮船中应用星宿盘、量天尺、风雨镜、寒暑镜、罗盘、水气表、千里镜、玻璃管，以及垫轮机的软皮等件，现饬日意格等回国探问制造器具价格，如所费不过数千金，即由日意格等筹购一分，并约募工匠一人同来，"一并教造"。

看来左宗棠安排得很周全，还有更周全的呢——如《合同规约》。

日意格、德克碑向左宗棠所禀呈的《合同规约》为船政局正、副监督日意格、德克碑承左宗棠令，与所雇外国"谙练员匠三十七名"所订立的规约，共十四条。其中规定："今本监督等荷蒙中国大宪饬委监督制造，倘有尔等正副监工及各工匠等办理不妥，系归本监督等两人自问。"外国员匠受雇期间自铁厂开工之日起以五年为限。"五年限内，该正副监工及工匠等务各实心认真办事，各尽所长，悉心教导各局厂华人制作迅速精熟，并应细心工作，安分守法，不得懒惰滋事""该正副监工及各工匠等或不受节制，或不守规矩，或教习办事不力，或工作取巧草率，或打骂中国官匠，或滋事不法，本监督等随即撤令回国，所立合同作为废纸，不给两月辛工，下发路费"。本《合同规约》至"限期满工竣日销"。

比较特殊的是，《合同规约》中还开列了一条激励洋员的条款，即五年期限内，以洋员监督为首的洋员承包集体在完成造船任务的同时，如果还能"教习中国员匠能自按图监造，并能自行驾驶"，则奖励总承包人日意格、德克碑各二万四千两白银，奖励其余洋员共六万两白银。无论对于哪国洋员而言，这笔奖赏都极具诱惑力，从这里可以看出左宗棠为了中国学会建造轮船而付出的苦心。

三、船政规划全

上述条文的制订，表明左宗棠设厂造船的构想已经有计划地实施了，反映出左宗棠创办福州船政局所要达到的近期目标和长远目的，其特点有二。

首先，明文规定了船政局使用外国人监督和指导造船属于雇佣性质。作为正、副监督的日意格和德克碑是由左宗棠"责成"其"承办"的，他们是"荷蒙中国大宪饬委监督制造"。其他外国员匠由日意格、德克碑代船政局雇来，受到合同的约束。船政局雇佣日意格等三十九名员匠明确定下受雇期为五年，限满予以辞退。这种以合同的形式雇佣外国员匠指导造船的方法是左宗棠的开创之举，而与福州船政局同一个时期创办的其他企业都没有签订任何合同，以致洋人在局中飞扬跋扈。

正是由于左宗棠在雇佣外国员匠的过程中先与其立约，才使得船政局的筹建和早期经营能够比较顺利地进行，且船政局的大权一直牢牢掌握在中国人手中。日意格在致沈葆桢的函中承认这一点，他说："中国创造船政，派钦宪为总理大臣，盖总中国、外国员匠而理之也。总理之下设监督，固有约束洋员匠，督工教造之任。然而每事必请示于钦宪而后行，盖以钦宪膺船政之重责也。"

就连法国驻华公使伯洛内在致总理衙门的函中也声明，日意格等人在船政局的活动"均应随便中国做主，本大臣绝不过问"。因此那种认为船政局长期被法国势力所把持的说法是缺乏根据的。其实，左宗棠在创办福州船政局的过程中，雇佣外国员匠也是不得已的事情，对此沈葆桢解释道："当左宗棠之议立船政也，中国无一人曾身历其事者，不得不问之洋将。"

其次，明确规定在五年期内不仅要造成大小轮船十六艘，而且更重要的是当五年限满时，外国员匠须教会中国员匠能按图自造轮船和自行驾驶轮船，船政学堂"学成制造、驾驶之人，为将来水师将材所自出"。这表明左宗棠不但要把船政局建成国内第一个近代化的造船工厂，还要将它发展成为一个培养海军人才的基地。可见左宗棠在实现近期目标时考虑得更为周密的是达到自造、自驾轮船的长远目的。诚如左宗棠所说："兹局之设，所重在学造西洋机器以成轮船，俾中国得转相授受，为永远之利也，非如雇买轮船之徒取济一时可比……窃谓海疆非此，兵不能强，民不能富。雇募仅济一时之需，自造实擅无穷之利也……如果轮船学造已成，夺彼所恃，彼将弭耳帖伏，不敢妄有恫喝矣。"

准备工作已经就绪，1866年12月11日，左宗棠上奏朝廷，全面汇报了船政的建设规划。

左宗棠提出的是一个预算为三百万两白银的五年计划，主要可归纳为以下五个方面：第一，建设船厂、建造蒸汽舰船；第二，开办学堂，培训造船技术人员和舰船驾驶人员；第三，建造世界第二座，也是当时最大的一座可移动的"拉拔特"（Labat）式拖船坞；第四，建设铁厂，自行冶炼制造船用铁材；第五，雇用外国工程技术人员，日意格因为通晓汉字，会说中国官话，定为洋员正监督，即管理洋员的监督而非船厂工程的监督。虽然德克碑的官级、年龄都在日意格之上，但是他屈居副监督。

计划中最引人注目的无疑就是造船，规定自船政铁厂开设之日起的五年内建造十一艘一百五十马力轮船、五艘仿外国"根婆子"（gunboat，小炮舰）式样的八十马力轮船。鉴于初期的技术现实，决定一百五十马力轮船用的蒸汽机先从国外购买两座，其余九座此后依样仿造；八十马力轮船用的蒸汽机则完全进口。

这份建造计划显然有明显的缺陷，左宗棠既要求轮船采用"外洋兵船式样"，又强调大轮船要装载上百万千克的货物、小轮船要装载二三十万千克的货物，亦兵亦商；同时对于所造轮船的技术先进程度没有做任何规范，只要是蒸汽轮船即可，因而只是解决蒸汽舰船的有无问题。五年计划中的第一艘军舰，就是后来著名的"万年清"炮舰。

为了让沈葆桢将来的工作顺利开展，也为了船政能沿着自己开辟的道路前进，并和自己保持默契，左宗棠从自己的幕下选择推荐了一支可观的船政僚属队伍，如处理财务、协调事务的护理福建巡抚周开锡（1826—1872年），负责财务筹措、物品采办的道员胡光墉，负责军事的前台湾兵备道吴大廷（1824—1877年），通晓南洋各岛语言、善于任事经理的补用道叶文澜，熟悉洋务、后来测绘出近代化中国海图的同知黄维煊（1828—1873年），精通舰船驾驶的五品军功贝锦泉（1831—1890年），熟悉西洋火炮的候补布政司徐文渊等。

作为"船政之父"，左宗棠的安排可谓细致至极。

1866年12月16日，左宗棠离开福州北上，无限深情地告别了他一手谋划的船政事业。七天之后，船政在马江之畔正式破土动工。协调安排好承包商开工建设后，28日，日意格、德克碑取道香港乘船前往法国，为建厂和建造第一号轮船采办机器、雇用技术员工。船政建设全面启动。

日意格、德克碑一行于1867年2月1日到达巴黎，经历了一番波折后，法国海军部同意二人在保留法国海军军官身份的情况下受雇于中国。法国国王拿破仑三世（1808—1873年在世，1852—1870年在位）对中法合作的船政产生了浓厚兴趣，专门接见了日意格等，"谕令监督用心办理，并沐恩典，传谕各部尚书大臣，咨行驻扎中国提督，随时照应"，并颁发勋章以示奖励。工程技术人员主要通过法国阿弗尔市马泽利娜商行帮助雇请，均直接与日意格签订合同，准备分三批前往中国，为船政建厂造船采购的第一船设备、材料则于7月15日开航运往中国。

就在满载机器设备的帆船从法国港口扬帆远航后，1867年7月17日，总理船政大臣沈葆桢的二十七个月的丧假告满。1867年7月18日，沈葆桢拜会了福州将军英桂（1801—1879年）和新任的闽浙总督吴棠（1813—1876年）、福建巡抚李福泰（1806—1871年）等地方官员后，便马不停蹄地赶往马尾，起用船政大臣关防，开始驻厂视事。

沈葆桢抵达马尾时，船政建筑工程还在如火如荼地进行，在周开锡以及船政总监工叶文澜的统筹指挥下，原先是一片田地的船政厂区已经完全垫高平整，考虑到台风、潮汛的威胁，又围绕厂址打木桩加固，并在厂区对陆地的三面开挖河渠，用以排水，以及方便运货船舶驶入。车间、学堂、衙门、寓所都在陆续兴建。7月的酷暑里，工人们挥汗如雨，昼夜兴工。到了秋季，厂区一些建筑已经次第完工。10月6日，日意格返回马尾，带来雇佣的首批十二名洋员、洋匠，以及随行的四名女眷、一名孩童。

然而就在此时，变局突起。新任的闽浙总督、安徽明光人吴棠向来以思想保守著称，加之左宗棠在其到任之前，将船政这一用钱、用物的重大工程夺走，另委他人，吴棠对此早就心怀不满。他利用总督的权力，以一些不知来源的匿名信和打油诗为证据，对左宗棠委任的一些船政官员痛下杀手，以贪墨等事奏参弹劾，并质疑船政工程。

对这一可能危及船政生命的打击，沈葆桢与福建将军英桂等忍无可忍，上奏据理力争。远在陕甘的左宗棠也愤然反击："吴棠到任后，务求反臣所为，专听劣员怂恿，凡臣所进之人才，所用之将弁，无不纷纷求去。"

最终，吴棠被清政府调任四川总督，而观念较开放的浙江巡抚马新贻（1821—1870年）升任闽浙总督。笼罩在船政上空的阴霾一扫而空。

不久后，在新落成的船政衙门前，沈葆桢满怀豪情地题写楹联。

> 以一篑为始基，自古天下无难事；
> 致九译之新法，于今中国有圣人。

1867年11月7日，第二批受雇的洋员从法国来到马尾。与上批不一样的是，这次到来的洋员虽然只有四人，但均为高级职员，其中尤以法国罗什福尔船厂的工程师达士博（Trasbot）的地位最为重要。这个法国人实际上是船政拥有的第一位真正的造船专家，也是船政的第一位总工程师，对船政的早期设厂、造船均起到十分重要的作用。

　　看来左宗棠日思夜想的中国人自行造船的计划即将取得成功。今后，马尾造船厂、左宗棠将何去何从呢？

第十讲

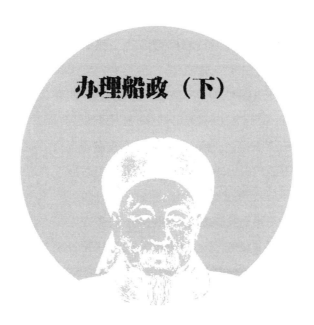

办理船政（下）

一、坎坷造船路

  话说来自法国的达士博到任后，便立刻为营造第一号轮船开始忙碌，在厂区江边搭建起临时的板棚，将从法国带来的船政第一号轮船图纸1:1放样绘制到地板上，并耐心地向中国工人讲解。日意格则当起了法文翻译，不厌其烦地向中国工人说明安装方法，"分行布线，细如茧丝。凡船身所有斗榫衔接处莫不有图，各不相混，曲直、尺寸志以洋字，令中国木匠一一辨识，俾按图仿造，可以不烦言而解"，由于当时第一号轮船的材料几乎都是在国外制造成型后运来中国的，因而达士博实际就是在指导工人们如何组装轮船。

  建造轮船所需的船台也很快开始搭建。工人们站在云梯上，数十人奋力拽动三百多千克的铁锤，将一根根长达六至十米的木桩慢慢砸入地面，夯实船台的地基，"星罗棋布，以固其基"，而后再在这块特别加固的地面上交叉叠放枕木，枕木间用长一米多、直径零点一米的铁钉钉连，架成一个前高五米多、后高半米多、长七十多米的枕木船台，船台两侧另有巨木支撑。1878年12月30日，第一座船台大功告成，其余三座相似的船台也陆续兴工。

  冬天的马江之滨，数里之内都可以听到船政厂区传出的打桩声，工人们喊着号子，抢着巨锤，夯实的不仅仅是船政的基础，也是近代中国迈向海洋的基础。

  1867年12月13日，第一艘装载船政订购物资的帆船从法国到达马尾，数百人用了二十多天时间，将火锯、钻铁机、劈铁机等一件件祖辈们完全没有见过的古怪机器，以及建造第一号轮船所需的铁片、铁条搬运就位。到了岁末，在香港等地订购的木料也运到了，日意格、胡光墉从上海、江浙等地招募的一百二十九名工匠、水手也陆续到厂，万事俱备。

1868年1月18日（农历腊月二十四），是一个永远值得中国人铭记的日子。这一天船政厂区旌旗猎猎，虽然时近岁末，马江之畔却依稀秋意怡人。船政大臣沈葆桢身着朝服，偕同洋员监督日意格、船政总工程师达士博等一起祭告天后妈祖，用这一中国化的仪式开始了船政第一艘轮船的建造。

而后，沈葆桢与船政提调周开锡、夏献纶（1837—1879年）等一起将第一号轮船的第一截龙骨捧上船政的第一座船台，"闻者皆欢声雷动，手舞足蹈，出自至情"，从创议开始，历经四年光阴，在一片空地上白手起家的船政开始了蒸汽舰船的建造。

晚于第一、二批洋员，德克碑在法国料理了机器装运等事后，于1868年4月11日带领最后一批外国雇员回到马尾，计洋员五人、工匠十七人。连同此前两批及其他陆续报到者，共计四十五人，另有女眷八人、孩童四人，这批洋员工匠成了船政早期的技术骨干。

不久，德克碑对屈居于资历、知识不如自己的日意格之下表示不满，两名洋员监督的关系发生危机。沈葆桢倾向于支持日意格，德克碑遂离职前往西北投入左宗棠营中，日意格另雇法国海军军官斯恭赛格作为自己的技术副手。

进入暑期，福建沿海多大雨、风暴。6月19日，船政面临一次严重的自然灾害，晚上9点以后，西南风骤起，狂浪扑岸，正在营造第一号轮船的船台右侧前方，一块宽约一百三十米、纵深三十余米的江岸坍塌入水，形势岌岌可危。警讯传来，沈葆桢立刻亲率官员、夫役奔向江岸，在船台外围江岸钉入三层木桩加以保护，最终化险为夷，后来又将江岸全部改为石岸加固。

从船政至此的建设来看，无论是人祸还是天灾，可谓历经坎坷，如若不是掌事者有坚定的决心，船政事业很可能就会中道夭折。

二、轮船"万年清"

由于造船的大量材料都是来自海外的现成品，第一号轮船的建造过程更类似于在外国技师指导下的装配学习过程，通过组装来锻炼中国的工人。1869年1月24日（农历新年），船政厂区在繁忙中度过，除了随机器运到而陆续兴建的厂房车间外，大家的焦点都在第一号船台上那艘日益完整的轮船身上。1869年2月7日，沈葆桢上奏清廷，报告第一号轮船的船身已经完工。

1869年6月10日，模样初现的第一号轮船旁人头攒动。原本在第一号轮船身下的船台枕木被撤掉，代之以木楔，此刻船体低俯在木楔胎架上，两舷被十余根撑柱抵住，铜皮包裹的船底外厚厚地涂抹着猪油、牛油、肥皂。船政大臣沈葆桢率周开锡等船政官员祭祀妈祖、江神、土神、船神后，中午时分，在洋员总监督日意格的指挥下，工匠们依序撤除船舷外的木掌，敲出船底剩余的木楔，天蓝色涂装的第一号轮船乘势划向江面，"一瞬之间离岸数十丈，船上人乘势下碇，抛泊江心，万斛艨艟，自陆入水，微波不溅，江岸无声，中外欢呼，诧为神助"。船政大臣沈葆桢亲自为第一号轮船命名，称为"万年清"，寄寓着无限深意。此时，船政厂区内还大都是低矮的临时板棚，就在这样艰苦、简陋的条件中，中外努力造成的第一号轮船问世了。

"万年清"属于船政五年造船计划中的一百五十马力大轮船，船型大致可以归入炮舰一类。它的排水量达到一千四百五十吨，舰体水线长六十八点零二米，全长七十六点一六米，宽八点九米。吃水方面，"万年清"重载时舰首吃水四点零三米、舰尾吃水四点六四米。这样的吃水在国外而言并不是很深，但是当时，中国沿海港口大都没有机械疏浚，水深较浅，"万年清"的吃水对于很多港口而言已经是天文数字了。

根据左宗棠最初的计划，第一号轮船"万年清"从外观上看很大程度还保留着风帆军舰的特点，船首装有牙樯，主甲板上分布着三根向后倾斜的主桅（其中前桅带有横桁，中、后桅只有斜桁），必要时可以挂起风帆航行。

作为炮舰的"万年清"自然装备了武力。从侧舷看，"万年清"每舷开有五个炮门和一个登舰口，理论上最多可安装十门火炮，根据后来的记述，"万年清"下水初期只布置了六门火炮。由于炮门非常狭窄，火炮的射界调整余地很小。

与中国的福建船政类似，当时日本发展自己的舰船建造工业，同样也是法国总工程师和技术的支持，令人称奇的是在"万年清"问世多年之后，1876年6月21日，日本横须贺造船所下水了一艘与"万年清"非常相像的军舰——"清辉"。这艘在法国工程师指导下完成的军舰排水量为八百九十七吨，长六十三点一米、宽九点一米、吃水三点九米，装备一台蒸汽机，单轴推进，功率为四百四十三马力，航速九点六节。可以看到"清辉"舰长不及"万年清"，宽度却大于"万年清"，长宽比上显然不如"万年清"更适宜快速航行。此外，"清辉"的主机功率不及"万年清"，航速也低。与这艘比"万年清"迟到了几年的军舰相比，就能看到船政建船最初的技术起点，在这一刻，中日两国的近代蒸汽舰船建造水平处在同一条起跑线上。

"万年清"下水后，停泊在船政附近的江边进行舾装工作。沈葆桢考虑到"新船如生马，非衔辔均调不相习"，非常有远见地决定预先为"万年清"选配官兵，在舾装阶段就上舰训练，熟悉军舰，而后由近渐远，逐渐练习驶出大洋。

我们知道，船舶的建造工艺被划分为船体建造、舾装和涂装三大部分，如果将船体建造工艺比作人类的骨骼，涂装工艺比作皮肤的话，舾装工艺则代表了人类体内的各类器官和组织，而对于船舶来说，舾装工艺指除船体结构之外一切装置、设施、设备的安装工作，涵盖了船装、机装、电装、动力装置、控制装置、管路等。船舶作为可移动的水上建筑物，其内部舾装设备远比其外观看上去复杂得多，涉及结构、机械、电力、通信、水声等三百多个专业。这些技术复杂的系统支撑了整个船舶的正常运转，涉及的零部件名目繁多，是现代造船模式的中心环节，具体可由机舱舾装、住舱舾装、甲板舾装三大类组成。

机舱舾装指船舶机舱区域各类船舶设备的安装与调试，对应的舾装作业主要包含机舱设备的安装调试以及相应舾装件的装配焊接。前者包括主机、轴系装置、锅炉、发电机等大型机械设备的安装，后者则涵盖了该区域各类管系以及基座、箱柜等装配工作。

住舱舾装主要是上层建筑内船员旅客生活类舱室内的舾装工作，主要包括家具与卫生设施、舱室分隔、防火绝缘处理等，住舱舾装的作业方法随着舱室内材料的改变而有所不同。

甲板舾装遍布全船，涵盖了除机舱区域、住舱区域以外区域的舾装作业，且待装配的舾装件种类名目繁多，涉及操舵设备、系泊设备、起货设备、通风设备的安装。不同类型的船舶，其甲板舾装也有较大的差别。

船舶舾装工艺一般占船舶建造总工程量的一大半，复杂船舶所占比例更高。长期以来，舾装工艺由于其工序复杂、工种繁多、综合性强、品种多样、协作面广、作业周期长的特点，一直是船舶装配工艺规划的难点。此外，舾装技术对船舶建造成本、建造质量、生产安全、建造周期都有很大影响。

1869年9月初，"万年清"的舾装完成，日意格与达士博等人带领西方技术人员对蒸汽机进行试机、调校，一切情况良好。9月18日，在船政官员黄维煊的会同下，"万年清"驶离船政江边，沿闽安、琯头、壶江一线，在马江中进行首次试航。9月25日傍晚，沈葆桢在日意格等人的陪同下亲自登上"万年清"，这是船政大臣首次体验蒸汽军舰。26日凌晨，"万年清"顶风驶出马江，进入了浩瀚的大海洋面。当时东北风大作，浪潮极大，沈葆桢异常激动地记下这从未见过的壮丽景观——"星月在天，一望无际，银涛万迭，起落如山"，船政大臣在海浪颠簸中逐渐感到有些眩晕、体力不支，但是欣喜地看到"万年清"上的水手"皆动合自然"。经过航海、测速、试炮等多项检验，"万年清"试航成功。

如同船政初创时期的艰难一样，这期间，曾出现过一些不和谐的插曲。日意格在聘用船政总工程师达士博时，对其到中国后的职务多加许诺，称监督中若有一人离开，就由他接替职位。随着船政副监督德克碑离职，达士博满心欢喜地以为自己将接替副监督的职位，然而愿望落空，使得达士博与日意格的关系出现了问题。"万年清"第一次试航时，出于慎重考虑，达士博建议用洋员领航，沈葆桢为了历练中国自己的航海人才，则坚持用中国人，为此达士博拒绝参加试航。当沈葆桢决定让"万年清"展轮北上接受朝廷检阅时，达士博仍然拒绝合作，于是沈葆桢快刀斩乱麻，将这一不受自己节制的高级洋员开除。达士博依据和日意格签订的合同，认为这样解雇他违反了合同条款，向福州的法国领事提起诉讼，状告签约人日意格，日意格败诉，赔偿达士博损失二万二千两白银，赔款后来从船政经费中支出。德克碑、达士博等高级洋员接连与日意格发生矛盾，从某个侧面也反映了日意格本人当时在洋员中的人缘不佳。

"万年清"北上受阅并未受到这一事件的干扰。1869年10月1日，沈葆桢上奏清廷，称已派船政提调（提调即提举调度，清代新设机构中处理具体事务的高级官员）吴大廷督率"万年清"于当天启航北上天津，作为船政的成果汇报，请清廷派大员检验。随着这份奏折，沈葆桢还附带了一套船政绘制的"万年清"船体、蒸汽机、锅炉图纸。在奏折中，沈葆桢始终没有用自己拟定的"万年清"舰名，而是使用"第一号轮船"的称谓，并请清廷"宠赐嘉名"，足以体现其为官任事的谨慎风格。

10月25日，商船云集的天津大沽口驶进了一艘特殊的轮船，引起在此停泊的各国船只的注目。天蓝色的船身划开碧波，船头一面红底金龙三角牙旗迎风招展，中国自己的蒸汽军舰"万年清"犹如横空出世的天马，在这一片惊叹声中缓缓进入海口，驻泊在紫竹林津海关前，"华夷观者如堵，诧为未有之奇"。

清政府随后选派直隶总督兼三口通商大臣崇厚（1826—1893年）检验第一号轮船，同时对于军舰的命名加以认可，正式谕令使用"万年清"之名。而沈葆桢奏折附件呈送的军舰图纸，引起了同治帝和慈禧太后的兴趣，"留中备览"。

得到清政府大加赞赏的"万年清"于1869年12月2日离开天津返航，1870年1月8日抵达船政，这次全由中国官兵驾驶的北上活动圆满结束。看到"万年清"漂亮的身影回到马江之畔，船政"人人额庆"。

此后不久，"万年清"首次执行了与其军舰身份相符的使命，率领拨入船政的闽省外购军舰"长胜""华福宝"开赴浙江洋面，痛剿海盗，颇为奏效。率领小舰队在宁波、温州一带洋面航行的"万年清"，炮击海盗，绥靖海面，八面威风。

根据当初左宗棠的设计，船政造出的舰船并没有专项的维持经费，船舶的维护、舰上人员的薪饷都要依靠装载商货来获取。当"万年清"造成之时，左宗棠的创想被发现实际是无从操作的，船政不可能专门花费精力去招商揽活，而用这样一艘船去参与商运竞争，与那些成规模的外国船运公司相比，显得势单力薄。即使获利，要用此维护一艘事实上的军舰，也极为艰难。然而船政的经费开支早在左宗棠在任时就已限定，沈葆桢只能另辟蹊径，与此时的闽浙总督英桂、福建巡抚卞宝第（1824—1893 年）协商从福建省的财政收入中筹措，最后决定从鸦片税中提取，作为养船经费。

这笔收入维持了"万年清"的开支及后续几艘军舰的建造，都留归船政差遣。沈葆桢还上奏将这些舰船编练成舰队加以训练，由福建水师提督李成谋兼任船政轮船统领，即船政舰队统领。

然而好景不长，随着自造舰只的日益增多，仅靠鸦片税已难以维持军舰的日常费用，于是一项颇具特色的轮船调拨制度应时而生。

为解船政养船经费无着的燃眉之急，1871 年，清政府首开先例，将"湄云"舰调拨至浙江，并下旨谕示各沿海省分拨用船政建造的舰只，"与其借资外洋，徒增耗费，曷若拨用闽厂船只，既可省就地购买之费，兼可节省闽局薪粮之需，且不致以有用之船置之无用之地"。

按照清政府的这项独特的制度，各沿海省份根据自己的需要提出拨船申请，所拨船只主要用于该省的通商口岸办公，即执行口岸的防御、通信、运输等任务，实际上这些船只成了各口岸的公务军舰。调拨时各省不用花费一分钱，只要承担这些军舰调拨后的养船经费即可，但是各省拥有的只是这些船只的暂时使用权，一旦海疆有事，船政可以将这些船只全数召回，编入船政舰队使用。

三、造船与育人

福州船政局确实为轮船自驾开了个好头。福州船政局在早期经营阶段共成船十五艘，其中，一百五十匹马力轮船九艘，二百五十匹马力轮船一艘，八十匹马力轮船五艘。根据左宗棠与日意格订立的合同，应造一百五十匹马力轮船十一艘，因第七号轮艘"扬武"号改为二百五十匹马力，日意格认为该船的费用与制造难度相当于两艘一百五十匹马力轮船，得到沈葆桢认可。因此，造船计划是与左宗棠原议基本相符的。

值得称道的是，从1871年制造第五艘轮船"安澜"号始，船政局所造的其他八艘一百五十匹马力轮船的轮机全部为自造，也实现了合同的要求。"扬武"号的制成，提高了造船技术，该船以其马力大的优势后来成为福建水师的旗舰。第十三号轮船"海镜"号以商船模式制造，后来被轮船招商局承领。此外，从第一号轮船制造起，"船上铁轴、铁胁俱能打造""大而铁柱，小而齿轮，俱可成功"。其他配件、配物，"大自桅舵、烟筒、煤舱、舢板，小至明窗、水管、绳缆、栏梯，精自舵表、气表、远镜、号气钟，粗至帆旗、衣装"等，各分厂均能"逐件制造"。

福州船政局在造船和驾驶两方面的成绩，与左宗棠"设厂制造轮船、习造轮机兼习驾驶为当今应办急务"的初衷是相符合的。1871年，远在西北的左宗棠深为"闽局各事日见精进"而感到高兴，认为："去海之害，收海之利，此吾中国一大转机，由贫弱而富强，实基于此，快慰奚如。"

左宗棠在创办福州船政局的过程中，还十分重视设立船政学堂以培养制造和驾驶人才。福建船政学堂是中国第一所近代海军学校，也是中国近代航海教育和海军教育的发源地，创办于1866年。学堂由左宗棠奏请创办，在船政大臣沈葆桢的主持下设立于福州。初建时称为"求是堂艺局"。

1866年12月23日（农历十一月十七日），船政主体工程全面动工，求是堂艺局同时开局招生，招收一百零五人。堂址乃于城内暂设两处：定光寺（又称白塔寺）与仙塔街；城外分设亚伯尔顺洋房一处。1867年1月6日开学。学制初定五年，实际为七年。学校于1867年6月6日迁至马尾新校舍，6月8日开始上课。

按其前、后位置，分为前、后学堂。

前学堂即制造学校，专习法文和轮船制造技术，亦称制造学堂。1876年3月，前学堂增设电报专业，又称电气学塾或电报学堂，招收三十二人，这是中国第一所电报学校。1913年10月，前学堂改名为"福州海军制造学校"，学制延长到十年。

后学堂习英文，学驾驶，亦称驾驶学堂。1868年2月，增设管轮学堂，故亦称驾驶管轮学堂。堂课五年，舰课两年。1913年10月，后学堂改名为"福州海军学校"，学制改为八年又四个月。1925年7月，增设化学专业，培养弹药检验人员，学制三年。1926年5月，福州海军制造学校与福州海军飞潜学校并入福州海军学校。1937年7月7日，日寇入侵；9月，福州海军学校迁入鼓山涌泉寺上课。1938年6月25日，学校由鼓山内迁至湖南湘潭；10月，由湘潭再迁入贵州桐梓（史称"桐梓海校"）。1941年2月，增办造舰班，学制三年。1945年12月，贵州桐梓的马尾海军学校迁往重庆山洞。1946年12月，迁至南京下关，与上海中央海军军官学校合并为青岛海军军官学校。1949年9月，南迁至厦门的青岛海军军官学校迁往台湾左营。

为培养制图人才，1867年12月26日，学校又增设绘事院，招生三十九人学制图、绘算概要等。学制三年，培养中级测绘人才。优秀生可升入前学堂。

1868年2月17日，又创办培养技术工人的艺圃四所，称"艺徒学堂"。招收艺徒一百多人，学制五年，培养中级造船工人。1897年4月，艺圃分为艺徒学堂和匠首学堂，学制分别为三年。艺徒择优升入匠首，培养高级技工（技师）。优秀者可任监工（工程师）。这造就了中国第一代轮船制造和驾驶人才。1913年10月，艺圃改名为福州海军艺术学校。

1873年7月，沈葆桢与日意格逐厂考校，挑出中国工匠艺徒之精熟技艺、通晓图说者为正匠头，次者为副匠头，由外国员匠付给造船图表，"即不复入厂，一任中国匠头督率中国匠徒放手自造，并令前学堂之学生、绘事院之画童分厂监之。数月以来，验其工程，均能一一吻合，此教导制造之成效也"。后学堂的学生学习天文、地理、数学等课程，"就船教练，俾试风涛""现保堪胜驾驶者已十余人""管轮学生凡新造之轮船机器皆所经手合拢，分派各船管车者已十四名""此教导驾驶之成效也"。船政前、后学堂的学生已能胜任轮船的监造和驾驶任务，这可以说是一个不小的成就。对于船政学堂所取得的成绩，左宗棠曾兴奋地说："今船局艺堂既有明效，以中国聪明才力，兼收其长，不越十年，海上气象一新，鸦片之患可除，国耻足以振矣！"

1873年12月7日，沈葆桢在《船工将竣谨筹善后事宜折》中认为："中国匠徒能放手自造，与遣散洋匠两无妨碍。"于是，他决定按合同如期遣散洋员洋匠。

沈葆桢还指出，"此后如为节省经费起见，则停止造船"，那么"不免尽弃前功，而鹊巢鸠居，异族之垂涎尤可虑"。因此，他建议每年"仍造船两号，则已成之绪不致中乖，而洋人辛工岁可省十余万"。

沈葆桢意识到"中国员匠能就已成之绪而熟之，断不能拓未竟之绪而精之"，要求派遣前、后学堂学生分赴法、英两国留学，以"窥其精微之奥"，迎头追赶西方先进的造船与驾驶技术。

总理衙门对沈葆桢的建议表示赞赏，并将其同意每年造船两艘和拟派留学生赴法、英两国的意向函告左宗棠。左宗棠在回函中说："幼丹诸疏，语语切实，能见其大。尊疏议允其每年造船两只，庶几有基无坏，日起有功，洵为开物成务要图。""今幸闽厂工匠自能制造，学生日能精进，兹事可望有成。再议遣人赴泰西游历各处，藉资学习，互相考证，精益求精，不致废弃，则彼之聪明有尽，我之神智日开，以防外侮，以利民用，绰有余裕矣。"

1874年2月16日，由左宗棠与日意格等人所签订的合同中规定的五年期限届满，福州船政局辞退了外国员匠，进入自造轮船阶段。

应该指出，外国员匠在福州船政局受雇期间并非尽心竭力，他们"大率唯利是趋，节黠者又居其半，动辄挟制居奇"，并且"随事沾沾自喜，虽极平常之法，亦不胜珍惜，必几经催促，而后出以示人""日意格等本非精于造船之人，所募洋匠帮办艺亦平平，所造之船多系旧式，即如康邦机器，外国通行已久，而该局迟至光绪年间始行改用"。他们还故意拖延工程进度，"因恐成船太速，不能久留以食薪饷，往往派华匠造一器，有先期而成者必以为不中程式弃之"。这是应当引以为训的。

当然，也应看到，福州船政局的造船水平与西方先进国家相比还有很大差距，如第一艘轮船"万年清"的排水量仅一千五百吨，而此时英国所造成的"朱庇特"号轮船的排水量已达一万吨。但是，不能就此来否定福州船政局的创办。要求福州船政局在短短几年内就赶上西方工业发达国家的造船水平，显然是不现实的。中国近代造船业能够从无到有，且培养了自制轮船和驾驶的人才，这是应当肯定的。

四、左宗棠西征

正当左宗棠为创建福州船政局辛勤工作的时候，1866年10月14日，他接到了清廷于同年9月25日寄出的谕旨，调他担任陕甘总督。

问题在于：朝廷为什么要把左宗棠调到陕甘总督任上呢？

左宗棠由闽浙总督而改任陕甘总督，纯系清廷鉴于西北各族人民大起义的势头越来越盛，而前任陕甘总督杨岳斌（1822—1890年）"办理未能有效"，便以"左宗棠威望素著，熟娴韬略，于军务、地方俱能措置裕如"为由，特授左宗棠为陕甘总督，以期迅速"绥靖边圉"。这样，左宗棠从1866年冬交卸闽浙督篆至1873年秋的近七年时间内，先后镇压了西北各族人民起义。

1866年12月16日，左宗棠从福州启程，拟经江西、湖北，取道河南赴京"入觐天颜"。1867年1月，当左宗棠行至江西九江时，忽然接到清廷命其"驰赴甘肃督办军务""暂毋来京陛见"的谕令。紧接着，清廷又因陕西巡抚刘蓉（1816—1873年）对捻军督剿不力，复令行至湖北的左宗棠"带兵迅即入秦，杜贼窜鄂"。

看来清朝政府急切地盼望左宗棠能够将捻军和西北各族人民起义一举镇压下去。捻军和西北各族人民起义到底是怎么一回事呢？

第十一讲

进剿捻军

一、捻军溯源

太平天国引发的战争主要局限于中国南方——虽然，他们曾经也来到过中国北方。而与此同时，捻军在中国北方发动的战争同样激烈。

源于"捻子"（一称"捻党"）的捻军是一股活跃在长江以北豫皖苏鲁边沿地区的反清农民武装势力，与太平天国同时期。

"捻"为淮北方言，作动词时，指用大拇指和食指把纸片或棉絮搓成线状的动作；作名词时，指"一小撮人"。"一小撮人"就称为"一捻"，也被人称为"捻子"。乾嘉年间，豫皖苏鲁边沿地区有游民捏纸，然后将油脂点燃，烧油捻纸用来作法，于节日时聚众表演，为人驱除疾病、灾难以谋利。早期"捻子"是向乡民募捐香油钱，购买油捻纸。后来，也有恐吓取财、勒索而实与盗贼无异的现象。越是荒年歉收，入捻的人数越多，清朝官方称之为"捻匪"。

乾隆年间，封建贵族、官僚、豪绅大量兼并土地，十之五六成土地皆归于富户豪门，十之五六成农民无地或者只有少量田地，只得租田耕种，地租率达50％以上，高者达60％—80％。另有杂差、附租等。青黄不接时，农民糊口无资，则向地主借高利贷，借一还二、还三，俗称"驴打滚利"，利上加利，致使债台高筑。地主逼索，无力还贷，则以田宅偿还，因之失地者越多。富者日富，贫者日贫；富者田连阡陌，贫者无片席之地。官府田赋亦重，杂税杂捐名目繁多，差役杂派使民应之不暇。官吏贪赌成风，聚敛钱财，征钱粮则浮收私派，听讼狱则讹诈勒索，唯利是趋，上下相蒙，曲如庇护，恣行不法。官以赌得，刑以钱免，以刀锯代扑责，用贿赂判生死，酷以济贫，视民如仇，坐视其饿殍流离，暴露如莽，是故民亦视官如仇，群而相拒。嘉庆以来，黄河多次决口，两次改道，黄水漫溢，膏腴之地，均被沙埋，村庄庐舍，荡然无存，被灾之民流离乞食，饿殍塞径，尸骨遍野。又有蝗灾、旱灾，连年不断。灾荒后，十室九空，炊烟断绝，田园荒芜，农村一片萧条，灾民亦多，流民益众，为生存之计，遂结捻取食。再者，清廷盐务失调，淮盐（即南部淮河以北地区官方所售之盐）价格昂贵，芦盐（即北部金乡地区官方所售之盐）价格较低，民众则争购芦盐运往皖北、豫南以取利，官府谓之"私盐"。而民众则拒食官盐（淮盐），利食私盐（芦盐）。灾民、流民则不顾禁令，结捻日夜暗运私盐，于是贩运私盐盛行，遇有盐巡稽查，盐贩则铤而相拒。久之，则出现专务保护贩运私盐的镖局，公然保护贩运私盐，遇有盐巡，武装抗拒。其镖头谓之"盐趟主"，官方呼盐贩为"红胡子""捻子"。

豫皖苏鲁边沿地区土地贫瘠，经济落后，民情涣散，喜于迁徙。而且距离州府较远，风气劲悍，民众尚武术，好侠义，轻死生，因而游侠多、勇士众，路见不平，拔刀相助，两肋插刀为之不悔。民众多聚族而居，而且家家有刀矛，遇有仇隙，则合族而出，刀棒相向，无谓生死。一人讼狱，合村合族相助，出资出人，出言出证，虽倾家荡产而不惜。四省之地，既有犯法，此拿彼奔，随处窝藏，往往漏网，四省之内皆有朋友，相互往来，货贷有无，游而结捻。

捻党多以一村、一庄、一族为一捻，修筑寨圩，深沟高垒，以保卫身家财产，防止外来侵扰。所谓"一庄有捻一庄安，一族有捻一族幸。庄有捻，外捻不入"。嘉庆中期，捻党由小而散，发展成大而聚。少则数十百人，多则数千人，各自为号，分散活动，居则为民，出则为捻。又由党徒而涌现头目，群相护从，听其指挥。捻党首领称"捻头"或"趟主"。大趟主领大旗，下有小旗，多则百余，少则数十，旗色相同。小趟主领小旗。捻头之下，威严使人人敬畏者称"二捻头"或"二趟主"；略通文墨，能出谋划策者称"掌捻"；勇猛善战，能冲锋陷阵者称"领捻"；小捻入大捻称"帮捻"；无名号到处游荡，居无定所，遇机而取者称为"游捻"或"飞捻"；各捻之间互相纠集，拉拢联合，曰"招捻"。民有不平之事，往往诉诸捻首，遂得解决。往诉者日众，每诉必得公正，由是声名远播，众人拥戴，小捻归附，飞捻趋至，官府敬畏，豪门惧怕，济困解难，民众多得庇护，故能一呼百诺，群起而应，遂成"响捻子"。"响捻子"者，也就是地方上的"仁义光棍"，有的影响三五村甚至十余村，有的影响数十里乃至百余里。

捻党以游民、灾民、贫民居多，贩运私盐以食其力，或驴驮，或小车推大车拉，成群结队，拈刀插棒。遇有盐巡，刀枪相搏，殴打致伤，不相顾忌，竟贩盐成功。冬春，聚而"打粮"，又曰"打梢"，手持锄头、刀矛、棍棒杀进富户财主家，夺取财物粮食，欢呼雀跃而归，粮尽再出。有时出外所经之处，则先遣人传呼大户财主备饭若干桌，如只百人，必令备百桌或七八十桌，虚以众多而吓诈财主，使之惧怕，若地保告官，则更加虚张声势，官役不敢往捕。至则恣意大吃大喝，吆五喝六，饭饱酒足，呼喝而去。此谓之"吃大户"，因是白吃白喝白拿，又谓之"白撞手"。麦收季节，则群出抢收财主的庄稼，捋麦穗，割秫头（高粱穗），剪谷穗，挖红薯，名曰"拾庄稼"。向地主豪绅强行借贷，叫作"磨弯"。武装出动，围攻集镇，迫使官吏豪强捐献钱粮若干，得而后撤离，却不攻城寨，遇大军则走，不与之战。捻党以劫富济贫相号召，打劫集镇上官绅的油坊、钱铺、当铺、盐店，瓜分财主的浮财。民谣有曰："跟着帐子（大队捻党）走，吃也有来穿也有，不纳银子不完粮。"当时清政府正在对付天理教和其他更严重的民变，对"捻军"没有采取更进一步的行动。

1851年，皖北大雨，加之黄河决堤，饥民自发相聚求食，其首领被尊为"仁义光棍"。因"仁义光棍"常替贫苦百姓排难解纷，故能赢得拥戴。当时，雉河集（今安徽省涡阳县）四周，较有名声的"仁义光棍"有张乐行（1810—1863年）、龚得树（？—1861年）、苏天福（？—1863年）、韩奇峰（？—1862年）、侯士伟（？—1858年）等。张乐行曾率饥民至穆家寨，向练总穆鹤鸣均粮，火烧袁小楼财主别墅，抗击姓宋的财主，杀流氓侯莽父子，不理睬亳州官府的传审。龚德树杀张胜、张可，率先在龙山湖聚义。韩奇峰受饥民拥戴，杀富济贫。侯士伟怒打盐巡，坐牢羁监。

1852年，亳州捻党首领和盐枭张乐行准备起义，召集十八位弟兄商议对策，决定先除掉马牧集武举、老牛会团练武装头子王照琼。于是，他派张德才等人去马牧集有意闹事以挑起事端，想借机把王照琼干掉。不久，张德才保运私盐回来，即路过马牧集，顺手牵羊，把王照琼的百余头绵羊拉了回来。王照琼也有意挑起事端，又从龙山买回来百余头羊散牧。张乐行亲自带队去抢夺王照琼的羊群。王照琼带领三十余人追赶，双方在半路相遇，一场恶斗，互有伤亡。适逢永城县衙骑兵赶到，将张德才等人捉获，押入永城监狱。为了救人，张乐行联合蒙城捻党首领龚得树，集合一万余人，在永城捻党苏天福的支援下，围攻永城。捻党包围县城后，冯震、李月、张凤山、余麻合等永城捻党首领闻讯赶来，从中策应。知县吕赞阳紧闭城门，行文归德府求援。张乐行严禁骚扰百姓，秋毫无犯。声言，把张德才等人安全放出，万事俱休；否则，等攻破城池，官兵一个不留。归德府奏闻河南巡抚。河南巡抚为避免酿成大祸，密令暗放张德才等人，捻军始解围而去，随后又赶到马牧集将王照琼等三十余人捕杀。此后其担心官府追剿，乃先发制人，锻制齐头缮镰代刀，召集乡、族亲邻青壮年习武。

二、捻军起义

捻军起义从1853年至1868年，长达十五年，其历史分为两个阶段：自1853年春至1863年3月为前期捻军；自1863年4月至1868年8月为后期捻军。

1852年冬，永城捻首冯金标在萧县聚众千人，与蒙、亳、凤台等十八路捻党首领商定，于1853年初在雉河集界的山西会馆歃血为盟，推张乐行为盟主，提出"杀富济贫，替天行道"的口号，祭旗起事，号称"十八铺聚义"。雉河集由此成为捻军起义的发祥地。此后，各地捻首组合成军，并以雉河集为中心，扩展地盘，壮大军队，在与清军的多次战斗中，取得辉煌的胜利。

1855年秋，黄河在开封以东决口，山东、皖北、苏北大批灾民流离失所，纷纷入捻。1856年初，安徽、河南、江苏和山东的各路捻军在安徽亳州的雉河集会盟，力量最大的当地捻军首领张乐行被推为总盟主。

联合后的捻军建立五旗军制，用黄、白、红、蓝、黑五色旗区分军队。总黄旗主由张乐行自兼，总白旗主为龚得树，总红旗主为侯士伟，总蓝旗主为韩奇峰，总黑旗主为苏天福。

总旗下有大旗、小旗。每一旗主左右都有一个以宗族、亲戚、乡里关系结合起来的领导集团。由于各旗间互不统属，各种集团林立，不易离开本土，形成了一定的分散性和落后性。1856年7月16日，捻军乘虚袭占了淮河流域的商业重镇三河尖（今河南省固始县），获得了大量物资，补充了大批人员，士气复振。

1857年春，张乐行率领捻军渡淮河南征，与太平天国陈玉成、李秀成军会师霍邱和寿县正阳关。此时的张乐行被太平天国封为"征北主将"，后又加封"沃王"。

从此，捻军以"听太平天国分封，不听太平天国调用"

为条件，接受太平天国领导，配合太平军作战，但不接受改编。

1857年底，捻军内部出现分歧，以蓝旗将领刘永敬为首的部分捻军坚持要回淮北，被张乐行等人杀死。于是，捻军开始分裂，大部分旗主返回淮北，只有张乐行、龚得树等少数人留在淮南，与太平天国保持着较密切的关系。

1860年，捻军为夺取户部皇仓的粮食，攻掠苏北京杭大运河畔的商业重镇、驻有南河总督的清江浦（今江苏省淮安市），并焚毁清江浦的街市，以及属于户部的皇仓和属于工部的四大船厂。但十五千米外驻有漕运总督的淮安府城（今江苏省淮安市楚州区），因为城墙高大坚固未能攻下。捻军同年攻打的主要城市还有开封和济宁。1861年9月和1862年5月，清军攻陷太平天国重镇安庆和庐州（今安徽省合肥市），以太平军为依托的捻军处境困难。

张宗禹等部自淮北西入河南、陕西，与远征西北的太平天国英王陈玉成的堂叔、扶王陈得才（？—1864年）等军会合。1862年秋，以僧格林沁（1811—1865年）为首的清军大举进攻皖北，次年3月攻陷捻军根据地雉河集，张乐行被叛徒俘送至清营，而后遇害。

1863年5月，张宗禹等部在安徽桐城境内与李秀成相会后，仍回至皖北。太平天国封张宗禹为梁王、任柱（？—1867年）为鲁王，张乐行的侄子张禹爵（？—1868年）袭封幼沃王，捻军其他将领亦各有所封。

1864年4月，张宗禹、任柱等部和陈得才、赖文光（1827—1868年）等部的太平军在河南内乡会师，欲东下救援太平天国都城天京，却被僧格林沁所率清军困阻于鄂皖边界。不久，因淮北的捻军亳蒙基地沦入清朝军队手中，捻军主力被迫流窜于河南、山东等地。而与此同时，西北太平军则在回援天京途中，因闻悉天京失守而"人心离散"，进退失据。有几个月的时间，捻军和西北太平军余部一直围绕着大别山区盘旋徘徊，在清军的追剿下，连次失利。

1864年10月，在安徽霍山县境，捻军和太平军连续鏖战，一败再败，陈得才于11月2日绝望自杀，仅剩赖文光率领数千人突围败退湖北。张宗禹、任柱等人撤往河南。在僧格林沁所率蒙古骑兵的追击下，捻军和太平军余部面临着严重的危局。

在这生死存亡的关头，捻军和太平军余部的首领们意识到，要想摆脱和击败强敌并生存下去，就必须改变互不相通、各自为政的局面，整编联合组建统一的兵团。同时，要改变作战方法，开创新的战局。

1864年11月下旬，捻军张宗禹、任柱等部与西北太平军赖文光余部在突破了清军的重围后，会合于湖北枣阳一带。枣阳会合后，捻军和西北太平军余部联合组成了一支新的军队，史称"后期捻军"。"后期捻军"依据太平军的编制进行整编，并改步兵为骑兵，采用流动战术，奔驰于豫、鲁、苏之间，转瞬之间声势复振。1865年5月，"后期捻军"在山东曹州（今山东省菏泽市）高楼寨歼灭清精锐蒙古骑兵，击毙僧格林沁。清政府改派曾国藩督湘军、淮军镇压捻军。

曾国藩使用洋枪洋炮，实行重点设防、坚壁清野，画黄、运、淮、颍四河圈围的战略图，尾追、迎击联军。
1866年9月，联军突破颍河上游贾鲁河防线。曾国藩因围
剿不力被清廷撤免钦差大臣，李鸿章继其任。

有朋友问了，这也没有左宗棠的事啊。有李鸿章的淮军
呢，还镇压不了小小的捻军起义吗？话可不能这么说。这
不，形势又发生了变化。

1866年10月起，"后期捻军"分为东、西两军。赖文
光、任柱继续在中原地区活动，为东捻军；张宗禹、张禹
爵率领六万余人进入陕西，联络已经起义的西北各族人民，
为西捻军。

我简单介绍一下西北各族人民起义。

1862年，太平军扶王陈得才率军进入陕西，渭南的各
族人民相继发动反清暴动。清政府先后派出胜保（1821—
1863年）、多隆阿（1817—1864年）、都兴阿（1818—
1875年）等人率军赴陕西，并任命湘系要员刘蓉为陕西巡
抚，一度将陕西各族人民起义镇压了下去。在陕西起义的
各族人民很快转战到甘肃，结果清朝在甘肃的军队不能抵
御，于是西北各族人民起义的规模越来越大。

督办陕甘军务的左宗棠面对的正是西捻军和陕甘各族人
民的起义军。面对这种困难局面，身为陕甘总督的左宗棠
应该怎么办呢？

三、左公剿捻

1867年2月14日，左宗棠于湖北黄州向清廷上奏陈述

了他的用兵方略。

他的布防可以分为战略、兵力、战术三个部分。关于用兵战略，他提出了以下几点建议。

第一，"以地形论，中原为重，关陇为轻"，应该先平定中原，后平定陕甘。

第二，应该先剿灭捻军，后剿灭西北各族人民起义。

第三，"欲靖西陲，必先清腹地，然后客军无后顾之忧，饷道免中梗之患""是故进兵陕西，必先清关外之贼；进兵甘肃，必先清陕西之贼；驻兵兰州，必先清各路之贼"。这样做，"事前计之虽似迟延，事后观之翻为妥速"。

左宗棠说起来容易，真正做起来可就难喽！为什么呢？人少啊！

关于兵力部署：左宗棠从福建启行时，仅带楚军三千余人。这个时候的左宗棠，看到捻军气焰日盛，马上奏请由自己的属下、湖南宁乡人刘典（1820—1879年）帮办陕甘军务，并委托刘典再从湖南募兵三千人。在湖北，左宗棠还接见了黄州守令，从黄州守令口中，左宗棠得知捻军已"大入鄂疆"，并接到清廷有关陕西剿捻不利的"寄谕"。他决定于原拟的六千余人外再加募六千人，合成一万多人。

关于战术方面的要求，又可以分为以下几点。

第一，武器装备：鉴于捻军"易步为骑"的特点，左宗棠主张训练马队，制造炮车。他还奏请调派陆路提督高连升（约1834—1869年）随同征剿，并请敕广东巡抚蒋益澧于香港"购办上好洋枪二千杆及枪药、铜帽"。

第二，后勤补给：左宗棠把粮食补给和西征饷项视为军事行动的要着。

为此，左宗棠建议于湖北省城设立陕甘后路粮台，于陕西省城设立甘肃总粮台。因"甘肃饷事，向恃外省协济；陕省饷事，向恃本省钱粮，非若东南各省有大宗厘税、关税，堪资挹注"，且"贼之难办，甚于各省；饷之难筹，亦甚于各省"。

左宗棠还奏请除福建、广东、浙江等省"协甘之饷仍拟解甘"外，另由左军在上海设立的"采办转运局"委员胡光墉与洋商借银一百二十万两，以应急需。

看来左宗棠为了镇压捻军和西北各族人民起义真是不惜血本啊。

正当左宗棠为进兵陕甘而积极谋划之际，清廷于1867年2月22日特授左宗棠为钦差大臣，督办陕甘军务。清廷同意左宗棠提出的"进兵陕西，必先清关外之贼"的用兵方略，并令左宗棠速入陕西，指挥"老湘军"刘松山（1833—1870年）部和鲍超（1828—1886年）等部军队，"不虑无兵调度"。清廷还谕令左宗棠到陕西一意督剿，其陕甘总督督篆则由穆图善（？—1887年）署理，左宗棠仍以陕甘总督、钦差大臣、督办陕甘军务身份任事。

1867年3月25日和28日，左宗棠所部楚军分前、中、后三路从汉口启行向陕西进发。1867年7月19日，左宗棠抵达陕西潼关，驻营西关外。

此时，陕西境内活跃着捻军和"乘捻逆之乱，络绎回陕"的西北各族人民起义军，以及当时尚被视为"土匪"的董福祥（1840—1908年）等武装势力。左宗棠主张"务将捻逆尽之秦中，免致流毒他方，又成不了之局"。

因此，尽管左宗棠在陕西受到捻军、西北各族人民起义军、董福祥等武装的夹击，但他始终以"剿捻"为首要任务，亲自驻扎邻近河南的潼关，目的是防止捻军攻入河南以威胁中原。

西捻军在受到左宗棠和刘典分别由陕东和陕南的夹击后，被迫于10月初向陕北进军，转入北山，试图打开进入山西的通道。左宗棠急忙重新部署兵力，力图阻止捻军进入山西。11月，清廷在给左宗棠的"寄谕"中称："晋省为畿辅屏翰，左宗棠当如何力筹兼顾？陕西兵力不为不厚，总当就地歼除，不可以驱贼出境即为了事。倘任贼东渡阑入晋疆，惟左宗棠是问。"

其实，此时的左宗棠也试图把捻军剿杀于陕西境内，但他又深知剿灭捻军绝非易事。还在其入陕之初，便认为"剿捻之难，甚于发逆（指太平军）"。

因此，左宗棠到潼关后，"凡所布置，均为就地歼贼起见"，对捻军"大举围逼，期歼贼于渭、洛之间"。他设防于陕豫、陕鄂交界处，防范捻军向豫、楚"奔逸"，却不料捻军向北突围，且"北山荒瘠殊常，官军追剿，皆以无粮不能急进"，加上西北各族人民起义军的牵制，使左宗棠对捻军的作战并不得力。

11月下旬，捻军接连攻占陕北的延川、绥德二城。左宗棠调派与捻军作战的军队仅有刘松山所部一万人、郭宝昌（1840—1900年）所部三千人、刘厚基（1840—1877年）所部三千人，而高连升和刘典所部共五千人只能去应付陕西的西北各族人民起义军。"捻自南而北，千有余里；回自西而东，亦千有余里"，左宗棠感到心有余而力不足。

1867年12月18日，西捻军由宜川强渡黄河，从陕西进入山西。左宗棠急派刘松山、郭宝昌入晋追剿，自己也随后拔队入晋。西捻军从山西经河南入直隶，于1868年2月6日逼近卢沟桥，清廷大为震惊。清廷鉴于西捻军进入直隶的状况，"降旨"先后将剿办捻军的钦差大臣李鸿章、直隶总督官文和左宗棠"交部严加议处"，以让他们戴罪立功。清廷指令"左宗棠前赴保定以北，妥为督剿，以赎前愆，毋再延误"。3月初，左宗棠率军抵保定近郊。李鸿章、官文和山东巡抚丁宝桢（1820—1886年）等也督军加紧对进入直隶的西捻军予以堵防。

张宗禹率西捻军由陕冲入晋、豫、直三省，原是应东捻军赖文光之求救以解东捻军在运河被困之势。但当西捻军仅到达晋、豫之际，东捻军已于1868年1月5日的扬州之战中被李鸿章部全歼，赖文光被俘后就义于扬州。张宗禹不知此情，执意率西捻军北进，固然逼近京畿，但也陷入清军的重围。

左宗棠在直隶不仅亲自率军"追贼"，而且明定斩捻军的"首级赏格"，并对生擒、阵斩张宗禹等人"从优悬立赏格""以作士气而速戎机"。

西捻军在清军的追剿下，被迫撤出直隶，于1868年3月23日夜渡过漳河进入河南。4月初，左宗棠旋督军追至河南彰德（今河南省安阳市）。西捻军又从河南进入山东西部并转入直隶静海。4月26日，左宗棠赶至山东德州。6月初，捻军在直隶作战失利，转入山东海丰（今山东省无棣县）、宁津、陵县、临邑、济阳后，又从陵县转向西南，进入德州。7月中旬，张宗禹率西捻军试图从德州高家渡抢渡运河，结果被清军击退，被迫退至德平、平原、茌平。8月16日的平南镇之役，西捻军被淮军全部击溃，只有张宗禹率十余骑突围至徒骇河边，"穿秫凫水，不知所终"。至此，捻军起义失败，清廷论功行赏，着加左宗棠太子太保衔。

左宗棠剿捻成功，也算是功成名就了。但此后还有更大的困难等着他呢。这个更大的困难是什么呢？他能完成新的任务吗？

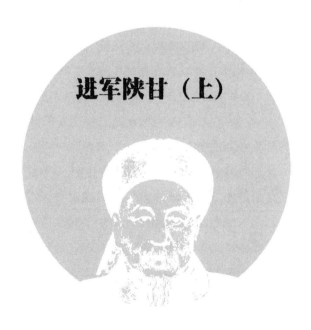

进军陕甘（上）

一、起因复杂

在完成剿捻的任务之后，左宗棠又急忙把镇压的目标对准了发生在陕甘两省的西北各族人民起义。

在太平天国运动和捻军起义的影响下，1862年在我国西北爆发了各族人民的武装起义。这次起义的烽火遍及陕甘两省的大部地区，时间长达十二年之久，成为以太平天国运动为标志的反清洪流的一个组成部分。

问题在于，西北各族人民起义是怎样爆发的呢？这还得从太平天国运动说起。

1853年，太平天国定都南京以后，长江中下游各省大部为太平军所控制。清王朝为筹集浩繁的军费，镇压太平天国及其影响下的各族人民起义，加紧了对包括西北地区在内的尚未遭受战争破坏的所谓"完善之区"的搜括。

仅以陕西为例，陕西除每月向京师解饷银数万两外，还要协济用兵各省的大量军饷。这些负担全部落到了陕西各族人民的头上。随着协饷的加重，正税不够供给，苛捐杂税相继繁兴。贪官污吏乘机敲诈勒索，草菅人命。在残酷的剥削和压迫下，人民群众无以为生，被迫"聚众抗官"。

可清朝统治者为巩固其统治，只能极力破坏少数民族和汉族劳动人民的团结。他们一方面笼络各族地主阶级和其他民族的上层分子，另一方面极力挑拨各民族间的关系，以达到分而治之的目的。这样，在西北的各民族中间，就逐渐形成了一种仇视汉人的心理。其结果是各族人民往往认识不到他们共同的敌人是清朝统治者，而是不断地与兄弟民族进行械斗。

太平天国运动爆发后，由于原驻陕西的清军多调赴外省与太平军、捻军作战，为了防止人民的反抗，陕西当局命令各州县大力兴办团练。

1862年5月，进入陕西的太平军扶王陈得才部联合捻军直逼西安，全陕震动。陕西巡抚瑛棨（？—1878年）和团练大臣张芾（1814—1862年）慌忙调集各地团练往南山堵御太平军。

太平军入陕，给正处于水深火热之中的各族群众带来了希望。训导赵权中所属团练中的数百名少数民族兵勇不愿和太平军作战，散归家乡渭南，途中因砍购竹竿与当地人发生争执，被当地团练打死两人。这些兵勇赴华州（今陕西省渭南市华州区）控诉，结果遭到知州濮垚的拒绝。这些兵勇无奈，避居城外秦家村。

不久，华州、华阴团练近万人突然将秦家村及附近少数民族村庄抢劫一空。在生死存亡的关头，华州少数民族首先起义，渭河两岸的各族群众争相响应。从此，声势浩大的陕西少数民族起义迅速发展起来。

起义军的烽火迅速遍及八百里秦川，队伍也扩大至二十余万人。这就严重威胁到了清王朝在西北的统治，清廷急令钦差大臣胜保率军入陕。

1862年11月，胜保率四万多人与起义军大战于义军的根据地咸阳苏家沟，结果是连战皆败，死者数万。清廷又改授多隆阿为钦差大臣，督办陕西军务。

1863年1月，多隆阿率部入陕。多隆阿连同胜保诸部，共有兵勇两万余人。多隆阿一面筹备军火粮食，一面派人至大荔王阁村"招抚"。

起义军内部组织本来就很松散，领导人之间彼此争权，遇敌"招抚"，矛盾激化，以致相互攻杀，对清军的进攻却缺乏应有的准备。在一切准备就绪以后，清军用突然袭击的方式，占领了大荔羌白镇和王阁村。5月19日，筑有坚固防御工事的另一重要据点大荔仓头镇也被清军攻占，起义军遭到巨大挫折。

此后，陕西东部地区的起义军逐渐向西转移，起义中心由陕西转到甘肃。

陕西起义前后，起义军曾派人前往甘肃，联络各地人民共谋起事。待起义发展到陕甘边境时，甘肃各地人民即纷纷起而响应。在很短的时间内，起义就扩展到甘肃全境。1864年初，陕西起义军陆续进入甘肃，甘肃人民起义的声势更加壮大。

甘肃起义在不断发展的过程中，逐渐形成了四个反清斗争中心：一个是马化龙（1810—1871年）领导的以金积堡（今宁夏回族自治区吴忠市利通区金积镇）为中心的起义地区；一个是马占鳌（1830—1886年）领导的以河州（今甘肃省临夏市）为中心的起义地区；一个是先后由马文义（？—1871年）、马桂源（1813/1843—1873年）和马本源领导的以西宁为中心的起义地区；一个是马文禄（？—1873年）领导的以肃州（今甘肃省酒泉市）为中心的起义地区。陇东的董志原（今甘肃省庆阳市）则是陕西起义军的根据地。各地起义军不断向清军进攻，使省城兰州处于孤立地位。

除了上述这些起义军外，当时在陕甘两省还有两种反清力量：一是饥民武装，如董福祥、高万镒、李双良（1840—1922年）等人领导数十万饥民武装活动于甘肃庆阳府和陕西延安府、鄜州（今陕西省富县）等地，张贵领导的饥民武装也众达二十八营之多，在甘肃东部的会宁、静宁、通渭、秦安一带同清军作战。二是哗变的清军。饥民武装和哗变的清军队伍，不仅间接地配合和支援了起义军的反清斗争，有的还和起义军有某种形式的联合，共同打击清军。

由于杨岳斌（1822—1890年）镇压陕甘起义不力，清政府不得不另调闽浙总督左宗棠接任陕甘总督。1868年8月，左宗棠最终完成了剿捻任务，清廷马上命令左宗棠一方面以"陕甘等省军务紧要"为由，令左宗棠节制陕甘各军，统带刘松山等各军迅速"回剿"，另一方面要求左宗棠迅速进京"陛见"——其目的非常明显，是要左宗棠迅速拿出剿灭陕甘起义的最佳方略。

二、统筹方略

1868年9月30日，是传统的中秋节。这一天，左宗棠被慈安、慈禧两宫太后召见时询问陕甘之事何时能了结，左宗棠回答"非五年不办"。当时的两位皇太后"颇讶其迟"，但为左宗棠面陈"西事艰险"等理由所说服。左宗棠还在上奏时陈述了陕甘"筹饷之艰""转运之难""抚之为难，尤甚于剿"等八个方面的困难，希望清政府拨发实饷，使他"得从容整理，以奠危疆"。他"立意仿汉赵充国，议开屯以省转馈，抚辑以业灾民，且防且剿，且战且耕，不专恃军威为勘定之计者……将欲奠此一方，永弭后患，则固不敢急且夕之效，而忘远大之规也"。

这可以说是左宗棠谋略陕甘的基本方针，他试图通过"剿"与"抚"兼施的政策把陕甘人民起义弹压下去，而且想通过"善后"之方以保持西北地区的长久稳固。因此，左宗棠进一步要求"用东南之财赋，赡西北之甲兵"，关键在于"饷足，则将能驭军，而军不敢犯；兵能卫民，而民不受扰"。他认为："无论筹剿，则必裹行粮、储刍粟、设转运；筹抚，则必筹安插、给口食、散籽种。非有宽余款项应手，不能随时举办。"他强调："一面用兵，即须一面筹办善后，庶几一了百了，后必无灾。"他还向清廷表示，"与西事相终始，期挈全境还之朝廷"。

1868年11月26日，左宗棠抵达西安之后，马上与署理陕西巡抚刘典等人会筹军事，把目标对准了陕西起义军和董福祥等部的所谓"土匪"。左宗棠分析了陕西局势，认为进兵重点是陕西东北的"土匪"势力和甘肃东部董志原的"陕回十八营"。

为此，在陕西大局已定的情况下，左宗棠加紧进行进军甘肃的各项准备。其中，最重要的准备有如下几个方面。

第一，整顿部队。驻陕清军中，除左宗棠所部楚军外，还有刘松山的老湘军、郭宝昌的皖军、黄鼎的川军等；驻甘清军更为庞杂。这些部队不但待遇差别很大，而且编制很不统一，有的名为"一营"，实际只有二三百人，有的则多至数倍。为了整齐划一，左宗棠下令淘汰疲弱，一律按楚军的编制加以整顿，统归其指挥。同时，在陕甘就地招募新兵。到1869年时，左宗棠和刘典直接统辖的楚军就有步队五十五营、马队十五营，共三万人左右。

第二，诱降饥民武装。在西捻军退出陕西、陕西起义军大部转入甘肃以后，董福祥领导的饥民武装仍在陕北一带活动，对清军威胁很大。董福祥与金积堡和董志原的回民起义军都有联系，是左宗棠进攻甘肃的一大障碍。于是，左宗棠在榆林、绥德、延长各驻一军，截断董福祥东渡黄河之路；又派刘松山率部从山西渡过黄河，由绥德西行，直逼董福祥的根据地镇靖堡（今陕西省靖边县南）。刘松山通过收买董福祥的父亲董世有，诱使董福祥投降。刘松山收其众十多万人，从中挑选精壮，按楚军编制，编为"董字三营"，由董福祥、张俊和李双良（1840—1922年）各带一营。董福祥的投降，不仅使回民起义军失去了一支同盟军，还直接威胁到金积堡和董志原的安全。左宗棠正是利用董福祥的"董字三营"为前驱，进攻金积堡、西宁和肃州等地的起义军。

第三，占据董志原。董志原在陇东马莲河西岸，纵约七十五千米，横约一百四十千米。这里自然条件优越，且扼陕甘两省关键。1864年以后，陕西起义军主要以董志原为根据地，其活动范围延袤一二百千米。他们按原来的村寨或教坊关系择地而居，一个大的居住区叫作"一营"。"营"既是生产单位，又是作战组织。每营人数不等，多至数万，少则几千。营的领导者主要是阿訇和各族上层人物。陕西起义军在董志原共有十八大营，与金积堡回民起义军、陕北董福祥领导的饥民武装都有联系，曾攻陷庆阳、宁州、镇原、平凉等城和五百余个堡寨，并不时进入陕西活动。1869年3月，左宗棠派兵向正活动于正宁、邠州（今陕西省彬州市）的回民起义军进击，起义军作战失利，退回董志原。由于重兵压境，加上伤亡很大，起义军决定进行改编，将原来的十八大营合并为四大营，并退出董志原根据地，撤往金积堡。4月3日，起义军一部护送家属辎重，分两路向驿马关、北汉河北撤，崔伟（1833—1893年）、马正和等人率领万余人埋伏在董志原，阻击清军，掩护撤退。清军事先得到了情报，待起义军刚刚开始撤退时，即分路猛扑。起义军损失三四万人，由环县、固原两路经下马关退往金积堡。清军占据了董志原，打通了尔后进军金积堡的通道。

第四，兴办屯田，安定后方。左宗棠认为："陕甘之事，筹饷难于筹兵，筹粮难于筹饷，筹转运尤难于筹粮。"胜保、多隆阿、杨岳斌等人未认识到用兵西北的这个特点，一味地增兵猛进，结果后方不稳，兵多饷绌，粮运不继，屡遭失败。鉴于他们失败的教训，左宗棠决定实行稳打稳扎的方针，他首先把既占地区巩固起来，就地兴办屯田。这是左宗棠解决军粮困难、稳定后方的一个重要措施。

第五，拟定"三路进兵之策"。左宗棠决定分三路向甘肃进军：刘松山率部由绥德西进，名义上进攻花马池（今宁夏回族自治区盐池县），实际上指向金积堡，是为北路；李耀南、吴士迈（1811—1870年）率部由陇州（今甘肃省陇县）、宝鸡趋秦州（今甘肃省天水市），是为南路；左宗棠和刘典率军自乾州经邠州、长武赴泾州（今甘肃省泾川县），是为中路。三路之中，北路是重点进攻方向；南路暂取守势，目的是牵制河州、狄道（今甘肃省临洮县）的起义军，切断其与金积堡之间的联系，并做进攻河州的准备；中路则以协助北路为主，照顾南路为辅。

一切准备就绪后，左宗棠开始向甘肃起义军大举进攻，矛头首先指向金积堡。

三、占金积堡

金积堡在灵州（今宁夏回族自治区灵武县）西南方二十多千米处，东通花马池，南通固原，西枕黄河。当地起义军领袖马化龙世居金积堡，富甲一方。他有智有谋，在起义军中有较高的威望。1862年，马化龙领导当地人民起义之后，陕甘人民纷纷投奔金积堡，以致其势力大振，多次把进攻的清军打得大败。

1865年，原多隆阿部将穆图善接任宁夏将军，督办甘肃军务。他采取招降政策，宁夏起义的群众举城投降。马化龙虽然也接受了"招抚"，但仍保持相当大的独立性，地方公事及征收钱粮等皆由他主持，他拥有委任参领、协领以至知州等大小官吏和管理军政事务之权。马化龙和他委任的官吏在金积堡地区执行团结汉民和"少杀人""重农事"的政策，领导回汉人民兴修水利，增加粮食生产，促进了经济发展，人民生活比较安定，受到当地群众的信任。

左宗棠也承认，灵州一带各族百姓素听马化龙之命，对清政府委派的地方官，极为藐视。当然，马化龙知道清王朝绝不允许这种状况长期存在，因此，他一方面向清朝地方政府输粮输款，表示"恭顺"，另一方面则在金积堡地区修仓储粮，筑寨建堡，购马造械，加紧进行防御清军进攻的准备。为了壮大自己的力量，马化龙与河州、西宁、肃州等地的甘肃回民起义军保持联系。陕西回民起义军退入甘肃后，马化龙不断在物质上给予其帮助。因此，各族百姓无不仰其鼻息。

1869年秋，北路清军刘松山部进抵灵州。刘松山派兵于9月8日攻占吴忠堡东面的郭家桥。中路清军则由固原、平凉北进，左宗棠本人也由泾州进驻平凉。这样，清军对金积堡形成了大包围的态势。

在北线，当刘松山部从灵州向郭家桥进犯时，沿途各堡寨"开放枪炮，且傍堡列队呼杀官兵"，驻守在宁安堡、同心城、预望城等地的陕甘起义军也前来助战，清军被阻于吴忠堡一带。为牵制北路清军，灵州起义军破坏了刘松山部的后方运输线，并乘虚攻占了灵州城。

在南线，马化龙派马万春率起义军一部前往预望城（今宁夏回族自治区同心县东南）一带，阻击中路清军的进攻。最终，孤军作战的马万春部起义军无法阻止清军前进，同心城、韦州堡（今宁夏回族自治区同心县东北）一带起义的百姓大部向清军投降。

中路清军打开金积堡的南面门户以后，于11月中旬先后进至金积堡西南秦渠一带，距金积堡仅几千米。北路刘松山部在中路清军的策应下，又夺取了灵州城，打通了后路。至此，清军完成了对金积堡的包围。

由于起义军顽强抵抗，清军的进攻难以得手，刘松山不得不将驻定边、花马池的四营湘军调赴前线。11月末，金运昌（？—1886年）所部皖军也进至灵州。从12月起，刘松山和金运昌所部在北，雷正绾等部在南，会攻金积堡。

起义军同清军在金积堡外围展开激战。清军采取步步为营的方针，相继攻占了吴忠堡周围和金积堡北面的堡寨。起义军伤亡甚众，金积堡的形势逐步恶化，但由于战线缩短，兵力相对集中，加之穆生华率领平凉起义军退至金积堡地区，兵力有所增加。起义军依托秦汉二渠，挖壕筑墙，步兵凭墙防守，骑兵则主动出击，忽东忽西，不断袭击敌人，给清军以很大打击。

金积堡有两个险要的地方：一是西面的峡口，它既是黄河青铜峡口，也是秦汉二渠的渠口；二是东面的永宁洞，它是山水沟（今山水河）通过秦渠涵洞的地方，秦汉二渠在此处汇合，北流入黄河。峡口控制着进水口，永宁洞则控制着出水口，这两个地方对金积堡的安危关系甚大。清军一到金积堡地区，就抢占了这两个要口。1870年2月12日，起义军从河西履冰而过，一举夺回峡口。雷正绾、周兰亭、张福齐等人率部急攻，鏖战数日，伤亡惨重。19日，周兰亭、张福齐狼狈逃窜，雷正绾被围。左宗棠令黄鼎（？—1876年）率部支援，又被包围。后黄鼎和雷正绾虽突围逃出峡口，但已溃不成军。起义军乘胜攻占河西广武营堡，并阻截清军粮道。

与此同时，起义军在永宁洞一带也积极行动。1870年2月9日晚，起义军千余人从胡家堡突然进至秦渠南，占领了石家庄和马五寨几个村堡，抢修防御工事。石家庄在吴忠东南约两千米处，扼秦渠之要，与下桥永宁洞水口紧接，为双方必争之地。刘松山得知，连夜率部来攻，起义军退至马五寨继续抗击。该寨墙厚壕深，刘部连攻不下。2月14日，刘松山中弹，伤重而死。

清军先失峡口，继丧统领，加之粮运不继，士气顿挫，起义军遂乘机反攻。马正纲率部由宁州（今甘肃省宁县）、正宁进入陕西三水（今陕西省旬邑县），马朝元率部由金积堡出宁条梁（今陕西省靖边县）。这两支队伍在甘泉会合后，东攻韩城、郃阳（今陕西省合阳县），一时陕西吃紧，警报频传。与马化龙有联系的河州、狄道起义军也攻占渭源，直逼巩昌（今甘肃省陇西县），使甘肃战局为之一变。左宗棠坐困平凉，受到清廷的"严旨斥责"。

这时的形势对回民起义军甚为有利，但由于起义军缺乏统一的领导和指挥，各自为战，不能有力配合，以致未能进一步发展大好形势。而此时的马化龙由于对清军估计不足，又对清政府抱有幻想，没有利用大好时机集中兵力给清军以致命打击，反而几次向清军"求抚"；在军事行动上，则是分兵四处出击，不能收到应有的效果，几次争夺永宁洞水口均未得手，因而虽然控制了峡口，多次放水淹灌，但未能对清军造成大的威胁。

清军方面，左宗棠一面调集兵力截击进入陕西的起义军，并奏调郭宝昌部进攻花马池、定边，以打通金积堡东路粮道，一面令刘松山的侄子刘锦棠（1844—1894年）接统老湘军，重新组织力量向金积堡进攻。刘锦棠一面加强对永宁洞的防守，一面派兵在黄河两岸夹河筑垒，保护河西运道，逐渐稳住了清军的阵脚。同时，乘起义军出击陕西之际，他又重新发起进攻，将灵州至吴忠堡之间的堡寨逐一攻占，并夺取了金积堡北面秦渠上的蔡家桥水口，放水淹灌金积堡。之后，刘锦棠和金运昌部攻破东关和南门外回军寨卡数十处，将数千所铺屋尽行烧毁。

为从南面进攻金积堡，左宗棠令黄鼎、雷正绾率中路军夺取了峡口，并攻占金积堡西面汉渠内外二十余座回军垒卡，直逼洪乐堡。

最终，清军在付出了很大代价的条件下，才攻下金积堡周围各堡寨。随后，清军以深沟高垒锁围金积堡，在四周挖掘长壕二道，一防金积堡内回军突围，二防堡外回军来援。壕沟距金积堡几百米至上千米不等，壕深一丈，宽三丈，壕边筑墙，高达丈余。清军分段驻守：金运昌部驻北面，刘锦棠部驻东、南两面，雷正绾部驻西南，黄鼎部驻西面，徐文秀（？—1872年）部驻西北面。

在粮尽援绝的情况下，先是陈林于1870年12月31日率众向黄鼎、雷正绾"求抚"。六天之后，马化龙亲赴刘锦棠营中请降，表示愿以一人"抵罪"。马化龙及其子马耀邦向清军交出各种火炮五十六门、各种枪千余杆，并写信向王家疃庄等地起义军劝降。1871年3月2日，清军攻入王家疃庄。刘锦棠随即按左宗棠的预谋，以从金积堡内挖出马化龙藏匿不交的洋枪一千二百余杆为借口，将马化龙父子一并处死。金积堡落入左宗棠之手后，左宗棠又把矛头指向了河州。

第十三讲

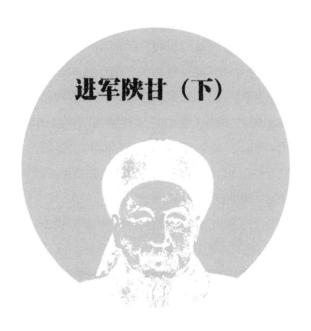

进军陕甘（下）

一、进军河州

河州在兰州西南，是一个多民族聚居的地区，除回族以外，还有撒拉、东乡等民族。1862年陕西起义爆发时，河州地区各族人民就起而响应，次年9月攻克狄道城。1864年，马占鳌领导当地起义军攻占了河州城。马占鳌是河州漠泥沟河家庄人，先世念经传教，他本人也是阿訇，有一定的号召力。河州起义军力量较强，当时的陕甘总督熙麟（？—1864年）一时无法镇压，只得派人"抚谕"。1867年9月，河州回民起义军假降，署理陕甘总督穆图善出城受降，几次被生擒。从此，河州一直在起义军的控制之下，成为甘肃起义军的四大基地之一。

1871年初，河州起义军乘驻甘南清军范铭部兵变之机，出击会宁、通渭、秦州、清水、两当等地。清廷命左宗棠进攻河州，但由于清军在金积堡之战中死伤甚众，"军心懈弛，将士思归"，左宗棠不敢贸然进兵。

为进攻河州，清军进行了一系列的准备。

第一，加强和整顿甘南部队。甘南清军冗杂，战斗力很差，屡为起义军所败。左宗棠入甘时即派吴士迈（1811—1870年）等人率部由陇州趋秦州，以加强甘南防军的力量，这就是执行"三路平回之策"的南路军。1869年底，他又派周开锡以翼长名义统领南路诸军。周开锡到秦州后，即着手整顿甘南清军，遭到当地驻军的反对。由于他的暴戾骄矜，激成兵变。后来周开锡病死，南路诸军由总理营务处陈湜（1832—1896年）接管。

第二，准备渡河器材。河州在洮河以西，从狄道、陇西、安定等地用兵，须渡过洮河，所以，左宗棠令清军先准备好渡河用的船只和架桥器材；同时，整修道路，以利部队调动和转运军需、传递文报等。

第三，筹集粮秣。清军进兵时，须经过渭源属境。这里人烟断绝，一片荒芜，粮草无处筹措，左宗棠便派出部队专事转运，令清军在静宁等地储存三个月的粮草。河州一带的夏粮、秋粮分别在7月底和9月底收割，左宗棠遂把进军时机选定在收获季节，以便就地取粮。

1871年7月底，左宗棠认为一切准备就绪，便令四十余营清军分三路进军河州：中路傅先宗（？—1871年）率鄂军从狄道渡河，左路杨世俊（？—1873年）率楚军取道狄道南面的南关坪进峡城（今甘肃省渭源县境内），右路刘明灯（1838—1895年）率部由马营监（今甘肃省陇南市武都区境内）经红土窑（今甘肃省定西市安定区境内）进康家崖（今甘肃省临洮县境内）。为防止起义军袭击，规定中路以一半兵力留驻东岸，一半渡过洮河修筑堡垒，左右两路则待中路在河西扎稳脚跟以后再行渡河。此外，令提督徐文秀统领后路由静宁进会宁，策应右路。同时，派五营清军分驻河州东南的岷州（今甘肃省岷县）和洮州（今甘肃省临潭县）两城，并调土司杨元带"番勇"分驻各隘口，均受左路杨世俊节制。又调总兵徐占彪（1840—1892年）步队八营、马队三营，由中卫经靖远进至会宁西北和安定东北一带，防止河州起义军北进，并兼顾兰州。左宗棠自己也在

1871年9月中旬由平凉经静宁抵达安定。

河州义军加紧准备防御清军的进攻。白彦虎（1830—1882年）等人率陕西义军从固原一带撤退到河州之后，曾与河州起义军一起在洮河西岸修筑了一些堡垒。以后白彦虎等人率部前往西宁地区，河州起义军又陆续修筑了不少新垒。洮河东岸的康家崖和狄道，是河州起义军的两个出入口。自1870年6月狄道为清军所占之后，康家崖便成为起义军出入河东的唯一通道。因此，起义军着重加强了康家崖对岸一带的防御。

1871年9月，刘明灯、徐文秀两部从安定出发，分两路直插康家崖。清军"每进一处，各派队分支包扫而前"，企图将正在洮河东岸分散活动的起义军一并驱往康家崖，迫其背水一战，达到"聚而歼之"的目的。起义军为缩短战线，主动撤往河西，驻扎于离洮河西岸五千米的三甲集一带。

刘明灯、徐文秀部占领康家崖后，左宗棠令中路傅先宗部和左路杨世俊部在狄道用渡船搭造浮桥，派十二营清军过河结垒，以牵制起义军，掩护右路清军渡河。起义军以部分兵力在黑山头、高家集等地筑垒驻守，防备清军偷袭；主力仍驻三甲集，以对付康家崖清军的进攻。起义军在洮河西岸掘壕数道，并筑有炮台，防守严密。康家崖近岸洲渚纵横，水深流急，人马难越，清军多次抢渡都被起义军击退。11月中旬，前福建布政使王德榜（1837—1893年）率左宗棠亲兵等马步五营，由康家崖东南的站滩（今甘肃省临洮县境内）间道过狄道浮桥，与中路、左路清军配合，猛攻黑山头等处。徐文秀、刘明灯部乘机在康家崖、新添铺等地搭造浮桥，渡过洮河。

清军渡河后，从几个方向会攻三甲集（今甘肃省广河县境内）。三甲集虽属狄道，却是河州的第一重门户。但为了诱敌深入，起义军有意放弃三甲集，采取节节阻击的办法，逐渐退至太子寺（今甘肃省广河县城）。太子寺在三甲集西南部，为河州重要关隘，当时是起义军的重要据点。马占鳌领导起义军环绕太子寺挖掘长壕一道，深约二丈余，宽四丈余，并在险要处设置了许多垒卡，与广通河北岸的许多村堡互为犄角。

1872年1月，清军经大东乡和董家山直逼太子寺。起义军在火红等处依托有利地形顽强抵抗，打退清军数次进攻。清军损失惨重，转而从南面进攻。起义军又在太子寺寨外挖掘深壕二道，并派出小股部队从沙泥渡至河东，袭击清军运粮部队，截夺军粮。清军断粮，只得宰牛马为食。

进攻太子寺的清军四十余营密布于太子寺南面十几千米处的新路坡。马占鳌亲自侦察，发现坡上有个稍低的山头没有清军驻守，便于2月12日晚派马海晏（1826—1900年）率起义军中的优秀射手数百人潜入新路坡，占领山头。马占鳌又密派千人挑运水和土坯上山，连夜浇水砌墙。当时正是隆冬季节，滴水成冰，一夜之间就筑成光滑坚硬的堡垒三座。第二天，清军发现起义军堡垒突然出现在他们的阵地中间，大为震惊。傅先宗立即调派部队，亲自督攻，企图拔掉这个钉子。马海晏沉着应战，他把枪手一分为二，一半持枪射击，一半填装子弹，多次打退清军的进攻。14

日，傅先宗亲自挥舞大旗督军猛攻，被起义军当场打死。清军丧失统领，军心动摇，防守滥泥沟的起义军乘机出击，抄至其后。清军两面受敌，纷纷弃垒逃跑。徐文秀企图挽回颓势，也被起义军击毙。

太子寺一战，清军损兵折将，全线溃退几十千米，而且粮运梗阻，几乎到了不可收拾的地步。面对这一辉煌胜利，多数起义军将领主张乘胜反攻，扩张战果，有人还提出进攻左宗棠安定大营的具体计划。但马占鳌听说左宗棠正在调动军队，又听说西宁起义军已降，想借起义军艰苦奋斗争得的胜利作为投靠清朝统治者的资本。他召集起义军将领议事，否定了他们的正确意见，力主向清军缴械投降，并说："果如诸君所欲，往攻安定大营，即使一战而胜，席卷而东，百二山河，皆为吾所有，谁以一丸泥封函谷关，使关东将帅不复西来？去一左宗棠，将有无数左宗棠在其后。河州弹丸，何能与天下抗？"他以太平天国虽曾扩展到十三省、攻占过六百余城，最后仍被湘军打败为例，强调"今日之事，舍降别无生机"。随后，马占鳌派他的儿子马安良（1855—1920年）等人前往安定向左宗棠求降。

因兵败而焦虑不安的左宗棠对马占鳌的这一举动感到喜出望外，但又颇感疑惑，害怕"其中或有别故"。马占鳌为了表示诚意，后又亲自向左宗棠"请罪"。马占鳌与清军妥协，交出骡马四千匹、枪矛一万四千余件，换取了左宗棠对他的赏识。马占鳌投降后，将部队按楚军的编制改编为三旗马队，转过头来镇压西宁等地的起义军。

二、收复西宁

西宁在清代是甘肃的一个府治，管辖西宁、碾伯（今青海省海东市乐都区）、大通三个县和贵德、循化、巴燕戎格（今青海省化隆回族自治县）、丹噶尔（今青海省湟源县）四个厅。1862年11月，碾伯县"民团"杀死巴燕戎格回民三人，并扬言要尽洗米拉沟（今青海省民和回族土族自治县境内）的回民。巴燕戎格和米拉沟回民联合循化撒拉族，在马文义的领导下起义。

起义军的力量迅速发展，屡次打败"进剿"的清军和民团，占领了碾伯至享堂（今青海省民和回族土族自治县境内）的大道，截断了兰州至西宁的交通。西宁办事大臣玉通（？—1870年）以所谓"以贼攻贼"的方法，保举循化回绅马桂源署理循化厅同知，其兄马本源署循化营游击，后又保举马桂源署西宁知府，马本源署西宁镇标游击并代行总兵职务，企图利用马桂源、马本源与马文义的亲戚关系，缓和回民的反抗。

但形势的迅速发展，把马桂源兄弟这样的回族上层分子也卷入了反清斗争的行列。西宁一带名义上仍属清王朝管辖，实际上是在马文义和马桂源的控制之下。马文义死后，马桂源、马本源即成为西宁回民的首领。1870年初，玉通死，豫师接任西宁办事大臣。他因害怕西宁起义军的势力，不敢到西宁任所，而驻营于离西宁尚有一百多千米的平番（今甘肃省永登县），西宁镇总兵黄武贤（1821—1897年）

也驻守在距西宁四十五千米的威远堡（今青海省互助土族自治县境内）。西宁周围完全为起义军所控制，成为甘肃回民起义军另一个重要基地。

1872年8月，左宗棠从安定移驻甘肃省城兰州，调刘锦棠所部老湘军进攻西宁。9月初，刘锦棠率步队十八营从平凉进抵碾伯。他为了离间"土回"（指当地回民）和"客回"（指白彦虎等人率领的陕西回民）的关系，达到各个击破的目的，"遂出示晓谕：土回安堵无恐，以便直捣陕回巢穴"。

对于要不要同经河州来到西宁地区的陕西起义军一起抗击清军的进攻，西宁起义军首领的意见并不一致。金积堡之战失败后，一种畏惧清军的失败主义情绪在起义军中蔓延滋长，一些领导人意志消沉、思想动摇。

当河州之战正在进行的时候，马永福等人就有投降之意。陕西起义军崔伟、禹得彦（1822—1906年）、毕大才等人也曾托在金积堡投降的陈林向左宗棠乞降。只有白彦虎力主抵抗到底，他以马化龙投降被杀的惨痛教训说服了崔伟、禹得彦等人，使他们暂时放弃了投降的念头。9月12日，马桂源密约白彦虎、崔伟、禹得彦等人在西宁东关家中召开紧急会议，一致主张让西宁起义军和陕西起义军联合起来，共同战斗，并推举马本源为大元帅，统一指挥各部起义军迎战入侵之敌。

西宁在湟水南岸，东面从小峡到大峡之间四十多千米的一段地方，湟水两岸高山对峙，一条岸路宽仅数尺，人马只能鱼贯而行。起义军在该处山上筑起坚固的堡垒，驻兵防守。刘锦棠率领清军刚出碾伯不远，就遭到起义军的迎头痛击。起义军利用有利的地形条件，一方面坚守要点，另一方面派队偷袭敌人，阻截粮道，打了就跑，使清军穷于应付。左宗棠不得不向清廷诉苦："土回与客回联成一片，每战则弥山塞谷，四出挠我，殊有应接不暇之势。又所需军粮、子药运至前敌各营，均须派队往来护送，时有战事，兵力屡分而见单。"

从9月中旬到11月中旬，起义军与清军交战五十余次。清军损兵折将，不能前进。左宗棠只得增调刘明灯率马步六营驻碾伯西南，专司护送；调杨世俊、吴隆海率马步十一营增援刘锦棠部。同时，加紧进行策降活动。马桂源出城后，留在城中的马永福勾结西宁道郭襄之等汉族官绅闭城据守。马桂源、马本源没有分清主次，用相当大的力量去围攻西宁城，形成两面作战的局面。刘锦棠指挥清军用开花大炮猛攻起义军堡垒。起义军因两面作战，兵力分散，阻挡不住清军的强大攻势，以致大峡至小峡一段隘路逐渐失守。11月19日，刘锦棠部进至西宁，当地起义军大部瓦解，陕西起义军首领崔伟、禹得彦、毕大才等人也率部投降清军，只有白彦虎率领的一部退至大通，与马寿领导的当地起义军一起继续坚持斗争。刘锦棠令已投降的崔伟、禹得彦、毕大才等所部起义军为前导，北攻大通。

马寿率起义军坚守大通南面的向阳堡。1873年2月，清军进攻向阳堡，起义军始则凭堡放枪掷石，继则巷战。清军虽然攻占了向阳堡，但死伤枕藉，仅提督、总兵、副将被击毙者即达十人之多。继向阳堡进军之后，刘锦棠部又攻占了大通县城。白彦虎仍拒不投降，率众两千余人北走，出扁都口（今甘肃省民乐县境内），向肃州退却。

西宁失陷时，马桂源、马本源曾率三四千人退至巴燕戎格。左宗棠命陈湜等率军从河州进攻，同时派马永福前往"招抚"马桂源、马本源的部众，使其纷纷离去。后来，在马占鳌的策划下，马桂源、马本源在巴燕戎格东山被俘，之后在兰州遇害。陈湜所部清军占领巴燕戎格城后，不久又攻占循化，西宁之战遂告结束。

三、全取肃州

肃州是陕甘起义军最后一个基地。1865年初，陕甘起义的浪潮波及河西走廊，凉州（今甘肃省武威市）首先起义，接着马文禄在肃州起义，占据嘉峪关和肃州城。肃州邻近嘉峪关，西通新疆，是连接内地与新疆的边关重镇。新疆回民在前一年就起义了。清政府为镇压新疆回民起义，急于打通甘新通道，便命正在甘肃的新授乌鲁木齐提督成禄先率兵攻取肃州。由于马文禄和新疆、金积堡、河州、西宁等地的起义军都有联系，力量不断加强，加之肃州形势险要，清军的"进剿"都被起义军击败。1868年，成禄和甘肃提督杨占鳌在"招抚"的名义下，与马文禄"媾和"，把肃州交给马文禄管制。

1871年7月，沙俄突然出兵侵占新疆伊犁，声言还要"代收"乌鲁木齐。在这样的形势下，清政府催促成禄迅即出关，并命左宗棠派兵驻防肃州。当时清军正在进攻河州，左宗棠认为，"以陇中局势言之，自宜先规河湟，杜其纷窜，然后一意西指，分兵先扼玉关，断其去路，乃策全功。此时兴师远举，尚非稳著"。

然而关外形势毕竟紧迫，左宗棠就抽派驻守靖远负责截击河州起义军和保卫省城兰州任务的徐占彪部先赴肃州。

徐占彪率十二营川军从靖远出发，于1872年初进至肃州高台（今甘肃省高台县）。马文禄得知大队清军前来，便再次起义反清，据城为守。徐占彪留兵一部保护运道，主力继续向肃州城前进。3月，清军夺占了肃州城南的红水坝，并以之为据点，向塔尔湾和肃州外围的其他起义军堡垒进攻，企图逐步占领肃州外围。

塔尔湾在肃州西南十千米处，地势较高，起义军在此构筑了坚固的堡垒，周围挖壕筑卡，连接东北面黄草坝各村堡，与肃州城互为犄角。7月初，徐占彪令驻城东三仙洞的清军向雷台庙一带发动佯攻，以牵制城中的起义军，他则亲率五营清军夜袭塔尔湾。防守塔尔湾的起义军顽强抵抗，城内亦派队增援，使清军进攻受阻。徐占彪调开花大炮向塔尔湾一带的堡寨轰击，起义军伤亡渐多，塔尔湾和黄草坝一带百余座堡寨先后失守。至8月初，近城的起义军墩寨堡垒基本上为清军攻占，起义军退入城内坚守。

由于兵力不足，徐占彪多次向左宗棠请求增兵。当时刘锦棠正在进攻西宁，亦屡请增兵。左宗棠无兵可派，徐占彪只得把马步各营每营分作两营，在距城几百米的地方环城修垒扎营。尽管如此，北门一带仍无兵可驻，不能形成合围。后来，西宁之战渐近结束，左宗棠派陶生林率马步五营驰援，于1873年1月到达肃州。恰好清政府派往新疆的金顺（？—1885年）一军二十营也来到肃州，进扎北崖头，参加围攻。这样，清军就完成了对肃州的合围。

开始时，因金顺军刚到，指挥上也不尽统一，清军的合围并不严密。起义军在城西礼拜寺和北稍门一带修筑了堡垒，与城内互相联络配合。因此，起义军仍能突破清军的合围出入肃州。2月7日夜，新疆回民派来的援军四千余人和运粮骆驼千余只，就是从北稍门进入城内的。以后，清军陆续把这些堡垒攻破，占领了城西礼拜寺，并在肃州城外挖了长壕，壕外筑起坚厚的炮墙，墙外置木栅，在几个要点上修筑了炮台，完全控制了肃州城的出入通道。城内的起义军虽然可以出城，但很难越过清军的长壕和其他工事，从外面来的援军也难以冲破封锁进入城内，以致肃州完全成为一座孤城。白彦虎率领的陕西起义军出扁都口后，经山丹、甘州（今甘肃省张掖市）、高台等地，接近肃州，于4月初进入塔尔湾。白彦虎率众自外面袭击徐占彪的大营，马文禄率部从城里出南稍门夹攻，使徐占彪、金顺部清军伤亡很大。但因清军防守严密，白彦虎和马文禄都无法突破清军的防线，不能内外会师，白彦虎便放弃与马文禄合作的计划，出走新疆。

此时，西宁之战已经结束，除肃州外，甘肃各地的起义均已失败。白彦虎出嘉峪关西走后，肃州起义军已成孤军。在外援无望的情况下，马文禄为突围西行，出兵攻夺城西礼拜寺。礼拜寺是从肃州出嘉峪关的大路，清军派有重兵驻守，因此争夺非常激烈。起义军经过十个昼夜的连续攻击，有生力量损失很大，不得不停止进攻。7月，东关为清军攻占，马文禄再次组织突围。由于清军兵多围紧，又装备有洋枪洋炮，起义军的突围终未成功。

肃州城固壕深，墙高三丈六尺，厚三丈有余，外环城壕，起义军不易突围出走，清军也无法攻入。左宗棠只得不断增兵，使围城清军达六十余营。由于肃州久攻不下，左宗棠便亲自到肃州督战。清军在城外所筑炮台高出城墙，上安新式后膛炮。金顺军还在城东北角挖了地道，准备炸城。1873年10月6日，清军发起总攻。由于长期被围，城内粮食极度缺乏，起义军只得杀骡马充饥，但仍英勇不屈，严守城防。为防止清军从地道炸城，他们沿城墙横挖地道，使清军的地道被发现。他们又在城上加砌横墙，埋伏墙下。当清军越过城壕登至城腰时，城上一声令下，石块纷集如雨，登城清军纷纷抱头回窜。杨世俊曾在河州之战时弃营逃跑，受到降职处分，西宁之战奉命截击白彦虎又不力，来到肃州后贪图立功，于是10月10日，他亲自率部登城，刚登上城头，即中弹而死。10月底，刘锦棠奉命率湘军五营和在西宁投降的回民部队到达肃州。清军利用崔伟、毕大才等人在城下喊话，告以"死期已至，善自为谋"。马文禄终于经不起清军的威逼利诱，于11月4日投降。左宗棠将马文禄等九名起义军首领和千余名起义军施以酷刑。肃州之战就这样以马文禄的投降和起义军伤亡惨重而告终。至此，前后坚持了十二年之久的西北各族人民起义战争以失败而结束了。

看来，左宗棠为了维护清王朝的统治，在镇压国内人民起义方面确实是竭尽全力的。特别是左宗棠在镇压捻军和陕甘起义军的过程中，从1866年冬开始"陆续招募马、步土客各营"，到1873年"肃州克复截至年底止"，共开销白银40148500余两，这是一笔不小的数目，相当于清政府年财政收入的一半。

清廷在左宗棠"平定"陕甘之乱后，加赏他为协办大学士。不过，诸位千万不要以为左宗棠的军事生涯到此已经结束了，对于左宗棠来说，这只是他多年军事生涯的半程而已。那么后面左宗棠会何去何从呢？

收复新疆（一）

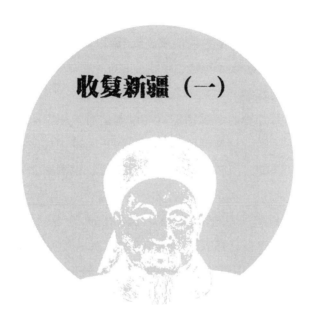

左宗棠"平定"陕甘之乱后，诸位一定会想：这次左宗棠应该歇息一下了吧？可是，俄国人不让他歇息呀！这不，新疆又出事了！

一、新疆大动荡

新疆自古以来就是中国的领土。早在西汉年间，中国的文献中已把此地称作西域。早在公元前138年和公元前119年，汉武帝就曾经先后两次派张骞通西域。公元前60年，汉宣帝又命郑吉为西域都护，遂设都护府代表中央政府行使权力——也就是新疆地区正式归属于中国中央政权的开始。及至清朝，清政府平定准噶尔叛乱，中国西北国界得以确定。此后，对新疆地区实行了更加系统的治理政策。1762年设立伊犁将军，实行军政合一的军府体制。1884年在新疆地区建省，并取"故土新归"之意，改称西域为"新疆"。清政府在伊犁（今新疆维吾尔自治区伊宁市）设伊犁将军，为新疆地区最高军政长官。另设乌鲁木齐都统，为该地区的军政长官，地位仅次于伊犁将军。乌鲁木齐以东设镇西府和迪化州，由镇迪道统辖地方民政事务，隶属于陕甘总督。新疆回部事务，则设立伯克管理，伯克由清政府任命。

随着清王朝的衰落和各种矛盾的激化，人民日益反抗清政府的统治。太平天国运动期间，全国许多地区的起义纷起响应，1864年，新疆各族人民也先后在库车、乌鲁木齐、伊犁等地举行起义，打击清王朝的腐败统治。

但上述起义的成果却被各族封建主和宗教上层人物所据有，新疆地区出现了大小不等的五个割据政权：以喀什噶尔（今新疆维吾尔自治区喀什市）为中心的司迪克、金相印（？—1877年）政权；以乌鲁木齐为中心的妥明（1788—1873年）政权；以库车为中心的拉希丁和卓（1808—1867年）政权；以和阗（今新疆维吾尔自治区和田市）为中心的玛福迪、哈比布拉政权；以伊犁为中心的迈孜木杂特（？—1865年）政权。这些割据政权的混战，给伺机入侵新疆的外国侵略者以可乘之机。

在这些政权中，最终引发新疆更大动乱的是以喀什噶尔为中心的司迪克、金相印政权。这还要从两个分别叫作大、小和卓的人谈起。

二、阿古柏入侵

和卓是波斯语的译音，本是穆斯林对伊斯兰教始祖穆罕默德后裔和伊斯兰教学者的尊称。新疆伊斯兰教封建上层人物也自称"和卓"。这里的大、小和卓是指天山南路伊斯兰教白山派和卓玛罕木特的两个儿子。大和卓是指波罗尼都（？—1759年），玛罕木特的长子；小和卓指霍集占（？—1759年），玛罕木特的幼子。

他们原来被当地的蒙古部准噶尔统治者囚禁在伊犁，1755年，清朝政府出兵平定了新疆的准噶尔分裂势力，波罗尼都率领他的弟弟霍集占等三十多人投奔清朝军队。伊犁平定后，清朝命令波罗尼都返回南疆，招抚旧部，统领维吾尔民众，主管伊斯兰教务。然而1756年，霍集占从伊犁逃回，阴谋发动叛乱。波罗尼都受到鼓动，举兵反对清朝政府。1758年，清朝派兵征讨他们。

大、小和卓战败后，带着妻子儿女和手下仆役三四百人逃到现在的阿富汗东部的巴达克山。清朝派人与当地部族交涉，当地部族将大、小和卓杀死，把尸首送交清朝。于是，清朝重新统一了新疆地区，不过大、小和卓的后代却在当地生存了下来。

再说回以喀什噶尔为中心的司迪克、金相印政权。为了树立威信，司迪克派金相印去浩罕国迎回大和卓的曾孙布素鲁克，立为傀儡。1865年春，浩罕国大汗派手下大将阿古柏（1820—1877年）率领五十名骑兵护送布素鲁克去喀什噶尔。

布素鲁克和阿古柏一到喀什噶尔，便组织兵变，将司迪克逐出喀什噶尔。1865年4月，阿古柏率部攻克了英吉沙，在阿古柏的扶持下，布素鲁克建立了所谓的"哲德沙尔汗国"。

1865年秋，阿古柏先后攻下了仍在清军守备下的喀什噶尔、叶尔羌和和阗。就在此时，布素鲁克发动兵变，希望摆脱阿古柏的控制，结果失败，被逐回浩罕国。之后，阿古柏扶植布素鲁克的堂兄卡塔条勒上位。1866年，由于卡塔条勒也不安心做傀儡，阿古柏便将其毒死。同时，阿古柏又夺取了阿克苏。

1867年，阿古柏宣布取消"哲德沙尔汗国"，建立"洪福汗国"，自称"毕条勒特汗"（即"幸福之主"）。5月，又攻占了库车、库尔勒。

三、英俄大角逐

阿古柏对新疆的入侵，加剧了正在觊觎新疆的俄、英两国之间的争夺战。

英国作为发动两次鸦片战争的老牌资本主义国家，不仅在中国的东南沿海攫得侵华权益，其势力不断向长江流域渗透，而且对中国的西北、西南边疆也是垂涎三尺。阿古柏侵入南疆不久，英国侵略分子已频繁到喀什噶尔表示对他的支持。

阿古柏为得到英国的庇护，对英国使节说，"女王就和太阳一样，在她的温和的阳光里，像我这样可怜的人才能够很好地滋长繁荣"，并声称从这里到伦敦，任何人都可以自由来往。1868年，英国非法承认阿古柏政权的所谓合法性。1869年，阿古柏派亲信赴印度会见英国总督，争取英国的支持。英国决定向其赠送大批军火，并允许其在印度招募工匠回喀什噶尔设立军工厂。

俄国是攫取中国领土最多的国家。通过第二次鸦片战争，俄国趁火打劫，共割占了中国东北地区黑龙江以北、乌苏里江以东一百多万平方千米的领土和西北地区巴尔喀什湖以东、以南四十四万多平方千米的领土。继而俄国又把侵略目标对准南疆，试图把喀什噶尔置于沙俄的"保护之下"。

当俄国吞并了中亚地区的浩罕、布哈拉和希瓦三个汗国后，便急不可待地策划"对东干区的两个主要中心——伊犁和乌鲁木齐实行军事占领"。阿古柏先后对喀什噶尔和乌鲁木齐进行侵占，俄国不免有姗姗来迟之憾。1870年，俄国宣布承认阿古柏政权的合法性。但是，为了阻止阿古柏政权的进一步扩张，俄国于1871年7月4日出兵侵占伊犁，宣称"伊犁永归俄辖"。

在英国的协助下，阿古柏于1870年5月攻占了吐鲁番，切断了北疆和河西走廊的联系，并收降了以白彦虎为首的陕甘起义军残部，实力进一步增强。到1871年底为止，迪化、玛纳斯、鄯善先后被阿古柏攻克。这样，清军只控制塔城、乌苏等少数据点。

在这种情况下，俄国主动加强了与阿古柏的联系。1872年，俄国与阿古柏签订了《俄阿条约》，共五款，规定俄国承认所谓的"洪福汗国"。

阿古柏随即派遣使者回访圣彼得堡，并访问奥斯曼帝国。身兼伊斯兰教领袖哈里发的奥斯曼苏丹封阿古柏为"埃米尔"，并派遣军事教官去喀什噶尔，此举使"洪福汗国"在伊斯兰教法上获得了所谓的合法地位。

在这种情况下，英国也加大了对阿古柏的援助，维多利亚女王甚至亲笔致信阿古柏，与其修好。1874年2月2日，《英阿条约》签订，除了和《俄阿条约》类似的条款外，还规定双方可以互派大使。

至此，新疆问题的严重性不仅在于阿古柏的入侵，更为严重的是俄国、英国正在实施着分割新疆的图谋！因此，收复新疆对于反对外国侵略具有特别重要的意义，而且在清政府长期积贫积弱的情况下，要把俄国、英国的侵略势力逐出新疆也并非易事。左宗棠勇于把收复新疆引为己任，正是他爱国与反侵略思想的集中体现。

四、全盘谋划好

左宗棠在1871年8月得悉俄国派兵侵占伊犁的消息后，即一面速派徐占彪抵肃州以替乌鲁木齐提督成禄出关，一面致函身在湖南的刘锦棠说："俄人侵占黑龙江，北地形势日迫，兹复窥吾西陲，蓄谋既久，发机又速，不能不急为之备。阁下假期将满，希即挑募数千，于九月率以西行，是为至要。"

左宗棠还说，他"本拟收复河、湟后，即乞病还湘。今既有此变，西顾正殷，断难遽萌退志，当与此虏周旋"。

作为陕甘总督，左宗棠的主要职责是镇压陕甘人民起义，而且他此时已年届六十，又有多种疾病缠身，完全可以在陇事平定后告休回籍。再则清王朝自乾隆以来派往新疆主管军政的伊犁将军、乌鲁木齐都统等均由满族贵族等旗员充任，当阿古柏和俄国军队先后入侵新疆后，清政府依然把规复新疆的希望寄托在伊犁将军荣全（？—1880年）、乌鲁木齐都统景廉（1824—1885年）、乌鲁木齐提督成禄身上，而像左宗棠这样的汉族地方要员是难以得到督办新疆军务职位的。然而外国侵略势力对新疆构成的严重威胁，使左宗棠逐步坚定了收复新疆的信念，进而又向清政府筹议出关大略，敦促朝廷力排浮议，制定用兵新疆以保卫领土主权的决策。

1872年冬，左宗棠连续在家信中谈及他的想法。

俄罗斯乘我内患未平，代复伊犁。朝廷所遣带兵大员均无实心办事之意，早被俄人识破，此事又须从新布置。我以衰朽之躯，不能生出玉门。惟不将关内肃清，筹布出关大略，遽抽身退休，此心何以自处？""我年逾六十，积劳之后，衰态日增。……断不能生出玉门矣，惟西陲之事不能不预筹大概。关内关外用兵虽有次第，然谋篇布局须一气为之。以大局论，关内肃清，总督应移驻肃州，调度军食以规乌鲁木齐。乌鲁克复，总督应进驻巴里坤以规伊犁。使我如四十许时，尚可为国宣劳，一了此局，今老矣，无能为矣。不久当拜疏陈明病状，乞朝廷速觅替人。如一时不得其人，或先择可者作帮办；或留衰躯在此作帮办，俟布置周妥，任用得人，乃放令归，亦无不可。此时不求退，则恐误国事，急于求退，不顾后患，于义有所不可，于心亦有难安也。

左宗棠作为新疆军务的"局外人"，能对规复新疆考虑得如此周密，这正是其甘于以"边荒艰巨为己任"的体现。接着，左宗棠于1873年1月上奏请求派新的陕甘总督并钦差大臣以收复新疆。他说："关外局势，以区区之愚揣之，实非从内预为布置，从新预为调度不可。""何敢自惜残生，置身事外！"他建议派贤能之人接任陕甘总督篆务的理由是"精力心思迥不如前，设有疏误，边城安危必更烦朝廷异日之擘画，问心何以自安"。

显然，左宗棠并非知难而退，他的上奏目的从根本上讲是强调收复新疆必须"从内预为布置，从新预为调度"。他对荣全等人的所作所为是不满意的，说服清廷派陕甘总督去谋略新疆的用意已是不言自明。清代官场上欲进先退的例子是屡见不鲜的，对左宗棠的做法亦可以如是观。

正如左宗棠所说，俄占领伊犁后，清廷派伊犁将军荣全"前往收回伊犁城池"，令乌鲁木齐都统景廉"相机规复乌鲁木齐"，调乌鲁木齐提督成禄迅速出关赴任所。

荣全从蒙古的科布多行至新疆的塔尔巴哈台（塔城），向俄人交涉收还伊犁，俄国侵略者则采取狡狯蛮横的手法，宣称已向清政府说明他们无久占伊犁之意，只是"代为收复，权宜派兵驻守，俟关内外肃清，乌鲁木齐、玛纳斯等城克复之后，即当交还"，使荣全在谈判交涉中不得要领而归。

景廉、成禄都按兵不动，待机观望。特别是成禄自1865年新疆人民起义后不久就窜至甘肃高台逃避战事，他"屡奉谕旨，敕令出关"，却直至1872年仍"尚无出关确耗"。此时，阿古柏已窃据乌鲁木齐两年，俄国侵占伊犁一年。成禄不仅在高台"截留省粮，为数甚巨"，瞒报营数，其"实数不过五六营"却自称十二营，以多领军饷；而且"久驻高台，蓄养戏班，相为娱宴"，并"遣人赴都接取第三妾来高台"，把"荒边远塞，竟视为安乐行窝"，甚至"虚报胜仗"，可谓"谬率乖张"。因此，左宗棠在1872年上奏朝廷，建议将成禄撤职。

鉴于新疆问题的严重性，总理衙门于1873年初向左宗棠询问有关情况。左宗棠在写给总理衙门的复函中，首先指出俄国侵占伊犁带来的严重后果，然后又对荣全、景廉等关外所用清军的情况进行了分析，最后提出了收复新疆的应办事宜和用兵方略。

> 宗棠所以有从内布置、从新筹度之请也。就兵事而言，欲杜俄人狡谋，必先定回部；欲收伊犁，必先克乌鲁木齐。如果乌城克复，我武维扬，兴屯政以为持久之谋，抚诸戎俾安其耕牧之旧，即不遽索伊犁，而已隐然不可犯矣。乌城形势既固，然后明示以伊犁我之疆索，尺寸不可让人。遣使奉国书与其国主，明定要约，酬资犒劳，令彼有词可转。彼如知难而退，我又何求。即奸谋不戢，先肇兵端，主客劳逸之势攸分，我固立于不败之地。俄虽国大兵强，难与角力，然苟相安无事，固宜度外置之。至理喻势禁皆穷，自有不得已而用兵之日，如果整齐队伍，严明纪律，精求枪炮，统以能将，岂必不能转弱为强，制此劳师袭远之寇乎！……要之，目前要务不在预筹处置俄人之方，而在精择出关之将，不在先索伊犁，而在急取乌鲁木齐。

左宗棠的上述建议为清政府规复新疆进行了总体谋略，此后左宗棠在进军新疆的过程中基本上循沿了这样的战略构想。特别是左宗棠提出国家领土"尺寸不可让人"的主张，反映出他维护祖国领土主权的决心！

左宗棠在1873年秋率军攻克肃州从而镇压了陕甘人民起义后，即把战略重心移向关外。1874年2月，他调派广东陆路提督张曜（1832—1891年）所部"嵩武军"抵达玉门关。4月，清廷派前乌里雅苏台将军金顺和凉州副都统额尔庆额（？—1893年）率军出关。张曜也随即率军行至哈密。8月，清廷以景廉为钦差大臣，督办新疆军务，金顺为帮办大臣。9月，清廷命左宗棠在肃州设西征总粮台，督办粮饷转运。此时，金顺所部前锋与额尔庆额马队已抵达新疆古城（今新疆维吾尔自治区奇台县）。

尽管清廷给予左宗棠的职权是负责从关内筹解粮饷以达古城，但左宗棠仍为新疆之事积极献计献策。

左宗棠认为，景廉进军北路，不宜在肃州设粮台，而应在科布多、乌里雅苏台设粮台以供支北路之军。他认为"应顶为筹措，厚其储峙，备支应续进之军"。结果，左宗棠的这一建议未被清廷采纳，他只能"实力筹办，力任其难"。

正当左宗棠为出关各军筹办粮饷之际，清政府内部却展开了一场关于加强海防的讨论——这就是中国近代史上的"海防与塞防之争"。"海防与塞防之争"一下子转移了当时清政府几乎所有人的视线，新疆的问题似乎变得一点也不重要了。而引发这场争论的最初起因，却是日本企图侵占中国的固有领土台湾。

五、日本谋台湾

19世纪六七十年代，西方列强的侵略矛头直指中国，造成了中国边疆危机四伏。台湾的战略地位显要，成为美国、法国等列强武力侵犯的重点。明治维新一开始，日本在对外政策上确立了"开疆拓土"的侵略总方针。地处日本西南太平洋上的琉球和台湾成为其对外扩张的首选目标。

1871年12月，六十多名琉球人乘船遭遇台风，漂流到台湾南部登陆，其中五十四人被台湾土著居民杀害，其他人被清政府送回琉球本土。日本以琉球漂流民在台湾被杀为借口，在美国政府的支持下，向清政府发难，乘机侵略台湾。

1873年11月，日本使者来华，到清政府总理衙门询问琉球漂流民被杀事宜。日本使者提出："贵国台湾之地……前年冬我国人民漂流至该地，遭其掠杀，故我国政府将遣使问罪。"总理衙门大臣毛昶熙（1817—1882年）回答说："番民之杀琉民……夫二岛俱我属土，属土之人相杀，裁决在我……何预贵国事而烦过问？"日本使者争辩说，琉球为日本的国土，清政府应惩罚杀害琉球人的番民。

1874年4月，日本政府派军三千人在台湾南部的琅峤登陆，开始入侵台湾。

清政府得知日军侵犯台湾的消息后，立即向日本政府提出质问，并派福建船政大臣沈葆桢率军直赴台湾。沈葆桢到达台湾后，一面与日军交涉，一面积极备战。日军由于不服台湾水土，士兵病死较多。日本政府考虑到不能立即军事占领台湾，于是转而用外交手段解决问题。经过一番外交斗争后，清政府与日本政府于10月31日签订《北京专条》，清政府付给"日本国从前被害难民之家"十万两抚恤银和收购日军在台湾"修道建房等"费用四十万两银。12月，日军从台湾全部撤走。

日本侵略台湾事件在朝野上下引起很大震动。总理衙门在1874年11月5日的上奏中指出，对于日本侵略台湾事件，"明知彼之理曲，而苦于我之备虚"，日本"以一小国之不驯，而备御已苦无策，西洋各国之观变而动，患之濒见而未见者也"。总理衙门提出"练兵""简器""造船""筹饷""用人""持久"六项旨在加强海防的措施，请求饬令沿海、沿江有关大臣讨论，这便是"总署六条"。

当天，清廷发布"上谕"，令直隶总督李鸿章、两江总督兼署江苏巡抚李宗羲（1818—1884年）、钦差大臣沈葆桢等十余人详细妥议，限一月内复奏。

与此同时，日本侵略台湾、中日缔约的消息传到广东，惊动了一个名叫丁日昌（1823—1882年）的人。

丁日昌原是李鸿章的属下，当时正因为母亲病逝而在广东揭阳老家丁忧守孝。早在1868年，丁日昌就给曾国藩提出名为《海洋水师章程别议》的建议，提出"专用大兵轮及招募驾驶之人""沿海择要修筑炮台""选练陆兵""北东南三洋联为一气"等六条建议。

日本侵略台湾事件之后，并不知道清廷要"筹议海防"的丁日昌立即把修订的关于海防问题的六条建议送到广东巡抚张兆栋（1821—1887年）府中，后经张兆栋转至北京。

这一次，"丁六条"引起了总理衙门的重视，清廷立即做出决定：将两个"六条"——总署奏议中的"总署六条"和丁日昌"丁六条"——一起发给各督抚大员讨论，同时破格恩准丁日昌"专折奏事"——此后，他的建议不再需要别人的转递就可以直接送达中枢了。

丁日昌上奏的建议中，提出"设北、东、南三洋提督"，分驻天津、吴淞、南澳，建立北洋、东洋、南洋三支海军，

"每洋各设大兵轮船六号，根钵轮船（炮艇）十号。三洋提督半年会哨一次"。

这位被后人称为"中国近代海防的设计者"的丁日昌，立即成了当时的风云人物。一时间，从朝房公议到街巷耳语，几乎到处都有人在谈论这个广东人。

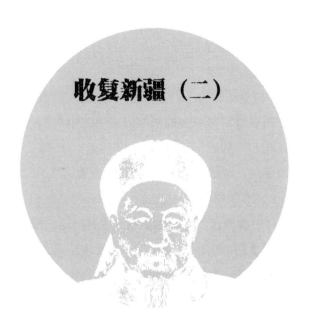

收复新疆（二）

正当左宗棠为出关各军筹办粮饷之际，清廷内部却围绕日本企图侵占中国的固有领土台湾而展开了一场关于加强海防的讨论。

问题在于：既然大家都如此重视海防，那新疆怎么办啊，还能收复吗？这还得从当年的那场大讨论说起。

一、海防与塞防

针对丁日昌上奏的"丁六条"，李鸿章的反应最为迅速。李鸿章专门亲笔写了一封信给风云人物丁日昌，对自己当年的幕僚表达了敬意。

李鸿章说，你的"丁六条"，我"披读再四"，写得真是好呀。对海防建设问题的议论，"逐条皆有切实办法，大意似与拙作一鼻孔出气，而筹饷条内推及陆路电报、公司、银行、新疆铁路；用人条内推及农商受害，须停止实职捐输，此皆鸿章意中所欲言而未敢尽情吐露者，今得淋漓大笔，发挥尽致，其比喻处、痛快处，绝似坡公来书所谓，现出全体怪象，虽令俗士咋舌，稍知洋务者能毋击节叹赏耶"。瞧瞧，他都把丁日昌的文笔比喻为苏东坡的风格了。

除了李鸿章之外，其他参与讨论的大臣的主张主要可分为以下几种。

第一，以钦差身份办理台湾等处海防兼理各国事务的大臣沈葆桢，亢声强调海防为当今第一要务，力主优先整治海防，兴办海军。

第二，两广总督英瀚（1828—1876年）、安徽巡抚裕禄（1844—1900年）乃至奉命检阅长江水师的彭玉麟（1817—1890年）则认为：与其加强海防，还不如"整饬长江防务"，以为"东南久远之计"。

第三，湖南巡抚王文韶（1830—1908年）在东南沿海的"海防"与西北边疆的"塞防"之间，难置可否，似有更重"塞防"之心。

第四，山东巡抚丁宝桢、江苏巡抚吴元炳（？—1886年）却分析说，俄国乃最大的威胁，明确倾向"塞防"，鼓吹用兵新疆。同时，还提出东北邻近俄国，应对大清"龙兴之地"的安危加以关注。

千疮百孔的大清国，举目一望，危机四伏，哪儿不是危在旦夕，哪儿不需要好好地整顿，哪儿不需要花大把的府库银子？

于是，中国近代史上的"海防与塞防之争"开始了。

在天津，李鸿章和他的得力幕僚薛福成（1838—1894年）紧闭书房门窗，熬了几个通宵。

薛福成，字叔耘，号庸盦，江苏无锡人，近代散文家、外交家、洋务运动的主要领导者之一。其出身于书香门第、官宦之家，自幼即受时代影响，广览博学，致力经世实学，不作诗赋，不习小楷，对八股尤为轻视。

1865年，曾国藩率军北上剿捻，沿途遍贴了招纳贤才的榜文。薛福成十分钦慕曾国藩，认为这是一个投奔效力的极好机会，于是将自己多年来对社会问题的思考与化解社会危机的办法细细道来，写下了一万多字的《上曾侯相书》，集中提出了"养人才、广垦田、兴屯政、治捻寇、澄吏治、厚民生、筹海防、挽时变"八条对策。曾国藩读了他的上书，赞赏不已，觉得薛福成文章长于论事，日后有望成一家之言，便对周围人大讲薛福成他日当有造就，并立即延揽薛福成为自己的幕僚。从此薛福成跟着曾国藩走南闯北，与一群才华横溢、胸怀大志的幕僚朝夕晤谈。曾国藩酷爱围棋，每日清晨，都要请有相同嗜好的薛福成与之对弈，二人不但切磋棋艺，更注意交流对诸如"兵事、饷事、吏事、文事"等军国大计的种种设想。

七年下来，因为薛福成有"劳绩""军功"，他又得到曾国藩的保荐，成为头戴玻璃顶子、身穿八蟒五爪袍的五品候补同知（候补知州，不是实职）。薛福成认为，当今世务不外"兵事、饷事、吏事、文事"，他们这些幕僚虽然专司文事，但要总揽全局，无所不晓。就像"导水"，幕府是众流汇集的所在；也像耕田，幕府是播种育秧的地区，确实能够造就出经世治国的人才。这些年，经过曾国藩的点拨和同僚间的切磋，加上自己的努力，薛福成相信早就精通"文事"的自己已能担负"兵事、饷事、吏事"，他希望自己能像膺获朝廷大用的同僚那样，跨出幕府，谋求实职，承担重任，去干一番轰轰烈烈的大事业。

1872年，曾国藩在南京病逝，幕僚们各奔东西，薛福成因资历尚浅，也没有显示过人的才学，又没有靠山，所以未被朝廷录用。这样，薛福成只能将一腔抱负暂且收起，在帮助曾国藩的长子料理完丧事后，便雇了两辆马车，载着自己珍爱的书籍和文稿，匆匆抵达苏州书局任职，操持笔耕生涯。

1874年，垂帘听政的东西两宫太后颁布懿旨，决定广开言路，谕令朝廷内外大小官员向朝廷建言，以便供朝廷采摘实施。

　　薛福成大为振奋，遂应诏陈言，挥笔疾书，将自己为补救时弊、变通旧法的对策概括成"治平六策"和"海防密议十条"，然后将这洋洋洒洒的万言书请丁宝桢转呈，标题是《应诏陈言疏》。薛福成提出的"治平六策"为养贤才、肃吏治、恤民隐、筹海运、练军实、裕财用，即培养人才，整肃吏治，减轻百姓负担，修浚运河，训练精壮步兵、拔擢轮船将才，倡廉崇俭、理财节流。这六条策略是为了整顿内政。"海防密议十条"为择交宜审、储才宜豫、制器宜精、造船宜讲、商情宜恤、茶政宜理、开矿宜筹、水师宜练、铁甲船宜购和条约诸书宜颁发州县。这十条密议讲的是洋务，是效法西方的"自强之道"，归纳起来，主要有五方面的内容，即改善外交工作、培养新式人才、重视科学技术、加强海军力量、发展商业和矿业。薛福成的《应诏陈言疏》，字字意新而确，笔达而圆，事事从浅处、显处着笔，洋洋洒洒、浩浩落落、易晓易行。《应诏陈言疏》在朝廷的影响极大，两宫太后面谕军机大臣将其发给各衙门商议。《应诏陈言疏》也在全国各地力求变革的进步人士中引起很大的震动，成为一时议论的热点。而薛福成也一夜成名，洋务派领袖、直隶总督李鸿章立即延请他加入幕府。

　　海防大筹议这一年，薛福成刚刚转投李鸿章的幕府。但他的才具见识很快就得到了李鸿章的赏识和器重。这位日后的大清国驻英、法、意、比四国大使，在19世纪的国际风云中，渐渐获得了认识世界、剖析中国的眼神，他对中国积贫积弱之根源在于因循守旧的分析，以及中国要跟上世界发展潮流就必须"变而后能胜"的主张，都对中国日后的发展产生过重大的影响。在纷纷朝议之中，只有李鸿章委托薛福成拟写的奏折切中要害，它的产生，起到了力排众议的效果。

薛福成作为李鸿章的"代言人"，他笔下的文字足以让观者的后背渗出细密汗珠。

> 自有洋务以来，叠次办结之案，无非委屈将就。……臣于台事初起时，即缄商总理衙门，谓明是和局而必阴为战备，庶和可速成而经久。洋人论势不论理，彼以兵势相压，我第欲以笔舌胜之，此必不得之数也。夫临事筹防，措手已多不及；若先时备豫，倭兵亦不敢来，乌得谓防务可一日缓哉！兹总理衙门陈请六条，目前当务之急与日后久远之图，业经综括无遗，洵为救时要策。

接着，他又把议论锋芒指向强调陆上边疆防务的"塞防论"，进一步强调"海防"重于"塞防"的理由。

> 历代备边，多在西北，其强弱之势，客主之形，皆适相埒，且犹有中外界限。今则东南海疆万余里，各国通商传教，来往自如，麋集京师及各省腹地，阳托和好之名，阴怀吞噬之计，一国生事，诸国构煽，实为数千年来未有之变局。轮船电报之速，瞬息千里，军器机器

之精，工力百倍；炮弹所到，无坚不摧；水陆关隘，不足限制，又为数千年未有之强敌。外患之乘，变幻如此，而我犹欲以成发制之，譬如医者疗疾，不问何症，概投之以古方，诚未见其效也。

最后，薛福成认为乾隆年间统一新疆是"徒收数千里之旷地，而增千百年之漏卮，已为不值"，而且新疆已被俄、英势力围困，"即勉图恢复，将来断不能久守"，何况"论中国目前力量，实不及专顾西域"。因此，他强调只能重视海防。

1874年12月10日，李鸿章把折子上奏给朝廷。李鸿章知道，朝内对此必然会有异议。为此，他专门给总理衙门中除恭亲王奕訢外的另一位实权人物——文祥（1818—1876年）写了一封言辞诚恳的私信，以显示一派忠君报国之心。

就在此时，中国政坛出现了一个"插曲"——同治帝死了。醇亲王奕譞不满五岁的儿子——爱新觉罗·载湉，就在迷迷糊糊的睡梦中被抱进皇宫，立为光绪帝，两宫太后二次垂帘听政，慈禧太后再次把持了中国的权柄。

李鸿章接到同治帝大薨的讯息之后，立即带兵进京——这是他作为直隶总督的分内之事。此次进京，李鸿章争取到了慈禧的三次召见。

不过，此时的李鸿章并不放心，他猜测朝中肯定会有人跳出来反对他的"海防"重于"塞防"的主张。问题在于，这"反诘之声"究竟会出自谁呢？

二、左宗棠获胜

回过头来，我们再说此时的左宗棠。

"海防与塞防之争"开始时，左宗棠因在陕甘总督任上，所辖并非滨江、沿海地方，不在饬议之列，但总理衙门认为他"留心洋务，熟谙中外交涉事宜"，所以特意将筹议海防的六条措施等函寄左宗棠，希望他能"筹议切实办法，以为集思广益之助"。内地督抚将军中，受总理衙门之器重者唯左宗棠一人而已。

1874年11月21日，左宗棠收到了总理衙门的来函。他函复总理衙门筹议海防的六条措施可谓"办法因应之妙，道合自然，操纵之宜，刚柔协节""大疏所陈练兵、简器、造船、筹饷、用人、持久各条，闳远精密，无少罅隙"。这表明左宗棠对加强海防是完全赞同的。

同时，左宗棠感到用兵新疆主要依靠沿海各省协济军饷，担心"沿海各省因筹办海防急于自顾，纷纷请停缓协济，则西北有必用之兵，东南无可指之饷，大局何以能支？谚云：'扶起东边，倒却西边。'斯言虽小，可以喻大。且即海防言之，凡所筹画，宜规久远"。

左宗棠如此估计是有其道理的，因为他在督办陕甘军务时常常遇到沿海省份应拨协陕甘之饷却拖欠的情况，但他万万没有想到，李鸿章在给清廷的复奏中竟要停止西征之饷，实在令他为之寒心和气愤。

1875年3月6日，清廷在接到左宗棠的奏折之后，下旨令亲王、郡王会同大学士、六部、九卿等廷臣对沿海、滨江各地方大员的复奏和左宗棠致总理衙门的函文进行"廷议"，限一月内复奏。

3月10日，清廷在廷议复奏汇集之前，又"密谕左宗棠通筹海防、塞防全局并关外兵事粮运"。清廷将李鸿章叫停西征之军和西征之饷的奏议转寄左宗棠，令他统筹全局，酌度机宜，妥筹具奏。清廷在"上谕"中认为："如可暂缓西征，节饷以备海防，原于财用不无裨益。惟中国不图规复乌鲁木齐，则西、北两路已属堪虞；且关外一撤藩篱，难保回匪不复啸聚肆扰近关一带，关外贼氛既炽，虽欲闭关自守，势有未能。"

看来尽管清廷在海防和塞防孰轻孰重的问题上模棱两可，但出于维护其统治的目的，其规复乌鲁木齐的用意主要是防止"回匪"。从这个目的出发，清廷加强塞防的意图在这个"上谕"中是显而易见的。清廷不仅令左宗棠统筹全局，还将协助左宗棠办理粮台的户部侍郎袁保恒（1826—1878年）因"彼此龃龉，殊失协和之道"而撤回北京，并以左宗棠"老成谋国，素著公忠"，令其专司粮运事宜。清廷还令左宗棠就关外景廉等统帅及兵力的情况予以密陈。

于是，围绕左宗棠的上奏，清廷中出现了两大阵营，各个政治势力重新组合。

"海防派"以李鸿章为中坚，除了沈葆桢、丁日昌、李瀚章（1821—1899年）、王凯泰（1823—1875年）等支持者外，又加入了山西巡抚鲍源深（1811—1884年）、河南巡抚钱鼎铭（1824—1875年），内廷中醇亲王奕譞（1840—

1891年）及刑部尚书崇实（1820—1876年）、刑部左侍郎黄珏、御史余上华（1819—1880年）等人也加入了这一阵营，一时声势颇壮。

而以左宗棠为中坚的"并重派"，则有军机大臣、大学士文祥，以及湖南巡抚王文韶等人的有力支持。这一派的代表性理论是"东则海防，西则塞防，二者并重"。其实，从根本上说还是主张集中有限的人力财力，优先解决西北塞防问题，以收"西北无虞，东南自固"之功。

3月19日，左宗棠接到军机处密寄的"上谕"后，于4月12日呈上《复陈海防塞防及关外剿抚粮运情形折》和《遵旨密陈片》。左宗棠批驳了李鸿章的论调，提出收复新疆与加强海防并重的主张。他指出："时事之宜筹，谟谋之宜定者，东则海防，西则塞防，二者并重。"他一方面肯定了乾隆帝用兵新疆、统一祖国的功绩，另一方面针对"论者拟停撤出关兵饷"等条陈，提出自己的见解。

　　无论乌鲁木齐未复，无撤兵之理；即乌鲁木齐已复，定议划地而守，以征兵作戍兵为固圉计，而乘障防秋，星罗棋布，地可缩而兵不能减，兵既增而饷不能缺，非合东南财赋通融挹注，何以重边镇而严内外之防？……今若画地自守，不规复乌垣，则无总要可扼。即乌垣速复，驻守有地，而乌垣南之巴里坤、哈密，北之塔尔巴哈台各路，均应增置重兵，以张犄角，精选良将，兴办兵屯、民屯，招徕客、土，以实边塞，然后兵渐停撤，而饷可议节矣……若此时即拟停兵节饷，自撤藩篱，则我退寸而寇进尺，不独陇右堪虞，即北路科布多、乌里雅苏台等处恐亦未能晏然。是停兵节饷，于海防未必有益，于边塞则大有所妨，利害攸分，亟宜熟思审处者也。

此外，左宗棠还建议对关外统帅加以调整，认为景廉"泥古大过，无应变之才"，请求由金顺任乌鲁木齐都统，以统驭关外诸军。

从李鸿章、左宗棠的见解来看，就塞防与海防的关系而言，李鸿章单纯强调海防是片面的，也是错误的。左宗棠能够从中华民族的全局利益着想，虽身处西北，仍关心东南沿海的防务，他坚持用兵新疆是从维护国家领土主权的角度考虑的，其"海防与塞防并重"主张的提出，无疑丰富了国家总体防御的战略思想。在晚清的海防与塞防之议中，左宗棠的主张是正确的。

左宗棠收复新疆的主张被清廷所采纳。1875年5月3日，清廷发布"上谕"，称左宗棠筹办海防塞防的奏疏"所见甚是"，决定任命左宗棠为钦差大臣，督办新疆军务，金顺仍帮办军务，调景廉等来京供职，授左宗棠关外用兵、粮饷转运等各项权力。这样，身兼陕甘总督的左宗棠又以钦差大臣的新职踏上了规复新疆的征程。左宗棠多年来甘愿引边塞之苦为荣，他决心收复新疆的愿望有了实现的可能，可谓英雄有用武之地！

就左宗棠被清廷任命为钦差大臣并督办新疆军务而言，清朝最高统治者不仅对海防与塞防同样予以重视，而且一改以往任用旗员节制、统辖新疆的惯例，不是以金顺接替景廉负责关外用兵事宜，而是赋予左宗棠以督办新疆军务全权去收复新疆，表明一向在反侵略战争中软弱无能的清政府此时也强硬起来，这是中国近代史上清政府难得做出的一次正确抉择！对于左宗棠的新使命，署两江总督刘坤一在致左宗棠的函中称此为"任天下之至重，处天下之至难"。

这一评说是合乎实际情况的。左宗棠本人在接受新任两年后也有所感慨。

> 臣本一介书生，辱蒙两朝殊恩，高位显爵，出自逾格鸿慈，久为生平梦想所不到，岂思立功边域，觊望恩施？况臣年已六十有五，正苦日暮途长，乃不自忖量，妄引边荒艰巨为己任，虽至愚极陋，亦不出此！而事顾有万不容己者：乌鲁木齐各城不克，无总要之处可以安兵；乌鲁木齐各城纵克，重兵巨饷，费将安出？……伊犁为俄人所踞，喀什噶尔各城为安集延所踞，事平后应如何布置，尚费绸缪。

要注意的是，左宗棠说的"安集延"本来是当时浩罕国的核心地区，而在这里，左宗棠则以"安集延"代指浩罕国。

当然，通过这篇文章，我们也可以分析出，左宗棠用兵新疆并不是要为个人利益去"立功边域"。在旁人看来，他甘愿"引边荒艰巨为己任"的"不自忖量"之举，恰恰是出于对祖国边疆安危高度负责的责任感。尽管征途坎坷、困难重重，但他义不容辞地担负起规复新疆的历史重任。

三、军事部署详

左宗棠奉命督办新疆军务，可以说是为中国近代反对外国侵略斗争史揭开了新的一幕。在当时的情况下，能够承担收复新疆重任的唯有左宗棠。对此，就是左宗棠本人也是十分清楚的。

> 现奉谕旨督办新疆军务，应预筹出关驻节。衰病余生，何能担荷重任？惟密谕'英、俄有暗约扰我西路之说，英由印度窥滇之腾越，俄窥喀什噶尔，使我首尾不能顾'……此时西事无可恃之人，我断无推卸之理，不得不一力承当。

我们不但要知道古人曾经说过"兵马未动，粮草先行"，还要知道另外一句"知己知彼，百战百胜"。下文要探讨的就是左宗棠如何针对强大的对手进行精心的战争准备。

左宗棠预筹出关的举措主要包括进行军事部署和实施后勤保障两个方面。其中，第一个需要注意的问题就是军事部署。在这个方面，左宗棠注意从制定战略战术和整顿营伍以提高战斗力两点入手。

早在左宗棠被安排督办新疆军务前的有关加强塞防的奏折和函牍中，他已陈明先歼灭阿古柏匪帮，然后索还伊犁的战略构想。他还认为实现收复除伊犁外的新疆领土的第一个战略目标应分两步走，即首先平定北疆，接着再底

第十五讲 收复新疆（二）

定南疆。他分析新疆地形时说"天山南北两路""北可制南，南不能制北"。

据此，左宗棠确定了消灭阿古柏势力的具体步骤。

> 官军出塞，自宜先剿北路乌鲁木齐各处之贼，而后加兵南路。当北路进兵时，安集延或悉其丑类与陕甘窜逆及上回合势死抗官军，当有数大恶仗。如天之福，事机顺利，白逆歼除，安集延之悍贼亦多就戮，由此而下兵南路，其势较易。是致力于北而收功于南也。

根据上述具体的指导方针，左宗棠命令刘锦棠"自定出关马步二十余营，以缓进速战为义"。左宗棠召集各军"分统来兰会商办法"，共同讨论军事问题。

在进行战斗部署的同时，左宗棠还依照"整军乃能经武"的古训，一面对已出关和准备出关的军队予以整顿，将金顺、景廉、穆图善等部加以裁并；一面强调"精择出关之将"，任用"英锐果敏，才气无双"的刘锦棠总理行营事务，对其他"统领、营哨各员，均酌简相信员弁乐事赴功者用之"，并对各军严加训练。

左宗棠预筹出关举措中的第二个需要注意的问题就是筹划军队的后勤保障。在这个方面，左宗棠把精力主要用在筹粮、筹饷和筹转运上面。

左宗棠认为行军打仗离不开粮食的供给。他说："师行粮随，事豫则立。"因此，"师行北路，宜用北路之粮，不但节费，亦免粮耗"。他建议北路于归化（今内蒙古自治区呼和浩特市）设立北局，南路以肃州为南局，负责北、南两路的粮食补给。他还命令已出关各军在巴里坤、哈密等地办理采粮、开垦，并对"菺武军"统领张曜"在哈密办屯垦水利，事必躬亲，不惜劳瘁"的做法给予肯定，认为"以后踵而行之，固此奥区，保绥戎藩，可成数十百年无穷之利"。

左宗棠为筹饷问题在议论海防、塞防两者并重时，就曾经多次强调指出，应该保障西征用饷。西征军的军费每年支出约八百万两，但实际收到的各省协饷只有五百万两。后来"各省之协济洋防者，又皆以洋防为急、塞防为缓"，以致西征军"出款日增，入款大减"，1875年，西征军"每年只发一月满饷"。因此他多次上奏请求敕下各省如数拨解协饷，并主张暂借洋款以补不足。

后来，西征军饷源匮缺的情况受到清廷重视。1876年4月，左宗棠督率大军出关之际，清廷发布"上谕"称："左宗棠出师塞外，必须士饱马腾，方足以壮军威而张挞伐。各营将士踊跃前驱，尤深廑念。各省协解西征饷银未能足数，致有积欠口粮。此次远道进兵，粮饷必须充裕……加恩着于户部库存四成洋税项下拨给银二百万两，并准其借用洋款五百万两，各省应解西征协饷提前拨解三百万两，以足一千万两之数。"左宗棠对此"感激涕零""不能自已"，不管怎么说，出征的将士总算有了物质上的保障。

除筹粮、筹饷之外，左宗棠还十分重视粮食和军火物资的转运问题。西征之师须驰骋数千里，筹划转运也并非易事。左宗棠主张关内运粮以车运为主，关外则以驼运为主，解决了粮食转运的难题。他还通过上海采办转运局、汉口后路总粮台、西安总粮台等转运军火物资，并由兰州机器局自造枪炮供应前线。

经过近一年的积极备战，左宗棠于1876年3月16日离开兰州西进，4月7日抵达肃州，就近指挥收复新疆的战略决战。

第十六讲

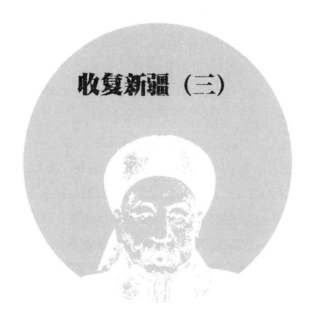

收复新疆（三）

正当左宗棠要正式出兵新疆的时候，英国政府马上出面"调停"，要清廷允许阿古柏残部在喀什噶尔独立。这个时候的左宗棠会如何回复英国政府所谓的"调停"呢？他能够顺利地收复新疆吗？

一、收复全北疆

前面我们说到，经过近一年的积极备战，左宗棠于1876年3月16日正式离开兰州西进，并于同年4月7日抵达肃州。

不过，这话说得容易，真的要走起来，可就不是那么容易了。为什么呢？您想想，左宗棠固然是位了不起的人物，但他对阿古柏这个人并不十分了解，对吧？既然不了解阿古柏，自然无法做到我们常说的"知己知彼，百战百胜"。这样一来，前面说的那些收复新疆领土的战略目标——比如，先平定北疆，再底定南疆——都是所谓的空话而已。

难道左宗棠的心里面对于收复新疆真的很有底气？其实，他应该没有太多的底气，前面所说的那些话实际上只是一种决心而已。关于这一点，正如他曾经说的那样，"此时西事无可恃之人，我断无推卸之理，不得不一力承当"。

既然左宗棠对于战事并无必胜的把握，那么这个时候他的心里面应该并不平静，反而是波涛汹涌才对啊。可是，这种波涛汹涌的情绪应该如何平复呢？如果不能平复，那可是兵家之大忌！其实，左宗棠如果想要平复情绪，应该借助外力——换句话说，应该有人安慰一下他了。

问题在于：像左宗棠这样的大人物，脾气又大，谁敢安慰他啊？话说到这里，就要介绍一下左宗棠的一个特殊嗜好——下象棋了。

左宗棠很喜欢下象棋，身边的人都不是他的对手。当左宗棠带兵即将从兰州开赴新疆的时候，他心想，这一去又要几年以后才能回来。于是，心中烦闷的左宗棠便穿着一身便服到街上走走。突然之间，左宗棠看见一位老者在自家门前悬挂着"天下第一棋手"的牌子，左宗棠就向他提出挑战。双方对弈数局，老者输得很惨。左宗棠笑着跟这个所谓的"天下第一棋手"说道："你的那块牌子该取下来了。"老者无话可说，只好取下牌子。

您知道这个"天下第一棋手"的葫芦里面卖的是什么药吗？不知道不要紧，咱们后面再说这个问题。因为，现在的我们关心的是赢了棋的左宗棠的动向。

话说此时的左宗棠赢了棋，非常高兴，他马上下令，大军第二天出征。

此时左宗棠指挥的西征清军中，有刘锦棠所部湘军二十五个营、张曜所部十四个营和徐占彪所部蜀军五个营，包括原来在新疆各个据点的清军，共有马、步、炮军一百五十余营，兵力总数近八万人。但真正开往前线作战的只有五十余个营，两万多人。因为行军时要经过著名的莫贺延碛大沙漠，流沙数百里，上无飞鸟，下无水草，极难跋涉。粮草可以马驮车载，长途运输，"唯水泉缺乏，虽多方疏浚，不能供千人百骑一日之需，非分起续进不可也"。

看来大部队行军遇到的最大问题是人畜饮水难以解决，

所以只有分批分期地行进。左宗棠坐镇肃州，命刘锦棠、金顺分兵两路，先后率师出关。他把大军分作千人一队，隔日进发一队，刘锦棠走北路，金顺走南路，到哈密会齐。

从1876年5月开始，左宗棠与刘锦棠"熟商进兵机宜"之后，令刘锦棠"率各营长驱大进"，开赴新疆哈密，旋进至古城。6月，"蜀军"徐占彪部出关进驻巴里坤。此时，张曜部已先期驻扎哈密，金顺所辖军队在济木萨、古城一带活动。左宗棠目送出关各军，心情格外激动。他说，"前军已陆续开拔，大约五月内始有战事。万里长驱，每营仅发四个月盐菜，无却步者，忠哉我军""出塞诸军，英气勃勃"，这正是西征军为保卫祖国领土而挺进新疆、出关远征的真实写照！

左宗棠规复新疆的第一个战略目标是进取北路乌鲁木齐、玛纳斯二城，重点是攻克乌鲁木齐。

新疆北路被阿古柏匪帮侵占后，原陕西回军的首领白彦虎从甘肃逃至新疆投入阿古柏的怀抱，成为民族败类。阿古柏盘踞南疆，在北疆则委派所谓的乌鲁木齐阿奇木伯克（清代新疆回部各伯克中官阶最高者，总管一城的穆斯林事务）马人得联合白彦虎代行其统治，据有乌鲁木齐和玛纳斯等城，其主要兵力集中于乌鲁木齐东北面的古牧地。

此时，先后出关的西征军已由东向西依次进驻哈密、巴里坤、古城、济木萨。左宗棠认为，金顺驻军济木萨，距乌鲁木齐尚远，"贼之精锐多在古牧地，是处距阜康县城九十里"。

因此，左宗棠命令刘锦棠"到济木萨后，以大队径驻阜康县城，出队捣古牧地（今新疆维吾尔自治区乌鲁木齐市米东区）。此关一开，则乌垣、红庙子（乌鲁木齐的别称）贼不能稳抗，白逆必窜吐鲁番以寻去路"。

根据左宗棠的部署，刘锦棠率领轻骑来到金顺在济木萨的行营，商定进兵方略。然后，刘锦棠返回古城，率湘军马步各营于1876年7月21日抵济木萨。刘锦棠、金顺二军会合后，均于7月28日进至阜康。

再说此时的白彦虎知悉清军已兵临古牧地附近后，便从乌鲁木齐移踞于此，试图负隅顽抗。阿古柏也从南疆调遣援军前来助战。刘锦棠于10月8日潜师夜赴，会金顺所部，进袭黄田。由于"官军奋威猛击"，10月9日，"攻拔黄田坚卡"。10月10日，刘锦棠派营分扎古牧地城正东及东北面；11日，大军开始攻城，各营"士气愈奋，皆冒枪炮斩关而入，立将城关攻破"。10月14日，刘锦棠、金顺令所部各营急攻，于15日攻克古牧地城。白彦虎带领残部向南疆逃窜。

刘锦棠乘势于10月16日直捣乌鲁木齐。这样，被左宗棠视为"新疆关键"的乌鲁木齐回到了祖国的怀抱。刘锦棠、金顺会同署伊犁将军荣全派兵于11月6日又乘势克复玛纳斯城。阿古柏匪帮在北疆的势力被全部驱除。

二、收复三大城

左宗棠在克复乌鲁木齐后，即实施进军南疆的第二步战略。他一面令金顺布置各城堡要隘并处理善后事宜，一面"咨调张曜、徐占彪会同刘锦棠进规南路"。他认为："不得乌鲁木齐，无驻军之所，贼如纷窜，无以制之，不仅陕甘之忧，即燕晋、内外蒙古将无息肩之日。"

左宗棠认真分析了南疆的局势，他指出："安集延酋帕夏已派贼骑五千，合乌垣、红庙逸去之贼，踞乌垣南二百余里之达坂城即噶逊营，以拒官军。帕夏自踞托克逊，筑三城为犄角，与其悍党守之。"白彦虎窜入托克逊，阿古柏"待之甚倨，并勒其随行贼众剃发易服，傍三城以居"。"察度南路贼势，守吐鲁番者拒哈密官军，守达坂者拒乌垣官军，皆所以护托克逊坚巢也。而达坂、托克逊，尤悍贼麋聚之区，贼骑皆多至数千，守御甚固。"因此，要进兵南疆，必须集中兵力击破吐鲁番、达坂、托克逊这三城所形成的犄角防线，痛歼阿古柏的主力，这样才能为收复喀什噶尔、英吉沙尔、叶尔羌（今新疆维吾尔自治区莎车县）、和阗、阿克苏、乌什、库车、喀喇沙尔（今新疆维吾尔自治区焉耆回族自治县）这"南八城"打开通道。

左宗棠在对南疆的敌情进行分析研究之后，认为规复南疆仍须采用"缓进急战"的战略战术，告诫刘锦棠"屡胜之后，尤宜慎宜加慎，勉力图维，断不可掉以轻心，致贻后悔"。因此，他不同意刘锦棠提出的在克复乌鲁木齐后急于进攻南路的建议，指出："所议会师进规南路八条，可采者多，已分别咨行照办矣。惟用兵之道宜先布置后路，后路毫无罅隙可寻，则转运常通，军情自固。然后长驱大进，后顾别无牵掣，可保万全。"左宗棠决定在第二年春季进兵南疆，同时强调"目前应办之事必应迅速办理"。他命令刘锦棠、张曜、徐占彪等部抓紧进行军队休整和军需补给工作，并奏请调派驻包头的"卓胜军"记名提督金运昌率所部至乌鲁木齐，以替出刘锦棠部南下。

1877年春，西征军南进的时机成熟。此时，金顺已被清廷任命为伊犁将军，驻守玛纳斯以西，负责北疆西部地区的防守，并监视伊犁俄军的动向。金运昌所率"卓胜军"抵达乌鲁木齐，与刘锦棠部湘军换防。同年4月14日，刘锦棠亲率马步各营及炮队由乌鲁木齐逾岭而南，进军达坂城，开始了规复南疆的战斗。与此同时，张曜和徐占彪分别从哈密和巴里坤西进吐鲁番。这样，西征军对达坂、吐番鲁、托克逊一带的阿古柏匪帮主力形成了从东面到北面的攻击态势。

阿古柏面对清军攻取乌鲁木齐和即将进攻南疆的局势，极为惶恐不安。于是，他试图通过自己的英国主子说服清政府，让其立于南疆。

1876年，英国驻华公使威妥玛（1818—1895年）利用处理"马嘉理案"与李鸿章谈判之机，要求李鸿章转告总理衙门，称英国可以代阿古柏乞降。

总理衙门将此事函告左宗棠。左宗棠认为阿古柏"窃踞南八城及吐鲁番"，且勾结白彦虎盘踞乌鲁木齐等地，"中外共知"。威妥玛代其请降，又称阿古柏为"喀王"，"请为属国"，竟"敢以此妄渎尊严"，实属可恶。

左宗棠拒绝了威妥玛的"说情"，揭露了其真实用意，即"英人代为请降，非为安集延，乃图保其印度腴疆耳，俄英共争印度数十年矣"。

左宗棠表示向南疆进军的信心和决心是不容动摇的。他致函总理衙门大臣说:"南路贼势,重在达坂(即噶逊营)、吐鲁番、托克逊三处。官军南下,必有数恶仗,三处得手,则破竹之势可成。"

阿古柏企望英国向清政府施加压力的图谋未能得逞,便想依恃天山之险布重兵于达坂、吐鲁番、托克逊以继续顽抗。

达坂是由乌鲁木齐进入南疆的必经通道。从达坂至东南方向的吐鲁番有一百多千米,至西南方向的托克逊为一百千米左右。因此,阿古柏在达坂重点设防,委派自己的大总管爱伊德尔呼里防守于此。吐鲁番旧有满、汉两城,阿古柏遣白彦虎等人据守此地。托克逊为阿古柏侵入新疆后长期经营的老巢,其主力盘踞于这里,阿古柏看到清军来势勇猛,便到距此三百多千米的喀喇沙尔遥控战局,并令其次子海古拉(?—1877年)守御该城。

阿古柏自以为"设险重叠,有恃无恐",却不料在刘锦棠等部"取急风迅雷之势"的打击下,达坂、吐鲁番、托克逊在十一天之内就被西征大军所攻克。

1877年4月16日,刘锦棠率部抵达柴窝铺(今新疆维吾尔自治区乌鲁木齐市达坂城区),留营驻扎。当天夜晚,刘锦棠调派兵力"乘贼不觉,径趋达坂""立合锁围,杜贼窜逸",向达坂发起进攻。

第二天,刘锦棠亲率大军"环列圆阵,匀布整齐",敌军"擎洋枪指击,并发开花大炮",我军"伤亡十余人,屹立如故"。刘锦棠在自己的坐骑中弹立毙的情况下,又"易马而前",令各营奋勇攻城。经过数日激战,刘锦棠率军于4月20日攻克达坂城。接着，刘锦棠率各营于4月24日"潜师夜起"，至25日抵白杨河。

然后，刘锦棠分兵两路，一路由道员罗长祜（？—1884年）等带领驰往吐鲁番会同张曜等部主攻此地，一路则由刘锦棠率领"由西南进，直捣托克逊城"。经过一夜激战，刘锦棠部于4月26日攻克托克逊。同一天，张曜、徐占彪、罗长祜等部也一举攻占吐鲁番满、汉两城。白彦虎、海古拉自听说西征大军即将进攻托克逊时，便分别从吐鲁番、托克逊"踉跄而逃，曾不停趾也"。

清军克复达坂、托克逊、吐鲁番三城后，左宗棠指出："以目前局势言之，南八城门户洞开，应即整饬长驱，以符'缓进急战'之议。"他正告阿古柏："如知去逆效顺，缚白彦虎，献南八城，固可不重烦兵力；否则，深沟高垒，先据形势，图老我师，则官军分道长驱，集粮转馈，事不容已。"

左宗棠决定迅速收复"南八城"。他命令刘锦棠速谋进取，务出万全；调张曜同赴前行，兼筹粮运；饬徐占彪留吐鲁番办理善后。看来左宗棠的西征大军已是锐不可当，收复"南八城"也为期不远了。

三、收复南疆土

1877年5月29日凌晨，阿古柏预感到灭顶之灾已经降临，突然死于库尔勒。他的死因至今都是个谜。有人说他看见死神逼近，索性喝了毒酒一死了之；还有人说，此时的阿古柏已经丧失理智，因一件小事就和管库的水吏吵闹打架，被这个小吏失手打死；等等。比较可信的是，这个双手沾满新疆人民鲜血、罪大恶极的人民公敌阿古柏，确实是死了。

6月1日，阿古柏的次子海古拉来到库尔勒，为父发丧；6日，海古拉率兵携阿古柏的尸体返回喀什噶尔，第二天布素鲁克的侄子艾克木汗被阿古柏余部推举为首领。

6月23日，海古拉护送阿古柏的尸体到达喀什噶尔回城东北部三十多千米的克孜勒河木桥边，阿古柏的长子、喀什噶尔总督伯克胡里早已派人在此"迎候"。为了防止这个弟弟前来与自己争权夺位，伯克胡里手下的胖色提（浩罕国官名，相当于团长）穆罕默德·孜牙开枪杀死了毫无思想准备的海古拉。阴谋实现后，阿古柏被葬在喀什噶尔。

豺狼的凶残本性无可改变。就在丧钟已经敲响之后，手足相残、互相倾轧的闹剧还在继续进行。阿古柏建立的所谓"洪福汗国"已处于分崩离析的状态之中。看来，这伙强盗的灭亡是任何力量也不能逆转的。

1877年8月13日，为防止布素鲁克的侄子艾克木汗回喀什噶尔争夺权力，伯克胡里断然发兵北上，他击败了艾克木汗，占领了阿克苏。艾克木汗逃越边境，投入了沙皇俄国的怀抱。

9月5日，伯克胡里自阿克苏返回喀什噶尔，休整军队准备迎战清军。10月4日，伯克胡里听说阿古柏派驻和阗的伪伯克尼亚孜宣布"反正"，要投降清朝对付自己，便迫不及待地率兵出征和阗。21日，伯克胡里又重新占领和阗。考虑到阿古柏十几年来掠夺积蓄的财宝都集中在喀什噶尔，为了不让他人乘虚取了去，伯克胡里又马不离鞍地往回跑。他到英吉沙时，已是11月初。这时，曾叛变投敌的原清军绿营守备何步云（1810—？年）也在喀什噶尔汉城宣布"反正"，堵住了伯克胡里返家的通道。伯克胡里大怒，在英吉沙发狂般地屠杀了三百多个汉民以泄恨。伯克胡里军开抵汉城外时，其部将阿里达什又自回城赶来，两人联手共攻何步云。得知清军即将来临，何步云这次咬着牙没有再投降。

再说回清廷在"关外军情顺利，吐鲁番等处收复后"的有利形势下，令左宗棠就南疆和伊犁问题"通盘筹画""统筹全局"，迅速密奏。

左宗棠经过慎重的考虑之后，向朝廷递交了奏折。

> 重新疆者所以保蒙古，保蒙古者所以卫京师。西北臂指相连，形势完整，自无隙可乘。若新疆不固，则蒙部不安……英人为安集延说者，虑俄之蚕食其地，于英有所不利。俄方争土耳其，与英相持。我收复旧疆，兵以义动，彼将何以难之？设有意外争辩，枝节横生，在我仗义执言，亦决无所挠屈。……至省费节劳，为新疆画久安长治之策，纾朝廷西顾之忧，则设行省、改郡县，事有不容已者。

这一段议论真可谓高瞻远瞩。在这里，左宗棠不仅阐述了保卫新疆的重要意义，而且第一次正式提出在新疆设置行省的建议，为清政府做出正确决策起到了积极的作用。

1877年8月25日，刘锦棠等部经过几个月休整后开始向"南八城"进军。刘锦棠先派提督汤仁和率队由托克逊进扎苏巴什、阿哈布拉两处，继而派总兵董福祥等率营由阿哈布拉、桑树园、库木什、榆树沟一带至曲惠（今新疆维吾尔自治区和硕县境内）安营，随后刘锦棠率部由大路向开都河进发。

开都河源于天山之麓，汇而南趋，横贯库尔勒和喀喇沙尔。白彦虎逃窜至喀喇沙尔后渡过开都河西岸，"即壅开都河水以阻官军，漫流泛滥，阔可百余里"。

刘锦棠师至，只好令将士凫水经过或搭浮桥转运军械。10月7日，刘锦棠军不战而入喀喇沙尔。此时白彦虎因惧被歼，早已窜至库车。

10月9日，西征军进入库尔勒，又是空城一座。接着，刘锦棠督率所部于当月18日、24日、26日先后进取库车、阿克苏、乌什。这样，"南八城"中的"东四城"（喀喇沙尔、库车、阿克苏、乌什）已为西征军克复。

此时，激动不已的左宗棠看到了"此次官军浩荡西征，一月驰驱三千余里，收复喀喇沙尔、库车、阿克苏、乌什四城，南疆八城已复其半"。

进而，左宗棠认为："新疆南路以阿克苏为关键，北通伊犁，西连乌什，东接库车，迤西达喀什噶尔，又可达叶尔羌、英吉沙尔，稍南而东，则达和阗，为形势所必争。阿克苏既复，该逆窜路悉穷，既由乌什边外逸去，非至喀什噶尔，别无归宿。所盼大军围剿，或可聚歼。"

刘锦棠部在阿克苏会师，张曜部也于11月6日由喀喇沙尔直指库车，"前矛既锐，后劲仍道，戎机顺迅，古近罕比"。这样，"如叶尔羌速下，官军会攻喀什噶尔，并规全局，似戡定之期当亦不远矣"。但此时的左宗棠仍告诫西征将士要保持冷静，指出："军事瞬息千变，非敬谨襄事，必蹈危机，固有不可轻心尝试者。"

12月，刘锦棠分兵两路进攻喀什噶尔。12月17日夜，清将余虎恩、黄万鹏二部会合，攻克喀什噶尔，大败伯克胡里与白彦虎，伯克胡里与白彦虎二人没命似的逃出了国境。12月24日，刘锦棠率部先后收复叶尔羌、英吉沙尔；26日，抵达喀什噶尔，将金相印父子、伪元帅马元与于小虎等人一并处以国法，斩首示众。1878年1月2日，董福祥收复和阗，阿古柏的残余势力被彻底荡平。这样，除伊犁外的新疆领土已全部光复。于是，清廷晋封左宗棠二等侯爵，以资激励。

收复新疆（四）

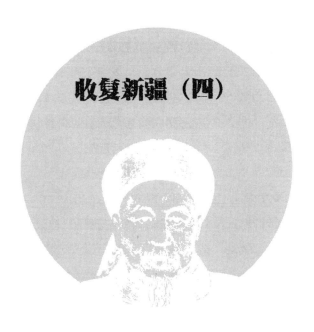

一、俄占伊犁

左宗棠在底定南疆后，总算是舒了口气。他总结了之前进兵的经验，肯定了西征军将士的功绩，在家书中这样写道："盖此次师行顺迅，扫荡周万数千里，克名城百数十计，为时则未满两载也。而决机制胜全在'缓进急战'四字，细看事前各疏可知大概。至其本原，则仁义节制颇有合于古者之用兵……贼以其暴，我以其仁；贼以其诈，我以其诚，不以多杀为功，而以妄杀为戒。故回部安而贼党携，中国服而外夷畏耳。实则我行我法，无奇功之可言，在诸将士劳苦功高。朝廷论功行赏，礼亦宜之。至于锡封晋爵，则在我实有悚息难安之隐。"

左宗棠此言感人肺腑！这正是他高风亮节的政治风格的映照。他还在致刘典的函中说："新疆用兵，全以关陇为根本，同心断金，乃收其利……周秦汉唐之衰，皆先捐其西北，而并不能固其东南。我国家当天下纷纷时，不动声色，措如磐石，复能布威灵于戎狄，错杂之间，俾数千里邱索，依然全瓯罔缺，以此见天心眷顾，国祚悠长，非古今所能几其盛美也。吾辈数书痴，一意孤行，独肩艰巨，始愿亦何曾及。此而幸能致之者，无忌嫉之心，无私利之见，苟利社稷，死生以之耳！"左宗棠的爱国热忱呼之欲出！

如果说左宗棠指挥西征大军歼除并驱逐了进犯我国新疆的阿古柏匪帮，为规复北疆和南疆立下了不朽的功绩，那么他下一步亲自率大军出关，以武力为后盾，从俄国侵略

纪连海评
左宗棠

272

者手中索还伊犁，更为伊犁回到祖国的怀抱和捍卫中国的领土主权做出了永远值得称道的历史贡献。

本来，左宗棠在1871年得知沙俄侵占伊犁的消息后就非常愤慨，他曾致函刘锦棠，指出俄国"窥吾西陲"的阴谋，并决心"与此虏周旋"。

俄国在入侵伊犁之后，也玩弄了花招，向清政府表示只是"代为收复""俟关内外肃清，乌鲁木齐、玛纳斯等城克复之后，即当交还"。

此时，俄国根本不相信清政府能收复乌鲁木齐。然而，左宗棠规复新疆的壮举，表明中国不仅在北疆，甚至在南疆都取得了前所未有的军事胜利。中国从俄国手中索还伊犁按理说已不成问题。

但是，俄国不仅在中国收复了乌鲁木齐、玛纳斯后拒不交还伊犁，就是南疆底定之后仍想赖账，拒绝了清政府提出的由左宗棠与其交涉索还伊犁的问题。

这样，清政府于1878年7月决定派署盛京将军崇厚去俄国谈判，收回伊犁。清廷还就伊犁"交还以后，如何防守"问题令左宗棠"先事图维"。

左宗棠对清政府偏倚外交谈判索还伊犁的做法只能表示赞同，但他仍然强调："前疏所称地不可弃者，窃以腴地不可捐以资寇粮，要地不可借以长敌势，非乘此兵威，迅速图之，彼得志日骄，将愈进愈逼。而我馈运艰阻，势将自绌，无地堪立军府，所忧不仅西北也。伊犁收还以后，应于边境择要筑垒开濠，安设大小炮位，挑劲兵以增其险……伊犁未还之前，金顺大军驻库尔喀喇乌苏。其西精河地方，势处要隘，向驻马队，以资扼截。"

看来左宗棠对收复伊犁有自己的"图维"，他希望以武力收复。

1879年10月2日，崇厚在出使俄国后擅自在克里米亚半岛与俄国签订了丧权辱国的《中俄交收伊犁条约》（即《里瓦几亚条约》）。主要内容如下。

一、中国仅收回伊犁城，但伊犁西境霍尔果斯河以西、伊犁南境特克斯河流域以及塔尔巴哈台（今新疆塔城）地区斋桑湖以东土地却划归俄属。

二、赔偿"代收代守"伊犁兵费及恤款五百万卢布（合银二百八十万两）。

三、俄商在蒙古、新疆贸易免税。通商路线增开三条：除原有从恰克图至库伦，经张家口、通州到天津外，增加尼布楚至库伦；从科布伦多至归化，经张家口转天津；从新疆经嘉峪关、西安或汉中至汉口。由陆路运入天津、汉口的俄国货物，进口税较海路运入者减低三分之一。开放松花江，俄商在嘉峪关、乌鲁木齐、哈密、吐鲁番、古城、科布多、乌里雅苏台七处增设领事。

该条约名义上把伊犁归还中国，却将伊犁南境的特克斯河流域和西境霍尔果斯河以西的大片领土割让给俄国，其西境、南境仍被俄国占领，处于北、西、南三面受敌的境地，伊犁成为孤城。而且，该条约还规定：将喀什噶尔及塔尔巴台两处的双方边界作有利于俄国的修改，以及赔偿军费、免税贸易、增辟通商线路和增设领事等。这是一个严重有损中国主权和领土完整的不平等条约。

二、左、李激辩

消息传来，全国舆论大哗，群情激愤，要求改约，甚至"街谈巷议，无不以一战为快"。清廷谕令北洋大臣李鸿章与陕甘总督左宗棠议覆。

李鸿章上奏，从三方面阐述了他对该条约及相关问题的看法。

首先，就条约利弊而言，他认为纰缪多端，有弊无利，并对条约内容关系重大者逐条驳斥。其次，就理之曲直而言，他认为条约虽有弊无利，但如果翻约，则理曲在我。最后，李鸿章认为翻约与否，关键要视双方势之强弱而定。

李鸿章的意思是，如果中国势力强于俄国，则条约可翻，否则只能尽力补救。这里，他并未明言中俄两国孰强孰弱，但他在与同僚的信函中曾经多次对中俄的实力做过比较。李鸿章论敌我实力时说，"俄在西国为最强，其与中土沿海沿边交界三万余里，更非英、美、德、法可比"，而中国"粤捻平后，遣将裁勇而饷源愈竭"。不但南北洋兵势不足，"黑、吉两省既乏将帅，更乏劲兵巨饷，断难与俄抵敌"。即使是左宗棠最为得意的西北军队，"不过尔尔，把握何在"？

基于对敌我"势""理"的此种认识，尽管李鸿章认为

《中俄交收伊犁条约》纰缪多端，却反对废约开衅，而主张"徐图补救"；如若不能补救，则只能隐忍接受。否则，衅端一开，中国势力不抵俄国，俄国势必"变本加厉""有条约外之事"。他还对左宗棠等人的主战之说大加抨击，"左帅主战，倡率一班书生腐官大言高论，不顾国家之安危"，认为"左公意在主战，未免不知彼己、不顾后艰"。可以说，在伊犁改约问题上，李鸿章的主张和态度是明显的。但综观李鸿章对中俄双方"势""理"的分析，可知他做出敌强我弱、中曲俄直的判断是偏颇甚至错误的。

首先，就敌我势之强弱而言，李鸿章"敌强我弱"的认识是片面的，他过分强调了中国的虚弱，却对俄国内部的情况缺乏应有的了解与分析。晚清中国之国防固然虚弱，但其对左宗棠的西北军队不堪一击的描述，未免掺杂了太多的个人偏见。至于俄国的情况，李鸿章关注较多的是其向中国派兵之动静，而对其内部虚实缺乏分析。事实上，当时的俄国内部矛盾重重，君主并非决意欲战。

其次，就中俄理之曲直而言，李鸿章的分析可以说是完全错误的。伊犁本为中国领土，俄国乘机侵占，久假不归，已经理曲。中国索还伊犁，虽订条约，却未经皇帝御批，因此中国不认条约也不为理曲。总之，由于李鸿章对敌我"势""理"分析的诸多错误，使他反对废约，甚至为保和局而不惜接受条约的主张，也多所纰缪。正因如此，李鸿章"主和非战"的主张未能起主导作用。

与李鸿章不同，在议覆伊犁交涉事宜的奏折中，左宗棠首先指出了《中俄交收伊犁条约》的危害："武事不竞之秋，有割地求和者矣。兹一矢未闻加遗，乃遽议捐弃要地，餍其所欲，譬犹投犬以骨，骨尽而噬仍不止。目前之患既然，异日之忧何极！此可为叹息痛恨者矣！"进而明确表示了自己的态度："就事势次第而言，先之以议论，委婉而用机；次决之以战阵，坚忍而求胜。""先之以议论""决之以战阵"，这是左宗棠在伊犁问题上的一贯主张。敢于"决之以战阵"，这是左宗棠与李鸿章最大的不同。在左宗棠看来，中国不但应该为改约而战，而且具备战的条件，他从"势"与"理"两个方面论证了武力改约的可能性。

首先，从中俄势力来看，左宗棠认为中国有实力与俄国决一胜负。第二次鸦片战争后，鉴于中外实力对比悬殊，左宗棠不得不主张苟且和戎，卧薪尝胆，隐忍图强。即使在俄国侵占伊犁之初，左宗棠也反对急于与其开战。但随着新疆战事的顺利进展，左宗棠对自己的军事实力越来越有信心。

在左宗棠看来，不但中国的兵力可与俄国对抗，而且俄国国内问题重重，"难与中国并论"。这在客观上有利于中国。这可以说是左宗棠主战的主要原因。

其次，就中俄理之曲直而言，左宗棠认为理曲在俄。在他看来，"地山（指崇厚）虽以全权出使，而所议约章均须候御笔批准，是先无所谓允也。……且俄自踞伊犁，堕我九城，久假不归；纳我叛逆，屡索不与；四纵逋寇，扰我边境。……是俄先已启衅。曲本在俄"。

基于上述分析，左宗棠认为，就目前边事言之，"以言乎理，则兵以义动也；以言乎势，则盘马弯弓，惜不发也"。可见，左宗棠对战胜俄国信心十足。

应当承认，左宗棠对中俄理之曲直的判断是正确的。而且，他对俄国当时形势的分析也比李鸿章更为深入。后来的事实证明，俄国并不像李鸿章所说的那样强大无比，正如左宗棠所言"频年黩武""仇衅四结"，而未能在伊犁问题上再开衅端。

不过，与李鸿章"主和非战"的态度不同，左宗棠虽主战，却不反对言和。"先之以议论"即表明左宗棠不但不排斥以和谈方式解决伊犁问题，而且将其作为首选的途径，"决之以战阵"乃是不得已而为之。

对如何最终改变中国被动局面的不同思考是导致李鸿章与左宗棠"战和观"出现分歧的一个重要原因。诚然，二人在自强与和戎问题上一度达成了共识，但这是以第二次鸦片战争后中国的绝对弱势为条件的。那么，当中国自强之后，如何改变被动挨打的局面，是战还是和？改变中国被动局面的时机何在，是中国完全自强，还是只要局部占据优势？对诸多问题的不同回答导致了李鸿章、左宗棠"战和观"的严重分歧。

在左宗棠看来，中国问题的根本，必将通过"决战"来解决。如前所述，早在第二次鸦片战争时期，左宗棠就明确表示，"和"是暂时的，"和"的目的是卧薪尝胆、图谋自强，而"将来"必须通过"决战"来改变中国被动挨打的局面。此时，他又重申了这一主张："将来非决战不可。"左宗棠所说的"将来"，并非指中国绝对强大之后，而是指局部占据优势之时，正如他所说，中外对抗"譬之围棋，败局中亦非无胜著。惟心有恐惧，则举棋不定，不胜其耦矣"。"败局中亦非无胜著"正是左宗棠敢于"决战"的思想基础。

尽管与左宗棠一样，李鸿章和戎也是为了卧薪尝胆、图谋自强，但他的观念中缺乏主动改变命运的"决战"成分，而只有被动应战的思想。李鸿章之所以不敢"决战"，根源在于他认为"彼之军械强于我，技艺精于我，即暂胜必终败"。"暂胜必终败"构成了李鸿章主和基调的思想基础。李鸿章不但不敢在局部占优势的条件下"决战"，而且在"器精防固"的"将来"也主张"力保和局"，诚如他所说："目前固须力保和局，即将来器精防固，亦不宜自我开衅。彼族或以万分无礼相加，不得已而一应之耳。""暂胜必终败"与"败局中亦非无胜著"构成了李鸿章与左宗棠战和分歧的思想基础，这在中法战争中得到了充分的体现。

清廷采纳了左宗棠的建议，先是将崇厚革职拿问，交刑部治罪，继而把崇厚定为斩监候，待秋后处决，并于1880年2月12日派驻英法公使、曾国藩之子曾纪泽（1839—1890年）兼任驻俄公使，赴俄谈判改定崇厚所订的条约，并令左宗棠做好军事准备。

左宗棠得知曾纪泽即将出使俄国和朝廷内部主战的呼声占据上风后，非常兴奋，马上决定"明春解冻后，亲率驻肃亲军，增调马步各队，出屯哈密，就南北两路适中之地驻扎，督饬诸军，妥慎办理"，以期尽快达到收复伊犁的目的。

三、抬棺出征

《清史稿·左宗棠传》记载："六年四月，宗棠舆榇发肃州，五月，抵哈密。"魏光焘《勘定西北记·卷四·武功记》记载："四月乙卯，宗棠发肃州舆榇以行。五月乙亥，抵哈密。"文中的"六年"指的是光绪六年，也就是1880年；农历"四月乙卯"，是公历的5月26日；农历"五月乙亥"，是公历的6月15日；两段材料中的"舆榇"一词，最早出现在《左传·僖公六年》，这里展示的是左宗棠与侵略者决一死战的决心。

两段材料都向我们展示了"左宗棠抬棺出征"的壮举。

1880年5月26日（农历四月十八日），近七十岁高龄的左宗棠不畏疾病与炎热，亲自统领大军行军千里，于6月15日（农历五月初八日）到达哈密，在哈密城郊西河坝（旧名"孔雀园"）设指挥部。左宗棠率领大军从肃州出发的时候，为了鼓舞全体将士的斗志，他命亲兵抬着一副棺材同行，向全体将士表明自己誓与侵略者决一死战的决心和"壮士长歌，不复以出塞为苦，老怀益壮"的豪迈之情。

在哈密，左宗棠亲自部署三路进兵以收复伊犁的军事计划：一路由金顺进驻精河从正面佯攻，以牵制俄军主力，且防止俄军向东进犯；一路由张曜从阿克苏越过天山进击伊犁南部；一路由刘锦棠经乌什越冰岭直赴伊犁西面的后路。左宗棠对"生力之军络绎而至，足供指挥"的战局充满必胜的信心。因此有人说，如果这次中俄之战真的按照左宗棠的计划而实施，那将是他战场事业的新里程碑，这话是有道理的。

左宗棠是名悍将，但此时的他更是一个年近古稀的老人。一个老人在家中颐养天年尚且多灾多病，更何况出关作战。左宗棠的身体很快就出现了问题，每天都咯血，浑身上下长满了湿疹，奇痒无比。军医用尽办法，却依然没有改善半分。为今之计，唯有赶紧班师，在后方休养，才可药到病除。可没有一个人敢开口劝左宗棠班师。

此次出兵，左宗棠抬棺出征，不克伊犁，誓不还师！黄沙百战穿金甲，不破楼兰终不还。引颈西望，一位将军，一口棺材，一片疆域。

然而，正当左宗棠为收复伊犁积极备战之际，清政府却在列强的胁迫和俄国的武力进逼面前有改变以往在新疆问题上的强硬态度而转向妥协的意图。

首先，清政府对崇厚的处置遭到西方列强的抵制。列强纷纷向清政府施加影响，英国维多利亚女王（1819—1901年在世，1837—1901年在位）亲自写信给慈禧太后为崇厚求情，俄国也声称如果不对崇厚予以赦免，便不同曾纪泽谈判。清政府迫于压力，宣布免去崇厚的斩监候之罪。后来，崇厚捐献了三十万两白银为军费以赎罪，并以原官位降两级予以使用。

其次，俄国加紧调兵遣将，对清政府进行武力恫吓，不仅在伊犁增兵至十二万，还在黑龙江以北、乌苏里江以东部署重兵，并调集二十余艘军舰组成一支舰队由黑海驶往日本长崎，扬言封锁中国沿海，威逼京津。

最后，英国人戈登（1833—1885年）的游说确实起到了恶劣的作用。此人曾任"洋枪队"头目，与李鸿章有私交，他此时受清政府之聘，为中俄伊犁问题交涉调停。戈登至天津面见李鸿章，威胁说："如果你要作战，就当把北京的近郊焚毁，把政府档案和皇帝都从北京迁到中心地带去，并且准备作战五年。"本来就不主张收复新疆且对崇厚签订的条约加以支持的李鸿章非常恐慌，立即将"戈登赠言"进呈清政府，并称："中国一日以北京为建都之地，则一日不可与外国开衅，因都城距海口太近，洋兵易于长驱直入，无能阻挡，此为孤注险著。"

果然，清政府发生了动摇，以"现在时事孔亟，俄人意在启衅，正需老于兵事之大臣以备朝廷之顾问"为由，将左宗棠调至北京。临战易帅，恰好表明清政府在是否敢于以武力抗俄的问题上举棋不定。

1880年8月29日，左宗棠接到调他赴京供职的"谕令"。他对朝廷的用意虽不十分清楚，但也预感到这次内调意味着清政府的政策有所变化。因此，他在家书中说："俄意欲由海路入犯，而在事诸公不能仰慰忧勤，虚张敌势，殊为慨然。我之此行本不得已，既奉朝命，谊当迅速成行。"他致书帮办新疆军务的张曜说："俄事尚未定议，而先以兵船东行，为恐喝之计，谟谋诸公便觉无可置力。国是混淆，计抵京时，错将铸成矣，为之奈何！"

但左宗棠仍对主战抱一线希望。他致函总理衙门说："察看情形，实非决之战胜不可。究之言战本是一条鞭法，无和议夹杂其中，翻觉愈有把握。"他奏请由刘锦棠接任督办新疆军务一职，以便继续抗击俄军，并致函刘锦棠说："俄事非决战不可。连日通盘筹画，无论胜负云何，似非将其侵占康熙朝地段收回不可。"左宗棠期望着早日抵京，"拟从新鼓铸，一振积弱之势"。左宗棠于11月14日从哈密启行入关，经兰州交卸陕甘总督篆务后，又于1881年1月3日从兰州赶往北京。

在左宗棠交卸陕甘总督篆务的这段时间里，他又想起先前杀败对手的情景，更是豪兴勃发，于是命手下找更好的棋手来较量。

可是手下找到的依然是之前屡战屡败的那位"天下第一棋手"，于是双方又再度布阵交战。这次，左宗棠连失三城，毫无还手能力，急得他连问这位"天下第一棋手"："隔了一段时间，你的棋艺为何进步得如此神速？"

"天下第一棋手"从容不迫地说："尽管您之前都是微服出游，但我还是认出了您是左公。之前我知道您有大任在身，深恐挫公锐气，所以连负三局以求谦让，并且可以给大帅出师一个好势头！这一次您既然已经收复新疆凯旋，我也就不让您了，小生无非在座前奉献真实棋艺罢了。"左宗棠听完这一席话，脸上虽然有惭色，但马上夸奖说："人称'天下第一棋手'，看来确实名不虚传。"

四、《改订条约》

左宗棠整军备战的积极姿态确实为曾纪泽在俄国的外交努力提供了坚强的后盾。

曾纪泽接到与俄国政府谈判的任务后，马上前往俄国。他的心中很清楚，此次谈判难度很大，但有左宗棠的支持，他会全力以赴地争取国权。

1880年8月，曾纪泽到达俄国首都圣彼得堡。他受到沙俄政府的冷遇，甚至被质问谈判资格（崇厚为头等出使大臣，拥有全权；而曾纪泽为二等出使大臣，当时并没有全权）。曾纪泽驳斥说："根据西洋公法，无论头等、二等，纵使都称全权，也不能违背国家之意专擅行事，订约必须国家批准。崇厚专擅行事，违背中国国法，也不合国际公例，所以不能承认。"谈判开始后，曾纪泽争取主动，提出事先拟好的新约要点。俄方代表格尔斯和布策对相关要求十分不满，多次以终止圣彼得堡谈判甚至发动战争相威胁。曾纪泽针对沙俄战争讹诈，表示："中国不愿有打仗之事。倘不幸而有此事，中国百姓未必不愿与俄一战。中国人坚忍耐劳，纵使一战未必取胜，然中国地方最大，虽十数年，亦能支持，想贵国不能无损。"

格尔斯和布策被顶得无话可说，只好同意与曾纪泽谈判。曾纪泽便把需要修改的地方一条条列出，送到俄国外交部。格尔斯看后暴跳如雷："这不是把前面所订的条约全部推翻了吗？"于是，格尔斯故意拖时间，不作答复。

曾纪泽派人去催，格尔斯也派人回答说，俄国沙皇已经向清政府提出最后警告，假如不批准以前签订的条约，就只能用大炮来发言了。曾纪泽毫不退缩，镇定自若地回答："如果两国间不幸发生战争，中国用兵向俄国索还土地，那就什么地方都可以索取，绝不只限于一个伊犁。"

来人被说得脸上红一阵，白一阵，只好灰溜溜地退了回去。

几天后，格尔斯和布策又蛮横地向曾纪泽提出："我们守卫伊犁的军费总共为一千二百万元，中国必须予以赔偿。"曾纪泽冷笑道："双方还没有打仗，哪里跑出来的军费？"格尔斯和布策说："如果你们不答应，那俄国只好开战了。"

曾纪泽不客气地回答道："一旦打起仗来，谁胜谁败还不一定呢。如果我们获胜了，那俄国也必须赔偿我们军费。"

在半年多的时间里，双方唇枪舌剑，激烈交锋。曾纪泽据理力争，终于在1881年2月24日与俄方签订了《改订条约》（又称《中俄伊犁条约》）。与崇厚所签条约比较，虽然伊犁西境霍尔果斯河以西地区仍为沙俄强行割去，并且对俄赔款增至九百万卢布，但取得如下成果：乌宗岛山及伊犁南境特克斯河一带均予收回，面积达两万多平方千米；取消俄人可到天津、汉口、西安等地进行经济活动诸条款；废除俄人在松花江行船、贸易，侵犯中国内河主权等规定。

成功改约使曾纪泽广受赞誉，但他自己却在书信《巴黎复陈俊臣中丞》中表示："上年改订俄约，收地未全，内疚方深。都门士大夫以为稍补苴前约之绽漏，不复苛责。来书亦引为弟功，过垂奖借，读之益增愧耳。"

恰好在曾纪泽与俄国谈判代表订立条约的这一天，左宗棠经日夜兼程抵达北京。当得悉条约签订的消息后，左宗棠的心情是矛盾的。一方面，他对于"伊犁全还"是满意的。他说，"中俄和议，伊犁全还，界务无损。领事只设嘉峪关、吐鲁番两处，此外均作罢论，则商务亦尚相安。吉林俄船撤还，松花江不许俄船来往"。他还说，"幸劼刚（指曾纪泽）此行，于时局大有裨益，中外倾心，差强人意也"。另一方面，左宗棠也是气愤的。他说："伊犁仅得一块荒土，各逆相庇以安，不料和议如此结局，言之腐心！"左宗棠"一振积弱之势"的愿望没有实现，而他"不复以出塞为苦"的反侵略举动，确实为伊犁的收回起到了关键作用。

第十八讲

开发西北

在中国传统的经济结构中，农业一直居于主导和受重视的地位。在近代经济成分的变迁中，工商业的抬头与崛起，给中国经济的近代化注入了活力。作为"耕读之家"出身的左宗棠，自然倾心于农学，致力于农业，这是他的可贵之处。他同时又能关注近代工商业问题，表明其曾经顺应近代社会经济的发展趋向。而在新疆的五年实践，恰恰是他经济思想的一个很好的注脚。

一、农业大发展

我们知道，左宗棠西征的主要任务是平定内乱、驱逐外敌、收复失地，但左宗棠并没有把自己的历史责任仅仅局限在这上面。他在积极完成上述任务的同时，还在收复的领土上尽全力恢复生产、发展经济。因为左宗棠对举兵平乱与发展经济的关系有着清醒的认识，他认为，平乱首在安民，安民首在足食；衣食足则民心定，民心定则乱不生。所以，他在整个西征的过程中，一边打仗一边搞经济开发，而经济开发中的首要任务就是迅速恢复和发展农业生产。为了使农业生产尽快得到恢复和发展，他专门制定了一些优惠政策。

一是无偿发放农业生产资料。左宗棠十分清楚，饱受战乱之苦的农民要从颠沛流离中安定下来恢复农业生产，开始时一定是两手空空、一无所有的。要在这样的情况下恢复和发展农业生产，一定是困难重重、举步维艰的。于是，他下令把口粮、种子、农具、耕牛等生产资料无偿分发给那些一无所有同时又愿意恢复农业生产的农民。为防止农民把生产资料挪作他用，左宗棠规定只发实物，不发现银；为防止农民把种子吃掉，则规定必须到播种时节才发放种子。除了无偿发放农业生产资料外，左宗棠还无偿向恢复农业生产的农民发放口粮。发放口粮的标准是：青壮劳动力每人每天八两，老人、小孩每人每天五两。由于耕牛等牲畜大多已在战乱中被杀被抢，所以左宗棠就挪出一部分军饷去购买耕牛，然后分发给老百姓。耕牛不够就用驴、骡、骆驼代耕，如果还不够，就把军队中老弱的军马淘汰下来支援农耕，或者让几家人轮流使用一头牲口。实在没有牲口，就让三个人拉一头犁，用人力也要恢复农业生产。左宗棠不但制定了恢复和发展农业生产的优惠政策，同时还制定了恢复和发展畜牧业的优惠政策。他用军饷买来种羊分发给流离失所的牧民，允许他们三年分期归还购羊款，不计利息。1866年，他驻节兰州，一次就拨出六千多两银子购买种羊分发给当地的牧民。在平定安西、敦煌、玉门之后，他一次就给那些实在难以为生的难民们拨付赈银两万两、寒衣一万套。

二是对开垦荒地者实行政策倾斜。大西北地广人稀、土地贫瘠。熟地本来就不多，只种熟地根本就不足以富民，不足以养军。为了扩大耕地面积，左宗棠鼓励农民开荒种地。他规定：凡开垦荒地者，从开种之日起，第一年全免税赋，第二年半免税赋。为了吸引内地居民移居西北开荒种地，左宗棠还建议朝廷对移居西北开荒种地的家庭给予科举考试方面的照顾。清政府在科举取士中对各地区都规定了录取名额，同时还规定考生必须在报考地居住达到一定年限才有报考资格。左宗棠一方面建议朝廷适当增加西北地区的取士名额，另一方面建议让移居西北的考生可以不受居住年限的限制。清政府采纳了左宗棠的建议。这些优惠政策对于推动西北地区农业生产的恢复和发展起到了一定的积极作用。

　　三是减轻农民负担。在左宗棠到达西北地区以前，那里的各级官吏都要在正常的税赋之外层层加码向农民乱收费、乱摊派，使当地农民不堪重负。左宗棠到西北以后，把税款以外的各种收费统统取消，并把过去当地官府实行的"借一还四"的高利盘剥政策改为"借一还一"。过去农民向官府借贷种子和口粮，收获后要四倍偿还。左宗棠痛斥这是杀鸡取卵、竭泽而渔的政策，他认为民不聊生、逼民为贼的混乱局面就是这些不合理的剥削政策造成的。因此，他在给朝廷的奏章中愤怒地揭露那些贪官污吏的恶行："其志不在恤民，不在济军，惟勒派取盈以顾目前而已。预借籽粒，秋后数倍取偿。民不能堪，弃耕避匿，则系累其家属，追呼迫索，至不可堪。故立开屯之名，而地亩转荒也。"从左宗棠给朝廷的这道奏章中可以看出，他已经看清了各级贪官污吏对农民的过度盘剥才是造成官逼民反、战乱四起，以及各地田园荒芜、百业破败、民不聊生局面的根本原因。同时，左宗棠对以前屯田过程中存在的各种腐败现象也了如指掌，并就在屯田过程中应该如何正确处理好养军与养民、富民与强国的关系提出了独到的见解。他说："从前诸军亦何尝不说屯田，然究何尝得屯田之利？亦何尝知屯田办法？一意筹办军食，何尝顾及百姓？不知要筹军食，必先筹民食，乃为不竭之源；否则兵欲兴屯，民已他徙……一年不能敷衍一年，如何得济？"

　　左宗棠在恢复和发展农业生产的过程中，不仅十分注重发挥农民的作用，而且还十分注重发挥军队的作用。他在西征的过程中，每收复一块地方，都要命令军队利用作战间隙修整因战乱而荒废的土地，并适时种上庄稼。如果熟地不够种，就开垦荒地。在耕种熟地的过程中，如遇业主回来认领，就归还给业主；如无业主认领，军队在开拔前线时就转交地方政府。另外，左宗棠在西征的过程中还开办了一些规模不小的军垦农场。1874年，他命令西征军前锋张曜率领嵩武军十余营在哈密开荒种地，且耕且战。为了办好军垦农场，在军饷相当困难的情况下，他一次就拨给张曜三万两银子作为启动资金。而张曜也没有辜负左宗棠的期望，在不到一年的时间里，就开荒两万多亩，当年就收获粮食近百万千克，足够张曜所部食用两个月！为了推广哈密的经验，左宗棠又相继在巴里坤、古城、吐鲁番、乌鲁木齐、喀喇沙尔等地开办军垦农场。在西征的十几年时间里，左宗棠屯田不拘形式，既发展军垦，又发展民垦，有的地方则是军民兼垦，共同经营。总之，完全是因地制宜、灵活掌握。但不管是军垦还是民垦，其所生产的粮食，一律由政府按价收购。所得银两，民垦自然归百姓，军垦则全部分发给参与耕种的军人。这既减少了长途运输军粮之苦，又增加了参战军人的收入，还激发了军队参加生产和作战的积极性，提高了军队的战斗力，为西征的胜利打下了坚实的物质基础。经过十多年的努力，左宗棠在西北恢复和发展农业生产取得了明显的效果。据1878年对新疆部分地区新增军垦农场耕种面积的统计：哈密三点八万亩，巴里坤五万亩，古城子零点六六万亩，吐鲁番一点二万亩；新增民垦户数为：古城子九百多户，乌鲁木齐两千多户，昌吉一千三百多户，玛纳斯九百多户。

左宗棠在西北大力恢复和发展农业生产的同时，还在那里大搞农业基础设施建设，其中突出的成绩就是兴修水利。左宗棠在就任陕甘总督之初就语重心长地告诫华州知州说："水利所以养民，先务之急，此为最切。"针对西北地区缺雨少水的自然条件，他进一步指出："西北素缺雨泽，荫溉禾稼蔬棉专赖渠水……治西北者，宜先水利；兴水利者，宜先沟恤，不易之理。"张曜在奉命开办军垦农场的过程中，因修建水渠需毛毡一万条。考虑到经费困难，张曜只敢向左宗棠申请六千条。而左宗棠在回信中则说："以六千为定，然鄙意与其功亏一篑，不若多备于先，仍令购造万条，以资利用，未敢议减。"从这件事情上也可以看出左宗棠对水利建设是何等的重视！据不完全统计，左宗棠在西北期间共修建各种水渠九百多千米，修建水坝七道，凿水井一千八百多眼。这些水利设施的兴建，不仅使长年缺雨少水的大西北数以百万亩的农田得以灌溉，而且还解决了西北许多地方老百姓饮水难的问题。1881年，左宗棠在进京路过平凉时，特意到柳湖书院察看他当年修建的温泉池，结果发现已被当地官员用围墙圈入书院中。他立即下令拆除围墙，为老百姓饮水和灌溉提供方便。

经过左宗棠十多年的苦心经营，西北的农业在战乱的废墟上得到了明显的恢复和发展，不仅使老百姓从流离失所走向安居乐业，而且税赋也有所增加。仅以南疆八城为例：1878年征粮达到六千万千克，比战乱前差不多翻了一番；征收税银一点三七万两。

二、工业大发展

左宗棠对西北工业的开发，是在因战争需要而开办的军火工业的基础上发展起来的。这也符合世界上许多国家工业发展的一般规律：许多先进的科学技术首先是在军工生产中得到应用，然后再逐步推广应用到民用工业中。左宗棠是洋务运动的重要人物之一，西征前他就创办了福州船政局。西征过程中，他又先后开办了西安制造局、甘肃制造局（兰州制造局）等，最初主要是为西征军生产武器。

但是左宗棠并没有把军火工业仅仅局限在生产武器上面，而是因势利导、因地制宜地把它发展成民用工业。主管甘肃制造局的是一个叫赖长的记名提督，他是左宗棠专门从福州调来的。此人除精通武器生产外，还十分擅长各种机器的设计和制造。1877年，赖长在兰州设计出了我国历史上第一台织呢机。左宗棠见其织出的羊毛绒质薄而细，美观耐穿，并不比洋人的差，非常高兴。他立即把甘肃制造局更名为甘肃制呢局。为了扩大生产规模，左宗棠又从德国进口了二十台毛纺机，并雇请德国技术人员到厂给中方人员传授技术。到1880年，甘肃制呢局已经形成了年产上万匹毛织品的能力。当年冬天，左宗棠把甘肃制呢局生产的毛织品带到北京，引起各方人士的兴趣和称赞，同时也引起近代工业比较发达的一些国家的关注。甘肃制呢局落成的消息被当时上海的一家英文报纸所披露，之后英国又派人到甘肃制呢局考察，并把考察报告刊登在上海的《字林西报》上。甘肃制呢局的建成是我国近代工业发展史上的一件大事，它是我国历史上第一家毛纺厂，也是我国历史上第一家中外合作工厂，它比李鸿章在上海开办的我国第一家棉纺厂还要早几年。

1873年，赖长在甘肃还制造出我国历史上第一台抽水机，当时叫"吸水龙"。这一成就不但有利于农田灌溉，而且还有利于解决当地群众饮水难的问题。1873年，左宗棠在兰州自己的衙门左侧开凿了一个"饮和池"，1874年，又在衙门右侧开凿了一个"挹清池"，都是用"吸水龙"分别抽取黄河和五泉山的水注入池中供当地老百姓饮用的。

进军新疆后，左宗棠又先后在阿克苏、库车、乌鲁木齐等地分别设立制造局、火药局、农具厂、炼铁厂等企业。除制造武器外，这些工厂还铸造各种农具和钱币。在制造农具的过程中，当地技术力量不够，左宗棠就从内地调来工匠；当地铁料不够，他就下令开矿炼铁。

左宗棠还在西北大力提倡和推广种棉织布和种桑养蚕的技术，为此，他在西北开办了好几个蚕织局，专门用来主管发展养蚕和织绸事业。由于当地缺乏技术和人才，左宗棠先后分两批从浙江湖州雇请了六十多名养蚕能手到西北传授种桑养蚕的技术。遵照左宗棠的嘱托，养蚕能手们随身从内地带来了桑秧、蚕种、蚕具等。在内地专家的指导下，西北人民不仅学会了栽桑、接枝、压条，而且还学会了浴蚕、饲养、缫丝、织绸等技术。收复肃州后，左宗棠在清明节那一天围着衙门亲自栽种了几百株桑苗。为了促进养蚕业的发展，左宗棠先后在哈密、吐鲁番、库车、阿克苏、安西、敦煌等地设立蚕织总局。至1880年，西北各地已经种活的桑树就达八十多万棵，生产出的丝绸不仅有可观的规模，而且品质也很好。1881年，左宗棠在北京看到阿克苏蚕织总局织出的丝绸时，大感欣慰。他立即写信给西北的地方官，叮嘱他们继续办好当地种桑养蚕、种棉织布、植树造林、兴修水利等事宜。大西北自古以来就是连接我国与中亚各国的丝绸之路，但此前通过这里的丝绸大多来自我国内地，自左宗棠在西北发展养蚕业以后，丝绸之路上又增添了西北人民自己生产的新产品。

三、交通大动脉

无论是在和平时期的经济建设中，还是在战争时期的军事用途中，交通运输都是十分重要的。现在人们常说："要致富，先修路。"古人也说："大将出朝，地动山摇；逢山开道，遇水造桥。"左宗棠西征时，十分清醒地把保障运输畅通看成克敌制胜的关键。正如他自己所说："筹饷难于筹兵，筹粮难于筹饷，筹转运又难于筹粮。"所以左宗棠把修建道路当成西征的第一要务。

当年左宗棠修建道路，其主干线是从陕西潼关开始的。

到兰州后又分头发展：一路向西修到青海的西宁、大通、湟源等地；一路向北出嘉峪关后再向西进入新疆乌鲁木齐等地，然后又由北疆向南疆发展。除了主干线，还有许多支线。其中，有些是对原有道路进行修整和扩建，但更多的是新建。如果计算它们的总里程，那就要数以万计。这还是在一边打仗一边开荒种地的过程中修建的，其任务之艰巨可想而知。更何况当时并没有现代化的机械设备，一切都要靠人工进行。大西北幅员辽阔、地势险要、战线漫长，每前进一步就要"逢山开道，遇水造桥"。比如，由张曜所部修建的从哈密到巴里坤的一段一百多千米的道路，沿途多是重山叠嶂、峭壁悬崖，盘旋环绕三十二圈后，道路才翻过天山之巅。左宗棠在纪念这段道路开通的石碑上写下了著名的《天山扶栏铭》。

谁其化险贻之安，嵩武上将唯桓桓。

利有攸往万口欢，恪靖铭石字龙蟠。

戒毋折损毋钻刊，光绪二年六月刊。

在修建道路的过程中，架设的桥梁更是不计其数。仅在甘肃南部的平凉、会宁等八个县境内，就新修桥梁七十九座。要统计左宗棠在西北全境所修建的桥梁数量，那就不知道有多少了！说到修桥，还有一段值得一提的插曲：左宗棠原来准备在流经兰州城北的黄河上修建一座横跨南北的大铁桥。当时上海泰来洋行的老板福克听到消息后，立

纪连海评
左宗棠

即赶到兰州与左宗棠洽谈，表示愿意投入六十万两白银承建工程。左宗棠嫌其索价太高而作罢。当时如果不是因为经费困难，那么黄河上的第一座大桥将会出现在兰州，而且还会提前三十多年结束黄河上没有大桥的历史。

四、植树"左公柳"

左宗棠不仅在西北大力修建道路，而且还大力植树造林。他要求大家把道路修建到哪里，就把树木栽种到哪里。道路狭窄的地方植树一到两行，宽阔的地方植树四到五行。同时，他还要求大家利用一切条件扩大种树面积，尽量把植树造林扩大到道路以外去。据史料记载，从陕西长武到甘肃会宁的路段上，当时栽种成活的树木多达二十六点四万多株；另据当时对甘肃会宁、安定等八个县的统计，其境内栽种成活的各种树木有近三十万株。不久，这些树木便生长成林了。

当左宗棠看到这些长成的树木时，心里万分高兴。他在给朝廷的奏稿中说："道旁所种榆柳，业已成林，自嘉峪关至省，除碱地砂碛外，拱把之树，接续不断。""兰州东路所种之树，密如木城，行列整齐。"

不久之后，湖南人隆无誉到西北看到了左宗棠所种的树木，大加赞赏。他在《西笑日觚》中写道："左恪靖命自泾州以西至玉门，夹道种柳，连绵数千里，绿如帷幄。"1880年，当左宗棠的部属杨昌浚（1826—1897年）在西北看到那煞是喜人的树木时，即景生情，吟诗赞叹道："大将筹边尚未还，湖湘子弟满天山。新栽杨柳三千里，引得春风度玉关。"在左宗棠的大力倡导下，西北许多地方官都积极地植树造林。他们还煞费苦心地在左宗棠当年所修的道路两旁标立榜示："昆仑之墟，积雪皑皑。杯酒阳关，马嘶人泣。谁引春风，千里一碧？勿翦勿伐，左侯所植。"因感怀左宗棠的功绩，人们都把左宗棠当年所种的柳树尊称为"左公柳"。若干年后，有些人把左公柳砍伐作为柴薪，使左宗棠当年发动民众栽种的林木遭到破坏。在民国时期，时任甘肃省主席的朱绍良曾下令把当时还存活的左公柳编号登记，严加保护。如果有人再砍伐，连同当地保、甲、县长一并处罚。直到现在，人们都还能在西北地区看到少量存活着的左公柳。

五、教育始起飞

左宗棠在西征期间，还十分重视推动文化教育事业的发展。每到一地，只要社会秩序恢复正常，左宗棠就要敦促地方官恢复和兴办各种书院。

兴办书院的经费从何而来？一是发动地方官员、义士捐款；二是各地方财政划拨。许多地方还由官方出资聘请教师。左宗棠由于出身寒苦的原因，深知学生读书不易，便常常向书院"添助膏火"，捐赠"廉银"，并主张将"修城之捐改为移建书院"，以支持教育事业的发展。在他驻节兰州期间，每年都要给兰山书院捐资两千两；在甘肃的第三次乡试中，他给六十二位考生捐赠路费，并给甘肃举人捐赠去北京考试的路费。资料显示，左宗棠当年在西北共开办书院三十一所，开办义学共二百九十四所。

在戎马倥偬的条件下，左宗棠还经常抽出时间来给一些院生修改试卷，并到书院和院生们一起讨论学问。

左宗棠在西北大力兴办书院的同时，还在那里修建了有史以来第一个，也是当时全国最大的贡院。贡院是科举时代进行乡试和会试的考场。1663年，甘肃从陕西分出单独成省。但两百多年来，甘肃一直没有贡院，整个西北乡试和会试全部都集中到西安进行。甘肃距离西安最近的地方也有几百里之遥，新疆最远的地方距离西安则有几千里之遥。来回一趟，少则十天半月，多则几个月，所需经费也成倍增长。

为方便西北考生，左宗棠奏准朝廷，在兰州新修了一个可容纳四千多人的贡院。1875年，兰州举行有史以来的第一次乡试，考试人数达到三千多人，比以往西北参考考生多出三倍！在陕、甘科考分闱后，左宗棠又奏准朝廷增加了西北科举取士的名额。这些举动给西北各省学子以极大的鼓励，使西北各省人文渐盛。后来晚清兴办新学，当年左宗棠开办的书院都顺理成章地改为新学堂。一般省属书院就改为师范学堂，府属书院就改为中学堂，县属书院就改为小学堂。

左宗棠是我国西部大开发的历史先行者。虽然他在那个时候所进行的西部大开发是原始的、初步的，不能和我们今天所进行的西部大开发相提并论、同日而语，但各有各的历史条件。左宗棠在当时如此落后的科技条件、经济条

299

第十八讲　开发西北

件下，在那么低的历史起点上，在当时有限的人力（西征军最多时只有八万人）、物力和财力条件下，在一边打仗一边搞开发（而且是以打仗为主，兼顾开发）的情况下，在战火连天、人亡地荒、满目疮痍的废墟上，用短短十几年的时间就创造出那样的奇迹，的确算得上是难能可贵、功勋卓著。左宗棠当年进行西部大开发的某些做法和艰苦创业的精神，对于我们今天的西部大开发来说，同样是一笔丰富的历史遗产，同样有着历史的借鉴意义。

第十九讲

入京辅政

左宗棠入京辅政，乃晚清政坛中颇为引人瞩目的事情。他从西北抵京后第三天，即1881年2月27日，被任命为军机大臣、总理衙门大臣并管理兵部事务。

一、进京履新职

清廷赋予左宗棠直接参与和决策中枢的政治、外交、军事诸要务的权力，这对咸同之交崛起的汉族地方大员来说是前所未有之事：在被时人称为"中兴名臣"的曾国藩、左宗棠、李鸿章三人中，曾国藩、李鸿章虽先后在被视为畿辅重地的直隶担任总督，且曾国藩以一等侯爵高出左宗棠，李鸿章晋封大学士早于左宗棠，但曾国藩、李鸿章二人终其一生也未得到入值军机、主持总署和参戎兵部而集三权为一身的殊荣。

此时的曾国藩早已过世，左宗棠与李鸿章所代表的湘、淮两系势力在晚清政治格局中占有举足轻重的地位，且左宗棠与李鸿章之间的矛盾在镇压捻军时已经激化，到"海防与塞防之争"时双方公开互相指责，尤其是在关于伊犁交涉的问题上，李鸿章更是支持崇厚并反对左宗棠的求战主张，使左宗棠愤愤不平。

李鸿章与京师的军机大臣、总理衙门大臣们遥相呼应，十分惧怕列强的武力恫吓，主张对外妥协。奕訢则早在1865年因与慈禧太后争权而被罢免议政王之职，此后他在主持总理衙门并任军机大臣期间，常与慈禧太后发生争执，慈禧也不断地寻找机会压制奕訢。本来奕訢对左宗棠等人办洋务以兴办近代工业是支持的，但他对外立场的软弱却使左宗棠感到不满。

这样，慈禧太后利用左宗棠和京城"清流派"的主战言论，调左宗棠进京"以备朝廷顾问"，恰好是为了牵制奕䜣、李鸿章。所以，人们对左宗棠辅佐朝政一事有如此议论："持清议诸臣以外交事素不惬鸿章所为，知宗棠持议与鸿章左，益扬左以抑李。"左宗棠入值军机处和任总理衙门大臣，"明代沈相（指军机大臣沈桂芬），暗倾恭邸（指恭亲王奕䜣），其势其焰，几于桓温"。

值得注意的是，左宗棠入值军机处和任总理衙门大臣的这一年，晚清洋务运动在中央的主要负责人之一沈桂芬（1818—1881年）刚刚去世。

左宗棠入京辅政的原因，除了慈禧太后有通过他来牵制奕䜣和李鸿章的用意之外，如前所述，清廷迫于列强的压力、俄国的军事恫吓以及李鸿章等人的逸言而促使其改变了同俄国交战以收复伊犁的立场，想以调左宗棠入京之机向俄国表示态度，从而有助于应对已激化的中俄矛盾，且希望曾纪泽能与俄国改订崇厚擅自签订的《里瓦几亚条约》，这也是事实。

但左宗棠入京最重要的原因，应该是他收复新疆的壮举轰动京城，使得一向以指陈时政、标榜风节为己任的那些多在都察院和翰林院供职的士大夫们所组成的"清流派"更加看重左宗棠的德才。正是在他们的积极建议和一些王公大臣的支持及慈禧太后的赏识之下，左宗棠才有"入赞纶扉"的可能。

还在1878年清廷派崇厚出使俄国之际，时任翰林院教习庶吉士的"清流"健将张之洞（1837—1909年）就代翰林院侍讲、李鸿章的女婿、张爱玲（1920—1995年）的爷爷张佩纶（1848—1903年）上奏，强调崇厚赴俄不应行海路，而应走陆路，途经新疆，以"身历其地，体察形势"，并"与左宗棠定议而后行"。虽然这一建议未被采纳，却足见"清流派"已垂青左宗棠。崇厚擅自签订《里瓦几亚条约》后，已任司经局洗马的张之洞上奏列出"不可许"的十个理由和"必改此议"的"四要"，并痛切指出："无论我之御俄本有胜理，即或疆场之役利钝无常，臣料俄人虽五战不能越嘉峪关，虽三胜不能薄宁古塔，终不至掣动全局。旷日持久，顿兵乏食，其势自穷，何畏之有？然则及今一决，乃中国强弱之机，尤人才消长之会。此时猛将谋臣尚可一战，若再阅数年，左宗棠虽在而已衰，李鸿章未衰而将老，精锐渐尽，欲战不能。而俄人则已城于东，屯于西，行栈于北……不以今日捍之于藩篱，而待他日斗之于庭户，悔何及乎？"

张之洞此论与左宗棠以武力收复伊犁的见解可谓不谋而合。张之洞的主张代表了京师"清流言战"和对左宗棠予以支持的倾向。1880年，"清流派"主张调左宗棠进京辅政，以改变以奕訢为首的军机大臣"泄泄沓沓，未能匡弼"的局面。

此时，光绪皇帝的父亲、醇亲王奕譞"认为左胜于李"，干脆提议让左宗棠"入赞纶扉"。于是，慈禧太后决定召左宗棠进京。由此可见，左宗棠入京辅政并不是因为他武力抗俄的态度坚定，慈禧太后慌忙召其进京，也是削其兵权，避免他在新疆挑起战事，妨碍清廷对俄妥协投降。实际上，如果左宗棠不被调往北京，即使他在新疆一再言战，也不会在没有得到清廷许可的情况下对俄开战。清廷调他入京之日，正是俄国在中国东北和西北耀武扬威之时，清廷的确需要他这样"老于兵事之大臣以备朝廷之顾问"。

左宗棠能够"入赞纶扉"，可谓是清廷对他这个功绩卓著、德高望重的老臣的倚重。他初到京城就被召对两次，慈安太后谈及他数载"忧劳"，"声泪俱下"。

清廷希望左宗棠能"襄赞"中枢。左宗棠品性正直，既不善于阿谀奉承，也不愿意曲意为官，他并无借此飞黄腾达的奢想。左宗棠接到清廷调他进京的命令时，即接连致书将到任的护理陕甘总督杨昌浚说，"拟遂请开阁缺，终老邸寓""拟于展觐时陈请以闲散长居京师备顾问，一则步履维艰，一则免入军机，被人牵鼻耳"。他在北京，"窃见时局，亲贤在位，上下交孚，盈朝虽非尽惬时望，而奸佞贪诈之辈则罕有之""极知忝窃，非衰朽所堪，只以慈圣（指慈禧太后）盼待甚殷，不敢重拂优睐，腼颜就列，良非得已"。

正是鉴于清朝统治中枢的腐败，人们对左宗棠"入赞纶扉"抱有很大希望，以致"人皆以司马君实目之"。左宗棠抵京不久后便看到"俄事和局已成，倭奴思效西国，多方要索"，他不能容忍清政府在面对日本提出的侵略要求时一再退让，表示"此时万无言退之理"。严重的民族危机感和试图改变军机处、总理衙门一向"积弱"的高度责任感，使左宗棠毅然走上新任。

对于左宗棠任职中枢的情况，在翁同龢（1830—1904年）的日记中有一些记述。翁同龢多年为光绪皇帝的师傅，且跻身"清流"，自然与左宗棠交往甚频。他们"初次识面"后，左宗棠便给翁同龢留下了"豪迈之气，俯视一切"的印象。左宗棠一改总理衙门对待外国公使毕恭毕敬的媚态，他召见英使威妥玛交涉鸦片加税等事宜，数议于总署，均"谈次有风棱"，使翁同龢感到左宗棠的举止的确在"壮中朝之气"。翁同龢还在记载左宗棠的一次谈话中写道："其言以死生荣辱为不足较，泛论河道必当修，洋药必当断，洋务必当振作……余服其有经术气也。"

可见，左宗棠是把"河道必当修，洋药必当断，洋务必当振作"作为任政纲要努力加以实施的，且取得了一定的成效。

二、河道与洋药

修治河道是左宗棠的一贯主张。此时他把重点放在兴修京畿的永定河上。他从新疆赴京途经山西、直隶时，目睹永定河失修所带来的严重危害。他说："治水一事，在畿甸尤急……今皇居附近乃粒食维艰，民间流徙靡常，生计萧索至此已十余年，尚无妥策以善其后，坐视神州陆沉，心何以忍！"因此，他入枢垣后就倡议治理京畿水利。治理永定河属于"直境之工"，左宗棠需要与李鸿章商议，结果"李相则姑漫应之而已"，对左宗棠的建议并不支持。左宗棠只得调派他的部将王德榜、刘璈（1829—1887年）、王诗正率各军抵涿州一带修治永定河，他还"躬亲其役"，莅涿州工次，勘察金门闸坝，巡视南岸河堤。经过四个多月的加紧施工，永定河疏通和加固堤坝等工程基本完工，被认为是"直隶十余年为之无成且群疑为不治者"的永定河经左宗棠的治理有了较大改观。醇亲王奕譞"遣人往阅，始叹为创见"。

左宗棠对外国的鸦片输入向来深恶痛绝。但第二次鸦片战争后，清政府在西方列强坚船利炮的威逼下被迫接受了鸦片贸易"合法化"的事实，这是左宗棠靠个人能力也无法阻止的事情。清政府为减少鸦片输入和白银外流所造成的经济损失，于1868年与英国驻华公使阿礼国（1807—1897年）协商将进口鸦片的征税由旧额增加20％。但十几年过去了，增税的问题一直受到外国鸦片贩子的阻挠而未能实现。此时的左宗棠"念正俗急务，尤在禁食鸦片，而已积重难返，惟加增洋药土烟税捐，以湮其流"，他上奏朝廷，痛陈了鸦片烟毒给中国社会带来的严重危害，提出以加税捐的办法来阻绝鸦片的建议，对于试图解决积重难返的鸦片流毒问题具有积极的意义。当然，从外国鸦片贩子的疯狂倾销和吸食鸦片已成为普遍存在的社会积弊等方面来看，左宗棠这种堵塞漏卮的举措已经无济于事了。

不要认为左宗棠提出的禁烟建议只是纸上谈兵而已，他与林则徐一样曾经做过禁烟的大事——只不过林则徐是在广东，左宗棠是在西北。从某种意义上说，左宗棠是中国西部禁毒扫毒的第一人。话说回来，这还是左宗棠在担任陕甘总督时期发生的事情。

1869年夏，时任陕甘总督的左宗棠发动了大规模的西部禁烟运动。他正式通令陕甘两省全面禁止种植罂粟，违者惩处，地亩充公，这是严禁鸦片、根除烟毒的重要决策。

一向深谋远虑的左宗棠为了保证禁烟战略的实施，制定了四步措施，即"先之以文告，继之以履验，责之以乡约，督之以防营"。

第一步，颁发告示，晓谕利害。左宗棠亲自动笔，精心撰写了一篇四字押韵的禁种罂粟谕令，力求通俗易懂。同时，他特意挑选了一名书法高手，把它誊写成每字一寸见方的楷书版样，然后印刷成册，广为送发张贴，包括各地邮亭和乡间村塾，做到家喻户晓，人人熟知禁令。

第二步，派遣官员，检查督促。由于种植罂粟的恶习相沿已久，禁烟不可能一蹴而就，因而，地方官的检查监督至关重要。左宗棠在晓谕民众的基础上，严格要求各道、府、厅、州、县官吏必须走出官署，亲历田间，不惮烦劳，常检查、勤督促，按月汇报。一旦发现罂粟，立即全部拔除，无论绅耆平民，不分贫穷富贵，一律同等对待。左宗棠百务缠身，不能经常下乡监督检查，遂责成管理民政、财政的布政使崇保，以及主持司法事务的按察使史念祖派出专门人员到各地进行密察，"月凡数至"，给予他们举报及查处的权力，绝不允许查验不力乃至借机索贿的官员蒙混过去。这样上上下下，层层把关，把禁烟措施一一落到了实处。

第三步，以乡总、乡保与绅耆或"花户"联手承包地段，共守禁种之约，违约必罚。至于具体办法，可以因地制宜，有所不同。如秦州直隶州知州谭继洵，要求州县官员先在每年春季带领乡总巡查一遍，禁令种植罂粟。到夏令时节，再次派人查验，如发现罂粟立即斥革乡总、乡保，惩处州县官员，使每乡每村互相牵制，减少偷漏。这些做法得到了左宗棠的赞许。

第四步，先礼后兵。对重点地区则出动军队执行查禁任务。左宗棠命府县官员亲自带军兵挨界巡视，查出成片的罂粟地，强行翻犁灌水，杜绝复种的现象发生。

上述禁烟措施切实有力，得到了贯彻实施。

在清除本省区烟源的同时，左宗棠还设法堵截来自川、滇等省的鸦片。他规定，外省入境土烟同样是违禁之物，各地厘卡要认真查缴过往货物中夹带的烟土，发现后全部扣留，就地销毁，绝对不许包庇放行。

烟民是鸦片毒流横溢的载体，帮助烟民戒除烟，是清除烟毒最艰难的环节。左宗棠看到许多烟民由于长久吸食鸦片，烟毒已经深入五脏六腑，瘾发病剧，奄奄待毙；一些烟民也想戒掉烟瘾，但所用药方多用烟灰配制，既被人骗了钱财，又不能祛除对烟毒的依赖性。为此，他甚为忧虑，更加热心于搜罗戒烟药方。

一次，左宗棠从静宁州官员那里得到一种戒烟的方子，是专门针对那些陷入烟瘾难以自拨的人对症下药的，他感到十分欣慰。经过一番详细辨证，左宗棠确认药理可信，果然与一般不分对象、千篇一律的戒烟成方大不相同。于是，左宗棠令人将方子印刷成册，下发到各府、厅、州、县广为传播，使烟民固本培元，尽快从瘾君子转为健康人。

戒烟配药，少不了银钱。为此，左宗棠苦心孤诣地制订了一部捐赈章程，鼓励官绅士子踊跃捐资配药。对于救治大量烟民者，经地方官核实清楚后照章请奖。至于官员吸烟，左宗棠绝不宽恕。只要发现有人吸烟，必定在地方官政绩考评之中，加上"嗜好甚深""颇有嗜好"等评语，对其参劾革职，起到了禁烟和强化吏治的双重作用。

苍天不负苦心人。经过不懈努力，左宗棠的禁烟成绩斐然。到左宗棠离开西部时，甘肃烟苗拔净，土地复耕。陕西境内，只是深山僻壤之地没有根绝，而在新疆地区，大致南路又比北路干净些。可以说，西北三省区烟源大大减少，吸烟人数更是不断缩减。西部禁烟运动使农业生产和社会环境得到明显改善，这在外国人的记述中也有反映。1881年初，一个德国人和一个奥地利人从上海出发去新疆哈密会见左宗棠，行程八个月。途经陕甘时，他们亲眼看到城乡"物阜民康"，百姓"各安其业"，庄稼长势甚好。"昔日栽种罂粟之地，今为稻粮之所"，粮价很便宜。

事实的确如此。几年来，这里粮食储备增加，颓风恶俗逐渐被遏制，社会风气开始由污浊向洁净转变，人们的心灵得到了净化，似乎天空也变得更蓝了。

当时，全国有十八个行省和十余个特别军政管辖区。左宗棠在其他省区督抚大吏视鸦片为管理禁区的情况下，敢于大刀阔斧地禁毒扫毒，实在是了不起的创举。他的禁烟实践，不仅为20世纪初全国性的禁烟运动提供了宝贵的经验，也为1911年清政府同英国订立禁烟条约奠定了一定的基础。

左宗棠关于"洋务必当振作"的主张，是针对总理衙门成立二十年来在对外交涉与联系中遇事屈从、过于卑怯的外交格局而提出的。他担任总理衙门大臣后，决心一改之前的软弱格调，以"壮中朝之气"。

因他任此职时间甚短，其在对外交涉中的表现仅能从与英使威妥玛谈论鸦片加税一事中体现出来。他说自己"奉命与闻各国事务，责无可辞，曾于接晤英使威妥玛时论及鸦片宜加征税厘冀可减瘾"。他以"权自我操"为谈判基点召见威妥玛，使"威妥玛无以难之"。但威妥玛为保护英国已取得的侵略权益，又在谈判中"语多反复""于加价一节，犹断断然若重有所惜者"。左宗棠认为如从其议，实与他的"期收实效本谋大相刺谬"。于是，左宗棠不仅驳回了威妥玛的无理狡辩，而且恳请清廷敕下各督抚将军对"洋药"予以加税，以行使一个国家的主权。

左宗棠此举被时人称为"奇横有趣""可令彼族夺气"。清政府长期因"积弱"而媚于列强的习惯为之一改，慈禧太后对左宗棠做出了"尔向来办事认真，外国怕尔之声威"的评价，从中华民族反对外国侵略的角度观之，这无疑是对左宗棠一贯勇于维护民族尊严的爱国举止的最高褒奖。

三、"入赞纶扉"难

左宗棠入政枢垣后，以身作则，反对结党营私的官场弊端和不负责任的官僚作风。他说："自入国门以来，每闲朋侪许与之谈，辄逊谢不遑，且以党附为戒。遇言者指摘枢垣，必面陈勿予驳斥，以开言路。""惟事有是非，人有邪正，政有利弊，谋有臧否，苟有所见，不敢不言，言之亦不敢不尽也。知我者以为然否？疏稿惟关地方利害、民生疾苦者始随时刊布，意在外间牧令奉有文檄每不留心省览，付之幕吏，而文书由院行司道，司道行府厅州县，遇连篇累牍，帖写厌其冗长，随意删节，漫无文理，其报张帖日期处所，一纸塞责，上下不相检校，如是而望草野周知，政令必达，难矣。"

尽管左宗棠很想有所作为，但业已腐败的清朝枢垣是容不下他的。他的秉直刚介与行阳奉阴违之术、媚言诡诈之法的晚清政坛恶习是格格不入的。因此，一心想"从新鼓铸"的左宗棠面对的只能是"成例具在，丝毫难于展布""有所建白，亦为同僚所尼，多中缀"的局面。尤其是他"入赞纶扉"，即有"暗倾恭邸""扬左抑李"之说，奕䜣与李鸿章等人对他不是暗中拆台，便是处处掣肘，甚至予以攻击。

李鸿章因兼任北洋通商大臣的关系，免不了常与入值军机处并充总理各国事务大臣的左宗棠打交道，所以对左宗棠强作笑颜，主动写信与其"略叙契阔"，且到北京拜访了左宗棠。但在背地里，李鸿章却对左宗棠大加贬斥，说其入京"赞襄未必有益""左相精力甚健，于枢廷政务、各省情形不甚了澈，所建练旗兵、借洋债、兴畿辅水利、加洋药税厘诸议，似属救时要政，却近老生常谈，恐有格于时势不能尽行之处"。

李鸿章的亲信薛福成则把左宗棠描写成一个意气用事之

人。据薛福成记载，他代李鸿章所拟的《复陈海防事宜疏》由奕訢交给左宗棠审阅时，左宗棠"每展阅一页，每因海防之事而递及西陲之事，自誉措施之妙不容口，几忘其为议此折者。甚至拍案大笑，声震旁室。明日复阅一页，则复如此……诸公并厌苦之。凡议半月，而全疏尚未阅毕"。薛福成笔下，左宗棠似乎成了不关心海防和办事拖沓的人物。左宗棠在奕訢、李鸿章等人的内外夹击之下，深感京师无他留身之处，于是连续告假三个月，随后疏请退出仕途。清廷为了王公贵族的利益，在对左宗棠作了一番"慰留"之后，于1881年10月28日外放左宗棠为两江总督兼南洋通商大臣。

　　这里比较一下左宗棠在收复新疆和入京辅政两个阶段的情况是有必要的。他为规复新疆，甘愿"引边荒艰巨为己任"，发出了"壮士长歌，不复以出塞为苦"的豪情壮语。左宗棠被调入京城且"入赞纶扉"，这在一般人眼里可是炙手可热的官位，但他起初并不情愿，只因日本有踵俄国之辙试图进行要挟的状况才使他挺身而出担任新职，并力图使中国备受列强欺凌的外交格局得以改观。如果左宗棠在宦海随波逐流，随俗浮沉，也许他就会在京城安度晚年了，但他并不愿违逆素志，结果只能被官场恶习所排斥。因此，左宗棠几乎是被人捧出京城的！左宗棠离开北京时的状况与他几个月前从新疆赶往北京的情景形成了多么鲜明的对照！

　　尽管左宗棠在入京辅政期间成绩斐然且大家有目共睹，但他却被排斥出枢垣，这只能说明清朝统治集团的腐朽已经达到了惊人的程度。然而，左宗棠并没有因为"入赞纶扉"的挫折而后退，他依然在两江总督任上为加强海防和投入新的抗法斗争而努力拼搏着，他的行动恰恰与李鸿章的诬蔑之词相左。

第二十讲

名将之死

1882年2月10日，新任两江总督兼南洋大臣的左宗棠至江宁（今南京）接篆视事。两江总督之职，辖江苏、安徽、江西三省。南洋大臣则从1873年起由两江总督兼任，其职责是代表朝廷主管南方的对外通商事务并兼及海防，它与由直隶总督所兼任的北洋大臣分别成为晚清南、北方最有权势的封疆大吏。左宗棠担任此职，正可谓英雄有用武之地，较之在枢垣处处受人掣肘来说，在这里更有利于发挥他的才能。因此，清廷的这种安排既有"安慰"这个忠诚老臣之意，也有迫于法国武力进逼而让左宗棠去加以对付之图。

一、关注南大门

越南历史开始于旧石器时代，公元前600年左右出现东山文化，较重要的民族有雒越人。越南神话传说中记载的最早的王朝是约四千年前出现的鸿庞氏。从公元前3世纪晚期至10世纪前期，越南处于中国的统治之下，史称越南北属时期，其间中国文化大量输入，对于越南地区的封建化产生了重要影响。

938年，吴权在白藤江之战中打败中国南汉的军队，此役为越南独立过程中的重要一步。其后越南进入封建时期，经历丁朝、前黎朝、李朝、陈朝、胡朝各朝的发展，15世纪初一度被中国明朝所占；不久黎利得国，并在后黎朝前期达到封建时代的兴盛时期；其后长时间处于分裂及战乱状态，有莫朝（与后黎朝合称南北朝）、郑主、阮主、西山朝等王朝和政权；到19世纪初期，阮朝重新统一全境，始称"越南"。在封建时代，越南统治者采用中国式的制度治国，文化方面融合了儒、佛、道三教。

法国试图通过占据越南来侵略中国的阴谋由来已久。

早在17世纪，法国殖民者侵略的先驱——传教士和商人首先进入越南。1858年，法国勾结西班牙，组成法、西联合舰队，炮轰岘港，发动对越南的殖民侵略战争，越南历史进入了近一百年的抗法斗争时期。1862年6月5日，阮朝政府被迫和法国签订了《西贡条约》，越南从此丧失了政治、外交独立权。

1873年，法国第一次入侵越南北部，占领河内。虽然遭到越南军民和当时在越南北部的中国农民起义军——刘永福（1837—1917年）领导的黑旗军的痛击，但阮朝政府还是于1874年3月15日签订了第二次《西贡条约》。该条约承认了法国对越南中南部地区的占领，开放海防、归仁、河内和红河，准许外国商人通商，允许教士自由传教，并允许国内民众自由信教；给予法国航运和通商权；给予法国领事裁判权。这样，中国的西南边疆已受到法国侵略势力的严重威胁。

1880年，茹费理（1832—1893年）出任法国总理，他更加积极地推行殖民扩张政策，增兵越南，策划侵略中国。1882年4月，法军再次入侵越南北部并占领河内，企图打开红河通道，直窥云南。1883年8月，法国占领越南首都顺化，阮朝政府与法国签订《顺化条约》，承认了法国对越南的"保护权"。越南彻底变成法国的殖民地。接着，法国的侵略矛头对准了中国。

正是基于这样的形势，左宗棠一上任，便把"防边固圉"作为重要的任务加紧布置落实。1882年3月14日，左宗棠抵达南京不久，便开始查阅江苏营伍的情况。他指出，如果对水陆各营加紧训练，"以后日加振厉，化弱为强，自有成效可睹"。他亲自阅视各营，发现"年逾五十者颇多，并有六十余岁而仍食粮充伍者"，对此他下令一律加以裁汰，新"募取精壮补额"，既免致虚糜，又提高了军队的战斗力。此次查阅江苏营伍，左宗棠经过扬州、清江、镇江、常州、苏州、上海等地。值得一提的是，他经过上海租界时，那些一向鄙视清朝官员的外国人急忙在租界"换升中国龙旗，声炮执鞭，迎道唯谨"。第二年，左宗棠再次到上海，此景不仅复现，而且外国人"恭谨有加"，以至"观者如堵，诧为从来未有之事"。可见"外国怕尔之声威"并非一句空话。左宗棠的确在国势一向"积弱"的环境中为中国人争了口气。

左宗棠把加强海防视为防止外国对东南沿海染指的关键。他除了亲赴吴淞口和沿长江校阅海口与内江水师外，还建议防守南洋须添造大兵船十艘，以"洋防为时务要著"。为此，他从福州船政局订制了"开济"与"镜清"号快船，从德国购进"南深"与"南瑞"号巡洋舰，加强了南洋水师的力量。他认为，如果不加强南洋之防，"万一南洋有警，何以待之"？

左宗棠的这些主张，与直隶总督兼北洋大臣李鸿章在法国的进逼面前妥协求和的态度截然不同。李鸿章在1883

年5月接到清廷派其赴广东督办越南事宜的命令后，极为不满，他说："若以鄙人素尚知兵，则白头戍边，未免以珠弹雀。枢府调度如此轻率，殊为寒心。"他声称："各省海防兵单饷匮，水师又未练成，未可与欧洲强国轻言战事。"显然，李鸿章不愿也不敢奔赴抗法前线。

左宗棠在筹划两江布防的同时，对法国侵略越南并妄图入侵中国南疆的局势极为关切。特别是李鸿章等人的议和妥协主张，以及李鸿章拒绝前往广东"督办越南事宜"而仍以北洋大臣的身份去上海同法国代表脱利古谈判，左宗棠对此异常愤懑。他一反李鸿章之所为，主动请缨前往抗法前线，"以赴戎机"。

尽管左宗棠未能如愿，但其抗击法国侵略军的决心则是始终不渝的。尤其是他对刘永福领导黑旗军抗法斗争的肯定，回击了李鸿章把刘永福称作"土寇伎俩"的说法。他派王德榜携军火至云南，并在广东、湖南一带募兵，的确为增强抗法前线的军事实力起到了积极作用。1883年秋冬之交，王德榜募军十营，被左宗棠命名为"恪靖定边军"。左宗棠调派提督陈广顺等富于作战经验的将领充实该军，并送去饷银十万余两和军火物资。随后，左宗棠令王德榜率领该军驰赴广西。该军在抗击法国侵略军的战争中发挥了重要作用。因此，左宗棠完全称得上是恪尽职守的南洋大臣。

1883年12月11日，法国侵略军在孤拔（1827—1885年）的指挥下，向驻扎在越南北部山西地区的中国守军发起进攻，正式挑起了中法战争。16日，法军攻占山西。1884年3月12日，法军新任统帅米尔又率军占领北宁。

山西、北宁失守的消息传到北京，清廷大为震惊。慈禧太后把责任全部推给与她有权力之争的奕䜣。经与奕譞策划，慈禧太后于1884年4月8日下令革除以奕䜣为首的五名军机大臣的职务，任命以礼亲王世铎（1843—1914年）为领班军机大臣的新的军机处成员，命令由庆亲王奕劻（1838—1917年）主持总理衙门，并于次日宣布"军机处遇有紧要事件，著会同醇亲王奕譞商办"，奕譞从此控制了军机处。此为颇有影响的"甲申政局之变"。

然而，清朝统治中枢的这次大规模的人事变动并没有给中法战争带来转机，新的军机处对外实行的仍是妥协方针。与奕䜣关系甚密的李鸿章不但未受到这次政局之变的牵连，弹劾他有"六可杀之罪"的翰林院编修梁鼎芬（1859—1919年）反而被清廷加以"莠言乱政"的罪名革职。李鸿章攀附上奕譞，不久即有"在内醇亲王主之，在外李鸿章主之"的传言。

接着，李鸿章于1884年4月在法国政府抛出的议和骗局的引诱下，向清廷提出"随机因应，早图收束"的建议。清廷命他"竭诚筹办，总期中法邦交从此益固，法越之事由此而定"。5月11日，李鸿章与法国代表福禄诺在天津签订了《中法简明条约》。该条约的主要内容有：中国承认法国有权保护越南；将驻越清军调回边境；法商可以从越南向中国自由运销货物。这显然是一个不平等条约。6月6日，法国又强迫越南签订了第二次《顺化条约》，否定了清朝对越南的宗主权，以确定法国对整个越南的殖民统治。《中法简明条约》的签订，标志着中法战争第一阶段的结束。

二、带病赴京师

左宗棠于1883年9月上奏请求督师"以赴戎机"的愿望未能实现后,11月因目疾加剧恳请开缺回籍调治,清廷准假两个月。而他鉴于两江海防仍需他"力疾料理",便带病在"赏假以后于海防、水利、盐务各要件"继续加紧部署。

左宗棠本想"延医多方调治,期得早日痊可,届时即行奏明销假,以副余年图报之忱。无如年老气血衰惫,病根已深,未见速效。见在所最苦者,右目因流汁过多,受伤益甚,检校文书,万分吃力,稍一搁置,隔日即成堆垛,勉强判阅,下笔不能成字",不得已于1884年2月再次请求准假,以免"贻误要公"。

清廷勉如所请,又赏假四个月。左宗棠奏荐安徽巡抚裕禄、漕运总督杨昌浚、前两广总督曾国荃自代。清廷决定由曾国荃署两江总督兼南洋大臣。同时,清廷以"左宗棠勤劳懋著,朝廷倚任方殷。当此时局艰难,尤赖二三勋旧之臣竭诚干济"为由,希望左宗棠"早日就痊,出膺重寄"。4月8日,左宗棠向"兼程莅任"抵达南京的曾国荃交卸两江总督篆务。

左宗棠虽因目疾加重续行休假四个月,但他并没有安心回籍休养,而是仍留在南京部署江海防务并关注着前线战局的变化。特别是在"频阅越南电报文牍",得知"北宁失守,兴化相继沦陷",法国提督又"带兵船八号分驶福建、江南、天津,横行无忌"的情况后,遂于4月26日上奏请求提前销假。5月3日，清廷下令召左宗棠这位"素著公忠，不辞劳瘁"的老臣进京"陛见"。

左宗棠进一步了解滇、粤边防的局势之后，于5月11日上奏朝廷，建议由前任浙江提督黄少春"挑选弁丁五营，驰赴广西镇南关外，为王德榜策应之师。并饬预选臣旧部之散处本籍者，编为数营，名之臣军营务处营，率之同征，以厚其势。如蒙谕旨允行，是黄少春此行于王德榜为后劲，于臣为前驱，似与时局较为有益"。左宗棠仍抱有率军前往滇、粤抗法前线的愿望。

左宗棠呈递拟令黄少春募兵策应滇、粤边防奏折的这一天，正与李鸿章在天津签订《中法简明条约》同日。这两个被清廷所倚重的"中兴名臣"，一个在积极请战，另一个却在妥协求和！

李鸿章的妥协求和得到了清廷的认可，本来在对待法国侵略的态度上已摇摆不定的清廷此刻更加动摇，所以未采纳左宗棠的主张，并阻止由黄少春募兵增援滇、粤边境。

5月15日，左宗棠离开南京趋往北京。行途之中，他细心研读了李鸿章与福禄诺在天津议订的《中法简明条约》，写下了《时务说帖》。在这篇说帖中，左宗棠反复阐述了对付法国侵略"非决计议战不可""议和之应从缓"的鲜明见解，进一步表示了他愿"亲往视师"，誓与法国侵略者血战到底的英勇气概。

左宗棠希望能通过这篇说帖打动清廷，赢得支持，以扭转中法战争的不利局面。他正是怀抱着这样的心境奔赴京城的。

1884年6月13日，左宗棠抵达京师。五天后，清廷发布"上谕"："左宗棠着仍在军机大臣上行走。该大学士卓著勋绩，年逾七旬，著加恩毋庸常川入直，遇有紧要事件，豫备传问。并着管理神机营事务。"左宗棠再次担任军机大臣。

左宗棠复入军机，可以说是对和战之局颇有影响的一项人事安排。原因是李鸿章签订《中法简明条约》后，引起了京师及地方的普遍反对，清廷迫于舆论压力，只得摆出几分主战姿态。5月22日，清廷派一向主战的前山西巡抚张之洞署理两广总督。接着，左宗棠又再入枢机。这些都表明清廷有转向主战的意图。所以，李鸿章在清廷任命左宗棠为军机大臣的"上谕"发布后，即致电淮军将领、广西巡抚潘鼎新（1828—1888年）说："左相进京，正议主战，内意游移。"

清廷对法国的妥协退让，并未换来它所企求的"和局"。还未等到清军从北圻撤走，法军便迫不及待地于6月23日进兵谅山附近，挑起观音桥事件。法军悍然开枪打死清军代表，炮击清军阵地，清军被迫反击，法国借机撕毁《中法简明条约》，进攻马尾军港，派遣孤拔率领远东舰队到台湾海峡进行武力威胁和讹诈。中法战争全面爆发。

针对法国新的军事挑衅，左宗棠于6月29日向清廷上奏陈述了他对战局的看法。左宗棠请求清廷敕下滇、粤督抚"严饬防军，稳扎稳打，痛予剿办"，这样才能对付法军的侵略活动。左宗棠还一再强调必须以战取胜，他复请饬黄少春募军赴边，会同王德榜、刘永福等军痛击法国侵略者。左宗棠此折得到清廷赞许。

8月5日，法国远东舰队的三艘军舰突然袭击台湾基隆。奉命督办台湾军务的刘铭传（1836—1896年）指挥清军顽强抵抗，打退了侵略者的进犯，取得基隆保卫战的胜利。

然而，清廷却因法军侵略基隆而又动摇不定了。清廷乞求列强出面调停，却毫无结果。李鸿章乘机怂恿清廷接受法国提出的赔款议和条件，甚至以"战后亦必赔偿，为数更巨"来吓唬清廷。六神无主的慈禧太后急忙召开了由御前大臣、军机大臣、总理衙门大臣及六部九卿参加的御前会议。她说："和亦后悔，不和亦后悔。和就示弱，不和会割地赔款而且损伤不少，或许引起内乱而且亦赔不起。"

显然，慈禧太后仍在"和"与"战"之间徘徊。她讲了这番话后，会场一片寂静，许久无人答言。猛然间左宗棠站立起来疾呼道："中国不能永远屈服于洋人，与其赔款，不如拿赔款作战费。"慈禧太后听闻此言，遂下令罢朝，含泪称是。至此，清廷才下了主战的决心。

三、再度赴前线

法国悍然进攻基隆，在中国东南沿海挑起战端。其受挫于基隆后，决定扩大侵华战争，通过驻华代理公使谢满禄向清政府提出赔款八千万法郎的新条件，并以最后通牒的形式限四十八小时答复，否则下旗离京，由孤拔立即采取军事行动。清政府拒绝了法国的无理要求。1884年8月21日，谢满禄果然下旗离开北京。8月23日，孤拔指挥法国舰队向停泊在福州马尾军港的福建海军发起突然袭击，福建海军的军舰还没来得及起锚，就被法国舰队的一排重炮击沉两艘、重伤四艘。福建海军仓促应战，十分被动，广大爱国官兵仍奋勇还击，但已无法挽回败局。经短短一个多小时的海战，福建海军的十一艘战舰均为法国舰队击沉击伤，官兵伤亡七百余人，福建海军几乎全军覆没。第二天，法军又向位于马江北岸的福州船政局开炮，击毁许多厂房和厂内正在制造的舰船。由于福州船政局做了积极布防，法军攻占船厂的计划未能得逞。

8月26日，清廷下诏向法国宣战。此时，左宗棠深为福建沿海的严重局势感到焦急不安。左宗棠亲赴醇王府面见奕譞，请求统兵出征。9月7日，清廷任命左宗棠为钦差大臣，督办福建军务。此前，左宗棠曾多次要求奔赴前线同法国侵略者决战，但均没有得到清廷的允准。这一刻，他的愿望终于实现，其心情可以说是万分激动的。他以七十多岁的高龄，不顾体弱有病，毅然投身到抗法前线。

对于左宗棠的果敢行动，舆论界曾如此评价："左侯相以闽事吃紧，慷慨请行，所谓一息尚存，此志不容少懈，方之古名臣，曾不多让！诚哉斯言！"

左宗棠于9月15日离开京师后，经过一个月的"水陆兼程"抵达江宁。在这里，左宗棠与两江总督曾国荃商讨了东南沿海的防务问题。左宗棠认为，江苏"防务布置尚属周密"，只有福建海防"情形吃紧"。因此，他决定立即招募旧部，"迅速成军，开拔前进"。

本来清廷只是令左宗棠"前往浙江、福建交界地方，督兵驻扎，以备策应"，后又复谕左宗棠"应遵前旨，在闽境驻扎，毋庸身临前敌，自不必亲统多营"，以示对这个老臣的"体恤"。但左宗棠并没有"遵旨"而行，他感到福建防守"兵力尚单，难资分布"，需要他全面部署，便上奏请求对"如何扼要驻扎"等事宜准其"体察情形，随时具奏"。这样，左宗棠在江宁经过半个多月的积极筹措，在组军、筹饷和咨商南北洋大臣各调派四五艘轮船帮助援台等方面略有眉目之后，于10月31日离宁赴榕。

12月14日，左宗棠率军抵达福州。此时，福州城内正因马尾之败和法军又攻占台湾北部的基隆而人心惶惶，一片混乱。左宗棠的到来使福州人心大定。据记载，当钦差大臣左宗棠带领军队进入福州城时，"凛凛威风，前面但见旗帜飘扬，上大书'恪靖侯左'，中间则队伍排列两行，个个肩荷洋枪，步伐整齐，后面一人，乘肥马，执长鞭，头戴双眼花翎，身穿黄绫马褂……主将左宫保是也""盖榕垣当风声鹤唳之秋，经此一番恐怖，一见宫保，无异天神降临，所以敬礼如此也"。福州人民夹道欢迎左宗棠，在这位钦差大臣行馆的大厅上贴了一副楹联。

数千里荡节复临，水复山重，半壁东南资保障；
亿万姓轺车争拥，风清霜肃，十闽上下仰声威。

四、援兵赴台湾

左宗棠在阔别福州十八年后重临此地，确实是感慨万分的。然而，他此时无暇回顾往事，只有倾其全力投入到派兵援助台湾和部署闽江防务等紧要军务中。

　　援兵赴台是左宗棠首先要解决的难题。他到福州后不久，就根据对台湾情形进行的"详察"，上奏提出必须"妥筹赴援"台湾的主张。

　　左宗棠在福建海军已全军覆没的情况下，原想得到南北洋大臣的支持，各派四五艘舰船援闽。但由北洋大臣李鸿章操纵的北洋海军拒不南下，由南洋大臣曾国荃控制的南洋海军也借口海路受阻而"遇敌不前"。左宗棠在万般无奈的情况下又与德国商人商议雇船，也因其"坚以有碍公法为词"而遭回绝。

　　在这种十分困难的情况下，左宗棠决定派王诗正统领"恪靖亲军"三营赴台湾。王诗正统带恪靖各营分批渡过台湾海峡，抵达台南，增强了台湾的防卫力量。

　　刘铭传、王诗正督率各军力挫强敌，终于保住了台湾。孤拔企图攻占台湾的阴谋破灭，复经淡水之役败溃和基隆被围后又企图进取浙江镇海，结果被中国守军打退，孤拔也被击伤，法军只得于1885年3月退踞澎湖群岛，孤拔不久后在此毙命。左宗棠督军援台，对扭转台湾所面临的严重危局起到了关键作用。

五、病逝在福州

　　布置闽江防务是左宗棠着重解决的第二个问题。闽江海口有一个大岛——琅崎岛，岛上的金牌与北岸的长门"为入口最要之地"。左宗棠派福建按察使裴荫森、道员刘倬云等“星夜督工，就该处竖立铁桩，横以铁缏，没入水中，安设机器，随时捩转起落，以便我船出入，敌船至则起缏以阻之”。随后，他又于“距省城三十里之林浦、魁歧及闽安右路出海之梅花江，概经垒石填塞，仅容小舟来往”，并在“以上各处均建筑炮台，安放炮位，派兵驻守，可资捍卫而遏敌冲”。左宗棠还与帮办福建军务的闽浙总督杨昌浚、福州将军穆图善会商“妥筹一切”。

福建前线的防务大为增强，马尾之战的悲剧已不可能再上演了。法国侵略者在中国东南沿海受挫后，又把进攻的重点转移到中越边界的陆路战场。1885年2月4日，法军向谅山一带的清军发动攻势。广西巡抚潘鼎新节节败退，甚至自动放弃谅山和镇南关，一直逃回广西龙州。2月23日，法军占领了中越边境上的重镇——镇南关。

镇南关失守后，清廷将潘鼎新革职。两广总督张之洞奏荐冯子材（1818—1903年）任广西关外军务帮办，接替镇南关前敌指挥权。3月23日，法军分兵三路猛攻镇南关，被冯子材率军打退。次日，法军再攻镇南关，冯子材会同王德榜的“恪靖定边军”坚决抗击，将法军逼离长墙，压下山谷。25日，冯子材下令各军反攻，各路清军勇猛冲杀，法军全线溃退。28日，冯子材、苏元春（1844—1908年）、王德榜三路夹击谅山，于29日克复谅山，大败法军。这就是威震中外的镇南关—谅山大捷。

清军取得镇南关—谅山大捷之后，进而袭郎甲、攻北宁，但就在此时，清廷却下令停战并撤回前线的军队，还公开向战败的法国求和。5月13日，清廷派李鸿章在天津与法使巴德诺（1845—1925年）开始谈判，以签订正式条约。6月9日，李鸿章奉慈禧太后之命，在天津与巴德诺签订了《中法会订越南条约》（又称《中法新约》）。战争的结局是法国不胜而胜，中国不败而败。左宗棠深感失望和愤懑不平，他上奏朝廷，反对撤兵、议和。

6月18日，左宗棠以"身体羸瘦""饮食锐减""头晕眼花""喀血时发"的实情向清廷上奏请求告退。7月28日，他再次上奏恳求交卸钦差差使回籍。

1885年9月5日，业已七十三岁的左宗棠病逝于福州，临终之前，他在口授遗折中说："此次越南和战，实中国强弱一大关键，臣督师南下，迄未大伸挞伐，张我国威，遗恨平生，不能瞑目！"左宗棠死后，清廷发布"上谕"，着追赠太傅，加恩予谥"文襄"。他的"左文襄公"之名由此而得。

就在慈禧太后下达诏谕后的一个夜晚，福州暴雨倾盆，忽听一声霹雷，东南角城墙顿时被撕开一个几丈宽的大口子，而城下居民安然无恙。老百姓说，左宗棠死了，此乃天意，要毁我长城。左宗棠死了，左公行辕标着"肃静""回避"字样的灯笼已被罩以白纱的长明灯代替，沉重的死亡气息压得人透不过气来。这盏盏白灯宣告着时代强音的终结，这是一个奋起抗争、抵御外侮的时代，左宗棠是中流砥柱。而拥有"二等恪靖侯、东阁大学士、太子太保、一等轻骑都尉、赏穿黄马褂、两江总督、南洋通商事务大臣"等头衔的左宗棠，这个风光了半生的男人，终于退出了历史舞台。

死，对于死者来说，是结束；对于活着的人来说，却是一种绝望的痛苦。大清的中兴重臣，一个一个地死了，茫茫九州，哪里还听得到复兴的呐喊？大清气数尽了。

左宗棠死了，有人幸灾乐祸，躲在阴暗的角落里窃笑不止，反证了死者的伟大。左宗棠是真正的英雄，是爱国者，在民族危亡的时刻，他拍案而起、挺身而出，肯定会触犯一些人的私利。你要保家卫国，他要略地侵城，而有的同僚甘愿当亡国奴，堂堂中华民族只剩下这个强者的呐喊，他们怎么会不惧怕他呢？

1952年，左宗棠死后六十七年，美国太平洋第七舰队司令、海军上将阿瑟·威廉·雷德福（1896—1973年）访台，台湾负责接待的"海军总司令"梁序昭（1903—1978年）连续三天设宴款待，并请湘菜大师彭长贵（1918—2016年）掌厨，要求三天内菜色必须不同。第三天时，眼看红烧、清蒸、油淋等传统做法都太普通，为了让客人换换口味，彭长贵灵机一动，将鸡肉切成大块，先炸到金黄半焦状，再下酱汁佐料，热炒做成一道新菜。雷德福品尝后询问菜名，彭长贵希望菜名响亮又能与家乡湖南有点关系，就随口起名："左宗棠鸡。"1970年，蒋经国（1910—1988年）带随从到彭长贵开办的彭园餐厅用餐，厨师为蒋经国制作了"左宗棠鸡"。蒋经国吃后甚感美味，也向他人宣扬这道菜的美味。此菜遂成为彭园餐厅的招牌菜。当时的做法是取材于鸡腿肉，去骨以后，以酱油、太白粉腌制，连皮带肉切成块状，再下锅油炸至"外干内嫩"，然后加入葱泥、姜泥、蒜泥、酱油、醋、干辣椒等调味料翻炒。鸡肉带皮，以酱油入味，没有裹面糊的酥脆口感，也不用花椰菜垫底。1973年，彭长贵赴美国开办彭园餐厅。一次，美国前国务卿基辛格（1923—2023年）在彭园餐厅宴客，吃过"左宗棠鸡"后赞不绝口。此事被《华盛顿邮报》《纽约时报》等媒体大幅报道，这道菜因而名气大振，逐渐成为美国人眼里的中餐"第一菜"。

美国学者威廉姆·莱斯利·贝尔斯说："左宗棠具有真正伟大的灵魂。他是一位伟大的将军，一个伟大的管理者，也是一个伟大的人。他在国外知者甚少，在他自己的国家里也未享有应得的声望。倘若他的同胞能仔细研究他的生平与功绩，就能够获益匪浅。他热爱自己的祖国，对国人在悠久历史中所取得的辉煌成就深感自豪。他对古代圣贤怀有敬畏之心，且一直遵循圣贤之道。他为自己的祖国呕心沥血，毫无保留地奉献自己的力量和才智。他怀有坚定的信念，深信国人能依靠自己的努力，为多灾多难的祖国找到一条出路。左宗棠不愧为国家之光、民族之光。"

中国历史上，有谁像左宗棠一样所向披靡，铁腕收复大片国土？苏武饮血茹毛，威武不屈；张骞关山万里，沟通西域；班超投笔从戎，西戎不敢过天山；祖逖闻鸡起舞，击楫中流；史可法慷慨殉国，魂伴梅花……他们留下的仅仅是一段段荡气回肠的故事，是仰天长啸的悲壮，是可歌可泣的精神，让后人无限敬仰和唏嘘，而没有谁比得过左宗棠——为后人收复了六分之一的大好河山，留下任我驰骋的广袤疆场，于是有人定论：左宗棠乃千古一人。